한국 노인의 삶

한림고령자패널 2003

한림대학교 고령사회연구소

小花

한국 노인의 삶

한림고령자패널 2003

머리말

이제 고령사회라는 말이 어색하지 않을 정도로 우리 사회는 그 어느 나라보다 빠르게 인구 고령화를 경험하고 있다. 이미 널리 알려진 바지만 우리 사회의 경우 고령화 사회(aging society)에서 고령사회(aged society)로의 이행에 불과 18년밖에 소요되지 않을 것으로 예상되는바 이는 그 어느 국가에 비해서도 빠른 것이다. 인구 고령화는 평균수명의 증가에 따른 노인 인구의 증가와 더불어 출산율의 감소가 결합되어 나타나는 현상이다. 우리나라의 경우 평균수명은 1970년 61.9세에서 2007년 79.6세로 큰 폭으로 증가한 반면, 합계출산율은 1970년 4.53명에서 2007년 1.25명으로 대폭 감소하였다.

고령사회의 문제는 단지 노인이 증가한다는 점에 그치는 것이 아니다. 주지하듯 인구 구조 상 다른 세대에 비해 그 수에 있어서 압도적으로 다수인 베이비 붐(baby boom) 세대는 2010년이면 은퇴를 시작해 노인 인구가 급속도로 증가할 전망이다. 여기서 문제는 이들 베이비 붐 세대는 이전 세대와 건강이나 소득, 가치와 규범 등 삶의 여러 측면에서 다른 모습을 보이고 있어, 새로운 노인 집단의 등장을 예고하고 있다. 따라서 우리는 현재 노인들의 욕구를 충족시키는 것과 더불어 미래 노인들의 욕구를 파악하고 이를 충족시켜야 하는 이중의 과제를 안고 있는 셈이다.

결국 고령사회의 도래에 따른 문제의 시급성과 엄중함을 고려해 볼 때 고령사회가 제기하는 개인적, 사회적 과제에 대해 어떻게 대응하느냐는 향후 우리 사회의 변화 방향을 결정하는 핵심적인 열쇠가 될 것이다.

한림대학교 고령사회연구소는 우리 사회에서 고령화가 갖는 문제의 심각성과 시급성에 주목하여 2002년 한국의 고령화 문제를 본격적으로 연구하기 위해 설립되었다. 본 연구소는 고령사회가 새롭게 제기하는 다양한 문제를 해결하기 위해서는 무엇보다도 고령자에 대한 정확한 이해가 필요하다는 점에 주목하여 2002년 이후 현재까지 한림고령자패널 조사를 진행해 오고 있다. 한림고령자패널 조사는 한국 최초의 노인 대상 패널 연구이다. 패널 조사는 1회적인 횡단 조사와는 달리 동일한 대상을 반복 조사한다는 특징을 갖는다. 본 연구는 2003년 1차 조사를 실시한 후 2005년, 2007년 그리고 2009년 추가 조사를 실시하여 현재 7개년에 걸친 4차의 자료를 수집한 상태이다.

한림고령자패널의 특징은 세 가지로 요약할 수 있다. 첫째 노인의 삶을 다양한 각도에서 파악하고자 노력하였다. 노인에 대한 조사는 일부 국가기관이나 공공 연구기관을 중심으로 이루어져 왔지만 이들 조사는 대부분 특정한 정책적 목적을 위한 것이라는 점 때문에 노인의 삶에 대한 다차원적인 자료를 모으는 데는 한계를 보여 왔다. 대부분의 조사들은 제한된 연구 목적을 충족시키는 데 필요한 설문 문항만을 포함하고 있을 뿐 연구 목적과 관련성이 적은 항목들에 대해서는 설문을 포함하지 않거나 또는 간략하게만 다루고 있다. 이와는 달리 한림고령자패널은 애초부터 노인의 삶의 질에 대한 다차원적 접근 아래 설문을 구성하였다. 이는 무엇보다도 삶의 질이라는 측면에서 노인의 삶을 파악하고 평가하기 위해서는 노인의 삶을 구성하는 다양한 측면을 다차원적으로 파악하는 것이 필요하다는 인식 때문이다.

한림고령자패널에서 삶의 질에 대한 다차원적 접근에 대한 강조는 다양한 분과 학문 전문가들의 참여로 구체화되었다. 본 조사의 세부 주제는 모두 4개로 구분되었는데, I. 건강 및 의료, II. 심리, III. 사회복지, IV. 사회 활동 및 사회관계가 그것이다. 이들 4개의 연구 주제를 중심으로 의학, 심리학, 사회학, 사회복지학 등 관련 분야 전문가들은 분과 학문의 시각에서 노인의 삶의 질을 측정할 수 있는 다양한 측정 도구와 지표를 중심으로 설문을 구성하였다.

둘째, 한림고령자패널은 해외 패널 연구와의 비교 연구를 지향하여 왔다. 이를 위해 일본, 미국, 독일 등 유사한 패널 조사의 설문을 입수하여 이들 연구에서 사용된 설문과 비교 분석이 가능한 방식으로 설문을 구성하고자 노력하였다. 한림고령자패널은 '베를린 고령자 연구(Berlin Aging Study)', '일본 고령자 조사(National Survey of the Japanese Elderly)', 미국의 '건강 및 은퇴 조사(Health & Retirement Survey)' 등의 설문 문항을 입수하여 가능한 이들 조사에서 사용한 문항과 비교 가능하도록 조사 설문을 구성하였다. 향후 한림고령자패널은 비교 가능한 문항을 중심으로 해외 조사와의 비교 연구를 계획하고 있다.

셋째, 한림고령자패널은 베이비 붐 세대와 현 노인 세대의 비교 연구가 가능하도록 설계되었다. 이를 위해 한림고령자패널은 2003년 현재 45~64세 집단을 일정 비율로 포함하도록 표본을 설계하였다. 한림고령자패널은 65세 이상 연령층과 45~64세 연령층의 비율을 1.5 대 1로 설정하여 표집함으로써 베이비 붐 세대가 노화 과정에서 경험하게 되는 다양한 변화를 파악하고 이를 현재의 노인 세대와 비교 가능하도록 설계되었다.

이 책은 한림고령자패널의 1차 조사 결과를 요약한 것이다. 이 책은 한림고령자패널의 최초 1년간 조사 및 연구가 진행된 절차 및 과정을 기술하고, 조사 결과에 대한 기본적인 자료를 수록하고 있다. 이 책을 통해 독자들은 노인들의 삶을 구성하는 다양한 측면에 대해 개론적으로 접근할 수 있을 뿐만 아니라 한림고령자패널의 구성 및 조사 방법에 대해 자세한 정보를 얻을 수 있을 것이다. 늦은 감은 있지만 이 책을 발간하게 된 이유는 한림고령자패널의 조사 경험을 공유함으로써 이후 진행될지도 모를 노인 관련 패널 조사에서 오류를 줄이는 데 기여할 수 있다는 판단 때문이다. 향후 패널 조사를 준비하는 연구자들은 이 책을 통해 패널 조사의 효율성을 제고할 수 있기를 바란다.

이 책의 발간은 2007년도 정부재원(교육인적자원부 학술연구조성사업비)으로 한국학술진흥재단의 지원을 받아 연구되었음을 밝혀둔다. (KRF-2007−411-J01902) (KRF-2007−411-J01903)

고령사회연구소 소장 윤현숙

■ 한국 노인의 삶: 한림고령자패널 2003

■ 부록(별책)

I. 연구 목적 및 조직화

1. 연구 목적

한국 사회의 21세기는 고령화와 더불어 시작되었다. 한국 사회의 고령화는 평균 수명의 증가, 사망률과 출생률의 감소로 인하여 매우 빠른 속도로 전개되고 있다. 한국은 2000년 65세 이상 노인 인구 비율이 전체 인구의 7.3%를 차지하였으며, 2018년이 되면 14.0%를 넘어섬으로써 완전한 '고령사회(aged society)'에 진입할 것으로 예측되고 있다.

더욱 주목해야 하는 것은 고령화의 속도이다. 영국과 독일의 경우 고령 인구가 7%에서 14%가 되기까지 45년이 걸렸으며, 일본도 26년이 걸린 것에 비하면 우리나라는 불과 18년 만에 고령사회에 진입하게 되는 것이다. 한국 사회에서 고령 인구는 전 세계에서 유례를 찾아볼 수 없을 정도의 빠른 속도로 전개되고 있는 것이다. 20세기 후반의 한국 사회가 산업화와 경제 발전이라는 혁명을 보여 주었다면 21세기 전반의 한국 사회는 고령화 혁명이라는 또 다른 미지의 거대한 사회 변화를 보여 줄 것이 틀림없으며, 이러한 변화는 한국 사회에 전례 없는 새로운 도전이 될 것이다.

고령화가 우리에게 중요한 또 하나의 이유는 이것이 우리만의 문제가 아닌 전 세계적 보편성을 지닌 문제이기 때문이다. 한국보다 앞서 경제 발전을 이룩한 선진 산업 국가들이 이미 오래 전부터 고령화를 경험하고 있거나, 고령사회에 진입하였다. 또한 전 세계적으로 빈곤 문제가 해결되지 않고 있음에도 불구하고 지구촌에 존재하는 대부분의 사회에는 주민의 평균 연령이 증가하는 뚜렷한 경향을 보여 주고 있다. 이 점에서 볼 때 고령화는 우리의 문제이면서 동시에 세계의 문제인 것이다.

고령화가 갖는 중요성에 비추어 볼 때 이에 대처하기 위해 지금부터 철저한 조사에 기초하여 개인, 가계, 조직, 제도의 대응 방안을 모색하는 것은 우리 사회의 시급한 과제이면서, 이와 더불어 세계적 사회 문제에 선도적으로 대처하는 계기가 될 수 있다. 그러나 노인 문제의 중요성과 시급성에도 불구하고 현재 국내에서는 이 문제가 사회 성원들 사이에 공유되어 사회적 인식의 표면으로 떠오르지 못하고 있을 뿐 아니라, 이에 대처하기 위한 체계적인 기초 연구조차 제대로 이루어지지 못하고 있는 것이 현실이다. 이와 같은 상황에서 고령사회의 도전에 올바로 대처하기 위해서는 고령사회의 근간을 이루는 노인 문제 전반에 대하여 신뢰도 높은 기초 조사가 이루어져야 한다.

본 연구는 노인 문제의 심각성, 보편성 그리고 시급성에 대한 인식에 기초하여, 이 문제를 연구하는 학문의 초석을 다지기 위한 문제의식으로부터 출발하였다. 본 연구는 이를 위해 첫 번째로 수도권 대도시, 지방 중소도시 그리고 농촌 지역을 선정하여 한국 노인의 생활과 삶의 질에 대하여 3년 동안 두 번의 패널 설문조사와 한 번의 면접조사를 실시하고자 하였다.

이러한 연구의 장기적 목표 아래 본 연구는 1차 연도 연구 목표로 수도권 대도시, 지방 중소도시 그리고 농촌 지역을 선정하여 한국 노인의 생활과 삶의 질에 대한 조사를 실시하고자 하였다. 구체적으로 1차 연도의 목표를 제시하면 다음과 같다.

첫째, 노인 관련 선행 연구를 검토하고, 한국과 해외에서 진행된 패널 연구를 검토함으로써 패널 조사 방법의 특성을 숙지함으로써, 본 연구에 필요한 설문을 개발한다.

둘째, 한국에서는 시도된 바 없는 노인 관련 조사 패널 자료를 구축한다.

셋째, 1차 연도 조사를 통해 한국 노인의 삶의 질에 대한 기본 자료를 파악한다.

넷째, 연구의 전 과정에 학문 후세대를 참여시킴으로써 이들로 하여금 노인 관련 선행 연구 및 그 연구의 절차에 대한 교육을 담당한다.

2. 연구의 조직화

1) 고령화와 삶의 질: 개념화

고령화와 삶의 질 문제에 접근하기 위해서는 우선 삶의 질(quality of life)과 고령화에 대한 구체적인 개념화가 선행되어야 한다. 이 두 가지 개념을 어떠한 방식으로 규정하는가에 따라 그 측정과 조사의 방식이 크게 달라질 수 있기 때문이다.

우선 삶의 질에 대한 기존의 연구에서는 이것을 '주관적 차원'과 '객관적 차원'이라는 두 영역으로 나누는 경향을 보이고 있다(Inkels, 1993; 박준식 외, 1996). 여기에서 객관적 측면의 지표들은 관찰 대상자의 심리적 상태와 무관하게 외부 관찰자에 의해 측정되는 지표들을 의미한다. 예를 들어 노인의 주거 상태, 질병 등은 비교적 용이하게 관찰, 측정 그리고 추적이 가능한 지표들이라 할 수 있다.

다음으로 주관적 차원의 지표들은 자신과 주변 사람들의 상태를 평가하거나, 개인이 생각하는 믿음 등을 물어봄으로써 측정이 가능하다. 이와 관련하여 일반적으로 광범위하게 활용되는 것이 여러 가지 삶의 영역들에 대한 개인의 만족도라 할 수 있다. 예를 들어 우리는 노인의 결혼, 일, 가족생활, 교제, 국가 등에 대한 만족도나 심리 상태, 삶에 대한 확신, 자아 평가, 개인적 효용성 등을 알아봄으로써 그들이 주관적으로 평가하는 삶의 질 내용과 그 변화를 파악할 수 있을 것이다. 그러나 이러한 지표들의 기본적인 문제는 그것이 외부적으로 관찰되거나 측정되는 지표가 아니라 개인의 지각이나 느낌을 기초로 한다는 점이다.

이러한 점들을 고려해 볼 때 삶의 질 개념은 지극히 복합적이며 다차원적이고, 측정 방식에 따라 상당히 가변적일 수 있음을 알 수 있다. 결국 이처럼 복합적이며 다면적인 삶의 질 문제에 제대로 접근하기 위해서는 불가피하게 노인 문제의 특성을 고려하여 그들의 삶의 질과 관련성이 있는 요소들을 몇 가지 차원으로 나누어 볼 수밖에 없다.

이와 관련하여 우리는 노인의 삶의 질과 이에 영향을 미치는 차원들을 크게 네 가지 맥락에서 접근해 보고자 한다. 우리가 중시하는 노인의 삶의 질, 그 다차원적 맥락들은 크게 (1) 고령화의 사회적 맥락, (2) 고령화의 심리적 맥락, (3) 고령화의 제도적 맥락, (4) 고령화의 생리적 맥락이라는 네 가지 영역을 포함한다. 이 네 가지 영역들은 서로 어느 정도 그 영역이 구분되면서도 동시에 상호간에 긴밀한 인과적 네트워크를 통해 연결되어 있는 것으로 상정해 볼 수 있다.

고령화의 네 가지 맥락들은 긴밀한 연관성을 지니면서 외부로 확장되는 '열려진 체계'를 구성한다. 다시 말해 고령화의 생리적 차원이 노인의 삶의 질을 규정하는 삶의 생애 주기 속에서 발생하는 자연스러운 과정이라면, 심리적 맥락은 그것이 개인의 지능이나 감성 등을 통해 발현되는 것으로 이해될 수 있다. 그리고 그것의 사회적 맥락은 노인의 삶의 질이 사회적 요인들과의 상호 작용을 떠나서는 생각할 수 없음을 말해 주며, 제도적 맥락은 사회 제도의 뒷받침, 그것과의 긴밀한 토대를 고려하지 않는 노인의 삶의 질 문제를 논하기 힘들다는 것을 반영한다. 이와 관련하여 우리는 이 네 가지 차원과 더불어 노인들 중에서도 특별히 더 큰 개인적, 사회적 위험에 직면하고 있는 집단들에 관심을 두고자 한다.

다음으로 우리는 이 연구의 분석 대상인 '고령화'의 개념을 보다 명확히 해야 한다. 이와 관련하여 우리는 고령화의 개념이 분과 학문에 따라 상당히 다른 점에 유념할 필요가 있다. 의학과 심리학에서는 인간의 본격적인 고령화가 40세가 넘으면 이미 시작되는 것으로 보는 반면, 경제학에서는 주로 65세 이상 인구를 고령 인구로 정의한다. 이렇게 볼 때 고령화, 고령 인구의 개념을 명확히 설정하는 것은 매우 힘든 과제임이 분명하며, 상당한 부분 연구자들의 필요에 따라 비교적 유연하게 규정될 수 있는 것이다.

이 연구에서는 고령화에 대한 분과 학문 간의 인식의 차이를 극복하고, 더불어 연령대별로 연령의 증가에 따른 다양한 차원의 고령화 내용을 보다 정확하게 파악하기 위해 고령 인구보다는 본격적인 고령화의 진행 시점을 중시하는 연구 전략을 취하고자 한다. 이러한 전략이 갖는 한 가지 장점은 패널 조사처럼 시간의 흐름에 따른 변화를 알아보는 데 더 유리하다는 점과 더불어 보다 폭 넓은 연령에 걸쳐 진행되는 고령화의 내용을 더욱 포괄적으로 파악할 수 있다는 것이다.

따라서 본 연구에서는 경제적 의미에서의 고령 인구가 65세 이상이라는 엄밀한 규정에서

탈피하여 45세 이상 인구 층까지 포함하는 보다 넓은 의미의 고령화 개념에 입각하여 고령의 문제에 접근하였다.

2) 고령화의 네 가지 맥락

(1) 고령화의 사회적 맥락

고령화는 생리적, 심리적 차원에서뿐 아니라 사회적 차원에서 나타나는 현상임이 분명하다. 인간에 대한 사회적 지지의 필요성은 그들의 생애 주기와 더불어 다양한 방식으로 변모하지만, 노인은 사회적 지지의 필요성을 더 절실하게 느끼면서도 이러한 지지가 가장 결핍된 사회적 집단일 것이다.

이와 같은 사회적 지지는 가족, 친구, 이웃, 공동체 네트워크, 경제적 지위, 일, 사회 참여, 주거, 여가 등 다양한 내용을 포함하며, 그러한 요소들이 함께 모여 고령화의 사회적 맥락을 구성한다. 사회적 수준에서 노인들이 그들에 대한 부양과 지지의 기제를 얼마나 누릴 수 있는가의 문제는 그들의 삶의 질을 결정하는 데 큰 영향을 미치는 것으로 보아야 할 것이다.

(2) 고령화의 심리적 맥락

노화의 가장 중요한 현상의 하나는 지능, 학습, 기억력 등 인간의 인지 능력이 저하되는 데 있다. 이러한 인지 능력의 저하는 개인, 여가, 가족, 사회생활 등 인간의 거의 모든 활동 영역에서 큰 영향을 미친다. 인간의 지능은 노화와 더불어 불가피하게 감퇴한다. 이러한 인지 능력의 감퇴는 노인의 삶의 질에 다양한 방식으로 영향을 미치게 된다.

또한 아직 충분한 연구가 축적되지는 않았지만, 노화는 지능의 정서적 측면에 대해서도 상당히 큰 영향을 미친다. 노화라는 새로운 현실에 직면하면서 노인들은 새로운 정서적 적응의 문제에 직면하며, 이 과정에서 정신적 건강성을 어떻게 지킬 수 있는가의 문제가 중요한 과제로 등장하는 것이다.

고령화가 인간의 인지와 정서적 능력에 어떠한 영향을 미치는가에 대한 연구 자료, 특히 시간의 흐름에 따른 변화에 대해서는 아직 많은 연구가 필요한 실정이다. 또한 삶의 질이 물리적 차원과 심리적 차원을 동시에 포함한다고 할 때 고령화의 심리적 맥락은 노인들의 주체적 삶의 질 인식에 큰 영향을 미칠 것으로 판단된다.

(3) 고령화의 제도적 맥락

고령화, 고령사회는 인류의 역사에서 전례를 찾을 수 없는 전혀 새로운 사회적 현실이다. 인간의 역사를 통해서 인류 자신이 생존과 결핍의 상황을 벗어나 고령화의 문제를 걱정하는 현상은 20세기 후반의 인류가 처음으로 직면하는 현상이다. 그리고 이러한 현상은 시간의 순서를 달리하지만, 현재 전 세계적으로 급속하게 진행되는 세계적 경향이다.

이러한 상황에서 고령화, 고령사회는 과거와는 전혀 다른 사회 제도와 복지, 새로운 서비스, 직업 등을 요구한다. 노인에 대한 이미지, 이들에 대한 사회 정책, 건강 서비스 및 관련 산업 그리고 사회 제도 전반에 걸쳐 새로운 제도적 기제를 만들어야 한다는 요구와 필요성이 크게 증가하고 있는 것이다. 이렇게 볼 때 노인을 위한 사회 정책과 제도, 관련 서비스 및 산업의 네트워크는 노인의 삶의 질에 큰 영향을 미치는 고유한 차원으로 볼 수 있을 것이다.

(4) 고령화의 생리적 맥락

생리학적 관점에서 볼 때 노화는 인간의 생애 주기에서 일어나는 정상적인 생리적 변화의 사이클로 이해될 수 있다. 이는 신체와 그 구성 요소, 생리적 시스템의 정상적인 변화로서 개인의 활동 능력이 저하되는 과정으로 정의될 수 있다. 이러한 생리적 노화의 과정은 반드시 질병과 연결되지 않지만, 양자는 긴밀한 상관성을 지닌다. 또한 생리적 노화는 개인에 따라 큰 편차를 보이며 진행되는 과정이다.

고령화를 연구할 때 일차적으로 주목하는 고령화의 핵심적 차원은 나이를 먹으면서 일어나는 신체의 생리적 변화라 할 수 있다. 이러한 변화는 신체의 구성, 피부, 모발, 근육과 골격, 호흡기, 심혈관계, 비뇨기계, 성 기능, 소화기, 신경계 등 신체의 거의 전 영역에 걸쳐 일어나는 현상이다. 고령화를 생리적 차원에서 이해할 때 우리가 염두에 두어야 할 가장 중요한 측면은 이것이 개인에 따라 큰 편차를 보이면서 진행되는 정상적인 노화의 과정이라는 점이다. 그러나 이 과정은 노인의 삶의 질에 큰 영향을 미칠 수밖에 없다.

3) 삶의 질: '부표(floating pyramid)' 모델

우리는 이 연구에서 노인의 삶의 질이 앞서 제시한 네 가지 차원 속에 포함되는 다양한 구성 요소들에 의해 영향을 받으면서 삶의 진행 과정과 더불어 부침을 거듭하는 부표와 같은 것으로 상정할 수 있다고 본다. 이 부표는 네 가지 차원 속에 포함된 복합적 구성 요소들의 네트워크로 이해될 수 있다. 이 네트워크가 보다 안정적으로 촘촘히 짜여 있을 때 노인의 삶의 질이라는 부표는 더 높이 부양될 수 있을 것이다. 반면 삶의 질을 둘러싼 지지와 부양의 네트워크가 취약한 경우 노인의 삶의 질이라는 부표는 수면 근처나 그 아래로 가라앉을 것이다. 이렇게 볼 때 우리의 주된 관심은 노인의 삶의 질이라는 부표를 안정적으로 부양할 수 있는 구성 요소들의 내용, 그들 사이의 결합 패턴, 관계 그리고 안정성의 조건 등을 밝히는 것이다.

본 연구는 삶의 다양한 측면을 분석하고자하는 목표에 기반을 두고 연구진을 심리학, 사회학, 사회복지학, 사회의학 등 노인의 삶과 관련이 있는 다양한 분과 학문의 전문가들로 구성하였다. 분과 학문의 연구자들은 본 연구의 진행을 위해 모두 네 차원의 연구 모임을 결성하였다.

첫째, 각 분과 학문별로 연구 주제를 구체화해 설문 연구 주제별 모임을 결성하였다. 연구 주제별 모임은 각 분과 학문 별로 연구 주제를 구체화하는 역할을 담당하였다. 연구 주제별 모임은 4개의 팀으로 구성되었다. 각 팀은 자신들의 연구 주제에 부합되는 선행 연구를 검토하고, 이에 기반해 연구 주제를 반영할 수 있는 설문 문항을 일차적으로 개발하는 역할을 담당하였다.

둘째, 설문 조사의 실무를 담당하기 위해 표본 추출 및 조사 방법과 관련하여 전문연구인력을 중심으로 패널 팀이 구성되었다. 패널 팀은 패널 자료의 구축 및 유지 그리고 결원된 자료에 대한 대체 등의 작업을 담당한다. 패널 팀도 2주에 한 번씩 모임을 통해 패널 자료의 수집과 관련된 문제점을 토론하였다.

셋째, 분과 학문을 넘어서서 연구자들 사이의 공통적인 관심 사항과 연구 주제의 조율을 위해 매 격주로 workshop을 운영하였다. workshop은 격주로 진행되었으며 노인 관련 연구와 패널 연구 그리고 본 연구의 내용에 관한 주제를 중심으로 발표와 토론으로 이루어졌다.

넷째, 간학문적 성격을 갖고 있는 본 연구의 원활한 진행을 위해 각 연구 주제를 대표하는 연구자들로 운영위원회를 조직하였다. 운영위원회는 연구와 관련된 각종 행정 지원을 결정하는 것과 함께 연구의 진행 상황을 점검하고, 각 연구 주제 사이의 조율을 담당하는 기능을 수행하였다. 운영위원회도 역시 격주 단위의 모임을 통해서 2주 동안의 연구 결과 및 향후 연구 방향을 조정하였다.

연구 참여자들을 네 차원의 조직으로 결합시킴으로써 본 연구는 개별 연구자의 독자성을 가능한 한 인정함과 동시에 그것을 전체 연구의 목표와 방향과 부합하도록 조정하고자 했으며, 이러한 상호 조정 과정의 메커니즘을 통해 간학문적 연구에서 흔히 나타나게 되는 중복연구에 따른 자원의 낭비를 최소화하고자 하였다. 다른 한편으로 이러한 연구자들의 중복적 조직화는 개별 연구에 대해 반복적인 점검을 가능케 함으로써 연구 과정에서 나타날 수 있는 오류를 최소화하는 기제로도 이용되었다.

II. 연구 방법 및 내용

1. 패널 조사의 성격과 의의

1) 패널 조사의 성격

패널 자료란 횡단면 자료와 시계열 자료의 성격을 동시에 갖고 있는 자료로서, 각각의 장점을 모두 지니고 있다. 패널 자료는 일반적 사회과학의 통계 자료가 지닌 모든 장점을 갖추고 있으며 더불어 횡단면 자료로는 파악할 수 없는 추가적인 장점을 지닌다.

표본 조사나 조사 연구는 대개 한 번의 현지작업으로 자료를 얻어내는 이른바 동일집단 일회 연구(one-shot study)의 설계가 그 원형이다. 그러나 한 번 이상 조사를 되풀이할 수도 있고, 또 한 번의 조사라도 표본 속에 포함되는 여러 가지의 부분 범주들에 대한 비교 분석이 가능하다. 그래서 크게는 횡단면 조사 설계(cross-sectional survey design)와 종단 조사 설계(longitudinal survey design)로 나눈다.

종단 설계는 관찰 또는 조사를 한 번에 끝내지 않고, 시간적인 간격을 두고 적어도 두 번 이상 실시하는 조사 설계법을 이른다. 이는 주로 변화를 추적하는 것이 주목적이다. 여기에도 몇 가지 변형들이 있다. 크게 동기자 조사(cohort survey)와 동일표본 반복 조사(panel survey)가 있다. 아울러 원칙적으로는 종단적 설계를 취하면서 시간적 간격을 두고 일어나는 변화를 추적하려는 시도이지만, 엄격하게 말해서 실질적으로는 종단적 성격을 띠는 것으로 정당화할 수 없는 몇 가지 설계법들도 있다. 이러한 설계법으로는 회상 조사(retrospective survey)와 횡단 조사에 대한 동기자 분석(cohort analysis of cross-sectional survey) 그리고 추세 조사(trend survey) 등이 있다.

종단적 조사는 대단히 많은 노력과 시간, 자원이 필요하다. 따라서 이미 과거에 여러 시점들에 조사된 횡단면 조사의 자료들을 이용해서 종단적 분석을 하는 경우들이 많다. 이것들이 동기자 분석 혹은 추세 분석의 방법이다. 하지만 비교적 용이하고 상대적으로 적은 노력을 들인 분석이다 보니 많은 문제점들이 존재한다. 이러한 문제점들은 뒤의 패널 조사의 의의에서 다시 한 번 살펴보도록 하자. 여기에서는 패널 조사의 기본적 원리와 방법 등에 대해 간략히 설명하고자 한다.

동기자 조사와 동일표본 반복 조사 모두 동일한 표본에 대해 일정한 시간적 간격을 두고 반복해서 추적 조사를 한다는 면에서는 동일하다. 동기자 조사의 경우에는 같은 해에 출생했다거나 같은 때에 입학, 입사, 입대, 혼인 등의 동일한 경험을 가진 사람들을 동기자 또는 동일 경험자라 하고, 이들을 두 번 이상 관찰, 조사하는 설계이다.

	T1	T2	T3	T4	T5	……	Tm
R1	O11	O12	O13	O14	O15	……	O1m
R2	O21	O22	O23	O24	O25	……	O2m
R3	O31	O32	O33	O34	O35	……	O3m
R4	O41	O42	O43	O44	O45	……	O4m
:							

이에 비해 동일표본 반복 조사란 같은 표본을 일정한 기간에 걸쳐 반복적으로 조사를 하되, 동기자 조사와 달리 그 표본을 반드시 동기자가 아니라 대표적 표본 추출에 의해 구성한다는 데에 있다. 이러한 패널 조사의 특성을 그림으로 나타내 보면 위 같다. 이 그림에서 T는 시점을 나타내고, R은 표본을, O는 관찰 혹은 조사를 나타낸다. 따라서 횡축은 시간의 흐름을 나타내고, 종축은 표본의 분포를 나타낸다. 앞의 그림은 m개의 시점에서 반복해서 n명의 표본에 대해 조사가 이루어지는 것을 표현한 것이다. 최초의 조사의 시점, 즉 T1 시점에서 표본의 추출이 이루어진다. 이들 표본에 대해 조사가 이루어지고 이들의 신상, 즉 연락처와 거주지에 대한 정보가 기록되었다가 이후 반복 조사에 활용된다. 반복 조사를 통해서는 동일한 질문지가 반복해서 활용된다. 반복해서 측정되고 관찰된 변수들에 대해 시점별로 비교를 통해서 변화에 대한 측정이 이루어진다. Skin과 Skim을 이 두 시점에서 i번째 응답자에 대해 질문한 k번째 문항 혹은 변수라고 한다면 Skin≠Skim일 경우 우리는 변화가 일어났음을 확인할 수 있고, 변화의 방향과 정도에 대해서는 Skin-Skim에 의해 측정할 수 있다.

패널 조사를 실시하게 되면 동일표본에 대해 지속적으로 반복해서 조사가 이루어져야 하기 때문에 표본 수를 그대로 유지해야 하는 부담이 존재한다. 하지만 실제 조사에서는 여러 가지 이유로 표본 수를 그대로 유지하기 힘들다. 예컨대 응답자의 응답 거부에 의해서 패널의 반복 조사가 불가능해지기도 하고, 이사 후 연락 두절, 응답자의 사망 등의 여러 가지 사유로 응답자의 추적이 불가능해지기도 한다. 이때 최초의 표본으로부터 조사가 불가능한 집단으로 빠져나가는 비율을 자료의 감소 혹은 마모율(attrition rate)이라고 한다. 패널 조사에서는 이러한 자료의 마모율을 최소한으로 만들기 위해 최대한 표본을 지속적으로 유지하도록 하려는 노력이 필요하다.

2)패널 조사의 의의

앞서 언급한 바와 같이 패널 조사는 다른 횡단면 조사 방법에 비해 여러 장점을 지닌다.

첫 번째로 시계열적 자료의 장점을 제시하면 시간의 경과 및 정부 정책 등 환경 변화에 따른 개인 또는 국가의 의사결정이나 행동 양식의 동태적인 변화를 정확하게 파악할 수 있다는 점이다. 물론 횡단면 분석에서도 과거 사실에 대한 회고적 질문을 통하여 이러한 자료를 얻을 수 있지만 오래된 과거에 대한 회상적 기록은 그 정확도가 낮을 뿐 아니라 과거 사실 이후에 발생한 여러 가지 변화로 인해 과거의 사실이 변색되어 기록되는 경우가 있을 수 있다. 그러나 패널 조사는 당시의 상황을 질문함으로써 과거의 사실에 대한 변색이나 왜곡 없이 정확한 정보를 얻을 수 있고, 그 자료들이 모여서 변화를 더욱 명확히 파악할 수 있도록 한다.

두 번째로 횡단면 자료에서는 파악이 불가능한 상태 간의 전이 과정(transition between states)을 파악할 수 있다. 예컨대 구직자가 1년간의 구직 활동 끝에 새로운 직장에 취업하였다면, 이 기간 동안 월마다 어떤 구직 방법을 사용하였는지, 구직 활동에 투입한 노력은 어느 정도인지, 노동 시작을 이탈한 적이 있는지 등에 대한 파악은 패널 자료의 분석을 통해서만 얻을 수 있는 귀중한 정보이다.

세 번째로 시계열 자료를 통하여 특정 기간 효과, 특정 연령 효과 그리고 동시 태생 효과 등에 대한 분석이 가능해진다. 특정 기간 효과(period specific effect)란 시간에 따라서는 변화하나 주어진 특정 기간 내에서는 모든 응답자들에게 동일한 경우를 지칭한다. 그리고 특정 연령 효과(age specific effect)란 연령에 따라 변화하지만 특정 연령의 응답자들에게는 동일하게 나타나는 경우를 의미한다. 동시 태생 효과(cohort effect)란 어떤 특정한 기간에 태어난 사람들에게는 동일하지만 그렇지 않은 때에는 상이한 경우를 의미한다. 이러한 효과들의 정확한 분석은 패널 자료를 통해서만이 가능하므로 패널 조사는 상당한 의의를 지닌다.

마지막으로 패널 조사는 단지 조사 방법에서의 차이와 그에 따른 자료의 정보 수준이나 내용에서 차이가 있을 뿐 아니라 그 기본적 가정에서도 차이를 보인다. 콜맨은 사회적 변화에 대한 수학적 모형을 설명하면서, 일반적으로 사회학 분석에서 이용되는 공시적 분석 방법에 암묵적 혹은 명시적으로 인과 과정이 이미 균형 상태에 이르렀다는 가정이 깔려 있음이 지적되었다(Coleman, 1968). 즉, 어떤 사회현상을 분석 · 설명하기 위해 회귀분석을 사용할 때 연구자는 암묵적으로 그 사회현상을 낳는 인과 과정이 종결되었다고 가정하고, 그 결과로서 나타난 현재 상태를 측정하여 종속변수로 이용한다는 것이다. 이러한 가정은 앞서 언급한 변화에 대한 연구에서 관찰 중단이 발생할 수 있다는 가능성을 무시하는 것이다. 그러나 만약 연구자의 주된 관심이 결과보다는 과정 그 자체에 있다면 따라서 그가 균형 상태에 대한 가정을 실질적으로 받아들이지 않는다면, 그가 사용하는 정태적 분석 방법은 그의 연구 의도에 부합되지 않는 것이다.

이러한 예를 우리는 사회 계층 연구에서 많이 이용되는 모형의 하나인 지위 획득 모형에서 찾아볼 수 있다. 지위 획득 모형에서 종속변수는 조사 당시 각 피조사자의 직업 위신이다. 이 모형을 사용할 때, 연구자는 암묵적으로 각 개인의 직업 경력이 안정적 상태에 있으며 현재의 직업은 이제까지의 그리고 앞으로의 직업 성취를 대변할 수 있다는 가정을 하게 된다. 하지만 그러한 가정이 비현실적이라는 점에 많은 연구자들이 동의하고 있다(Hannan, 198). 조사 시점에 동일한 직업을 지닌 사람일지라도 서로 다른 과정을 거쳐 다른 시점에 현재의 상태에 이르렀을 가능성은 충분히 있다. 또한 세대 내 직업 이동을 빈번하게 경험한 경우와 동일한 직업을 계속 유지한 경우가 서로 다르다. 이처럼 내재적으로 역동적인(dynamic) 속성을 갖는 사회현상들에 대해 정태적(static) 분석 방법을 적용하여 설명하면, 불충분하거나 잘못한 설명을 아니면 엉뚱한 설명을 하게 된다.

2. 조사 과정, 조사 틀, 방법론

1) 모집단 및 표집 대상

본 연구는 패널 연구를 위한 1차 연도 조사를 실시하였다. 연구 목표 상 조사는 대도시, 중소도시, 농촌 지역을 포함하고 있었다. 이를 반영하여 조사는 대도시를 대표하는 서울 지역과 중소도시 및 농촌 지역의 특성을 모두 가지고 있는 춘전 지역을 대상으로 실시하였다. 아래에서 조사 과정과 틀, 방법에 대해 살펴보고자 한다.

(1) 대도시(서울)

서울 지역의 표집은 구(區)별 층화표집(stratified sampling)과 구 내의 동, 통에 대한 집락표집(cluster sampling) 그리고 집락표집에 의해 추출된 조사구 내에서의 계통표집(systematic sampling)의 방법을 함께 활용하였다. 우선 층화표집 방법에 의해 아래 표와 같이 구별로 조사 연령대를 45~64세 그리고 65세 이상으로 나누어 두 연령대별 인구수를 주민등록 자료에 의해 구마다 구했다. 따라서 표의 두 번째와 세 번째 칸에 있는 수가 구별 모집단 규모이고, 맨 아래 줄의 합계가 전체 서울시의 모집단 규모이다. 이들에 대한 전체 리스트를 구하는 것이 실질적으로 불가능하기 때문에 구별로 층화하여 조사구를 추출하였다. 조사구의 수는 구별 목표 표본 수에 비례해서 정하였다. 한편 구마다 조사구를 추출하는 것은 구에 속한 전체 동의 리스트 중에서 할당 조사구 수만큼 무작위 추출하였다. 보다 엄격히 하자면 조사구인 동과 통의 인구 규모에 따라 추출될 확률을 조정하여야 하지만 편의상 모든 동과 통의 추출 확률을 동일하게 하였다(〈표 1〉 참조).

〈표 1〉 구별 샘플 수 및 조사 지역: 서울의 경우

구	45~64세 인구(A)	65세 이상 인구(B)	구별 응답자 수	조사구 수	조사구		
종로구	42,870	15,359	23	1	가회동		
중구	32,909	11,491	17	1	장충동		
용산구	54,204	19,845	32	2	이촌 1동	한강 1동	
성동구	72,715	21,473	34	2	왕십리 2동	성수 1가 2동	
광진구	78,434	19,425	32	2	중곡 4동	구의 3동	
동대문구	88,963	26,455	42	2	휘경 1동	전농 3동	
중랑구	96,667	24,470	40	2	묵 2동	면목 5동	
성북구	104,708	31,766	50	2	삼선 2동	석관 1동	
강북구	87,103	23,881	40	2	수유 4동	미아 8동	
도봉구	81,498	22,204	38	2	창 1동	쌍문 3동	
노원구	132,549	39,010	63	3	상계 7동	공릉 2동	중계 3동
은평구	106,988	30,841	48	2	불광 2동	진관내동	
서대문구	80,645	26,332	42	2	홍은 3동	연희 1동	
마포구	81,168	26,000	42	2	아현 3동	창전동	
양천구	103,885	24,898	42	2	신정 5동	목 3동	
강서구	113,578	29,465	48	2	방화 3동	화곡 7동	
구로구	91,978	21,674	38	2	개봉 1동	구로 5동	
금천구	56,071	13,563	23	1	독산 2동		
영등포구	89,723	24,865	40	2	당산 1동	대림 1동	
동작구	89,978	26,195	42	2	상도 1동	대방동	
관악구	114,096	28,096	46	2	신림 8동	봉천 6동	
서초구	92,818	21,159	36	2	잠원동	서초 3동	
강남구	126,446	27,658	48	2	수서동	개포 2동	
송파구	140,053	32,395	57	3	잠실 5동	문정 1동	거여 2동
강동구	106,283	24,263	42	2	강일동	성내 3동	
계	2,266,330	612,783	1,005	49			

실제 조사 과정에서는 동별로 동사무소의 협조를 얻어 해당 동과 통의 주민등록 명부를 구해서 조사 대상 모집단을 정하고, 이들 중에서 일정한 룰에 따라서 계통표집을 하였다. 최종적인 조사 과정에서는 동사무소의 협조가 이루어지지 못한 경우들이 있어서 애초에 표집된 조사구에서 조사가 이루어지지 못한 경우도 발생하였다. 이 경우 그 조사구에서 가장 가

까운 다른 조사구로 대체 표집이 이루어지기도 하였다. 최종적 표집 단위는 가구가 아닌 개인 단위의 표집이 이루어졌다. 요컨대 조사 대상이 되는 연령대에 속한 개인이 최종적 표집의 단위이자 조사의 단위가 된 것이다.

본 연구에서 서울 지역의 조사 샘플 수는 1,000명이었지만 응답을 받지 못하는 상황을 고려해 실제 샘플은 그에 약 2배 정도를 추출하였다. 이들에 대해 조사한 결과 총 1,005명이 조사되었다.

(2) 조사 대상(춘천)

춘천 지역의 경우 도농 복합 지역으로서 25개 읍 · 면 · 동 전체 지역의 45세 이상 인구 중 총 1,500명을 조사 대상으로 하였다.

〈표 2〉 지역별 샘플 수 및 조사 지역: 춘천시의 경우

지 역	45~64세	65세 이상	응답자 수	조사구 수	조사구
춘천시	51,701	22,133	1,520	200	
신북읍	2,155	1,300	241	44	산천 1리, 산천 2리, 율문 2리, 율문 3리, 율문 5리, 천전 1리, 천전 2리, 천전 7리, 해강아파트 101동, 102동
동 면	1,100	588	112	9	만천 1리, 만천 2리, 지내 1리, 지내 3리
동산면	521	357	58	5	원창 2리, 군자 3리, 조양 4리
신동면	732	445	71	2	의암리, 정족 1리, 증 1리
남 면	420	300	45	3	가정 2리, 가정 3리, 추곡리
서 면	1,281	942	140	2	서상 1리, 신매 1리, 신매 2리, 금산 1리, 금산 2리, 금산 3리, 방동 1리, 덕두원 1리, 안보 1리
사북면	817	511	85	6	지암리, 오탄 1리, 신포 1리, 신포 2리, 가일리, 송암리
북산면	323	201	13	4	추곡 1리
동내면	1,351	703	131	2	거두 1리, 거두 3리, 학곡 1리, 신아아파트 301동, 학곡 3리, 사암 4리, 고운 1리, 고운 2리
남산면	1,112	671	115	6	광판 1리, 창촌 3리, 방곡 1리, 백양 1리, 방하리
교 동	1,212	511	15	5	5통, 11통
조운동	1,119	490	14	156	1통, 7통, 8통, 15통
약사명동	1,638	728	20	5	5통, 9통, 14통 중 약사아파트 2동
근화동	2,159	1,010	28	4	5통, 10통, 15통, 18통

소양동	2,400	1,047	36	6	소양로 2가 9통, 현대아파트 104동, 옥천동 28통, 요선동 24통, 낙원동 32통, 소양로 3가 29통, 소양로 4가 37통
후평 1동	3,431	1,158	40	9	1통, 3통, 5통, 6통, 12통 엘리트아파트 106, 107, 108동, 16통, 20통 동보빌리지 8, 9, 10, 11, 12동, 24통, 29통, 34통 우성아파트 3동
후평 2동	2,943	1,050	34	9	주공1단지 25동, 주공2단지 114동, 23통, 24통, 한신아파트 1동, 현대5차 502동
후평 3동	4,837	1,605	56	12	2통, 현대2차 202동, 현대3차 303동, 세경아파트 2동, 25통, 동아아파트 101동, 석사2주공 205, 207, 211동, 석사3주공 301, 302, 304동, 세경4차 409동, 주공3단지 301, 302, 314, 318동, 주공4단지 410, 411동, 금호빌리지 4, 5, 6동, 32통
효자 1동	1,506	656	20	11	3통, 5통, 17통
효자 2동	3,636	1,424	44	17	7통, 14통, 24통, 상우주택 A동, 스마일주택, 주공7단지 108동
효자 3동	1,482	511	18	6	1통, 2통, 6통, 8통, 9통, 10통
석사동	5,028	1,724	58	14	5통, 14통, 31통, 그랜드아파트 104동, 부영아파트 103동, 극동아파트 101동, 현대아파트 301동
퇴계동	4,910	1,759	57	5	7통, 22통, 퇴계2주공 204, 205동, 215동, 한진아파트 102동, 현대1차 102동, 그린타운아파트 104동, 우성아파트 102동, 한주아파트 104동, 금호아파트 302동
강남동	2,851	1,121	34	18	5통 중 온의연립 A, B동, 17통, 금호타운아파트 6동, 럭키아파트 102동
신사우동	2,737	1,321	35	18	1통, 2통, 7통, 동부아파트 102, 104, 106, 108동, 삼성아파트 102동

전체 지역 중 조사 대상 지역 선정을 위해서 2000년도 인구주택총조사 시 설정된 1,408개 조사구를 대상으로 하여 먼저 200개 조사구를 선정하였다. 다음으로 선정된 200개의 조사구를 읍·면·동별 45세 이상 인구 비율에 따라 배분한 후 읍·면·동의 총 조사구에서 계통 추출하여 표본 조사구를 선정하였다. 마지막으로 읍·면·동별로 선정된 조사구의 조사구 요도를 입수하여 요도에 기입된 행정구역을 확인하여 현지 조사를 위한 최종 조사 대상 지역을 선정하였다.

춘천 지역의 조사 대상자인 총 1,500명 중 농촌 지역의 대상자 수를 일정 수준 이상 확보하기 위하여 농촌 지역인 읍·면에서 1,000명, 도시 지역인 동에서 500명을 조사하기로 대상자를 구분하였다. 농촌 지역과 도시 지역의 각 지역별 조사 대상자 수는 다음과 같이 배분하였다. 농촌 지역의 경우 전체 읍·면의 45세 이상 인구 중에서 각 읍·면의 45세 이상 인구 비율을 구한 후 이 비율에 총 조사 대상자 수 1,000을 곱하여 구하였다. 도시 지역의 경우도 마찬가지 방법으로 전체 동의 45세 이상 인구 중에서 각 동의 45세 이상 인구 비율을 구한 후 이 비율에 총 조사 대상자 수 500을 곱하여 구하였다. 연령대별 조사인원 배분은 45~64세 인구층을 30%, 65세 인구층을 70%로 하였다.

실제 조사에서 응답 거부, 거소불명과 같은 부재자 등의 사유를 감안하여 표본 조사자는 총 조사 대상 인원의 2배수 내외를 선정하였다. 다만 전체 지역을 일률적으로 2배수 추출하는 대신 지역별 응답률과 행정기관의 협조를 고려하여 지역별로 1.5~2배수 정도를 기준으로 하였다.

그러나 실제 조사 수행에서 연령을 고려한 적정 표본 수의 확보와 물리적 접근이 쉽지 않은 오지와 벽지를 고려하여 최종 조사 대상 지역과 인원을 일부 조정하였다. 조사 대상 지역과 대상 인원 선정과 관련된 자료들을 정리하면 〈표 2〉와 같다.

2) 조사 틀

조사 틀은 서울과 춘천 모두 동일한 방식으로 이루어졌다. 즉, 조사원들이 먼저 조사구 지역에서 주민에 대한 자료를 확보하고 이 자료에 근거해 계통표집 방법으로 표본을 선택하였다. 이렇게 선택된 표본을 대상으로 조사원들이 가구를 직접 방문에 조사가 이루어졌다.

(1) 대도시(서울)

서울 지역에서 조사는 조사원의 가구별 방문에 의한 면접 조사(interview)에 의해서 이루어졌다. 앞서 표집에 대한 설명에서 밝혔듯이 조사원들은 해당 조사구 지역을 방문하여 우선 동사무소에서 동직원의 협조를 구하였다. 동사무소의 협조에 의해 조사구 지역의 주민등록 현황에 대한 정보를 얻어서 이로부터 계통표집의 방법을 통해 조사 대상이 될 표본의 최종적 리스트를 작성하였다. 이들 조사 대상자들에 대해 성명과 주소 등을 얻은 후 해당 가구별로 방문하여 조사 대상자의 면접에 들어갔다. 이때 면접의 시도가 실패할 경우 2, 3차 추가 방문을 하여 조사가 이루어지도록 노력하였고, 만약 응답자의 완강한 거부나 혹은 장기출타, 입원 등 불가피한 사정으로 인해 조사가 이루어지지 못할 경우에는 다시 계통표집의 방법에 의해 대체 표집을 실시하였다. 조사는 면접 조사자가 질문지를 읽으면서 응답을 구하는 방식으로 이루어졌고, 면접이 종료된 후에는 앞으로의 추가 조사에 대한 안내와 연락처 등에 대한 질문을 하였다.

(2) 중소도시(춘천)

춘천에서의 조사도 서울과 유사하게 조사 착수 이전에 먼저 조사 대상 읍·면·동사무소의 협조를 통해 입수된 세대원 명부에서 조사 대상자의 1.5~2배수 인원을 추출하였다. 조사 대상자의 연령대를 고려하여 45~64세 층과 65세 이상 층으로 구분한 후 이들을 계통 추출 방법을 통해 조사 대상자를 선정하였다.

현지 조사는 총 24명의 조사원이 4명씩 팀을 구성하여 6개 팀이 수행하였다. 각 팀별로 조사 대상 지역을 분담한 후 분담된 개별 담당 지역을 팀원 전체가 동시에 조사한 후 한 지역의 조사가 완료되면 다음 담당 지역으로 이동하는 방식을 취하였다.

개별 조사 지역에서의 구체적인 조사 대상자 접촉 방법은 다음과 같다. 먼저 4명의 팀원 각각이 담당 지역 조사 대상자의 거주지를 개별 방문하여 조사를 시도한 후 조사가 완료되면 다음 대상자의 거주지로 이동하고 부재 등의 사유로 1차 방문 시 조사하지 못한 대상자는 동일 팀 내의 다른 조사원이 2차 방문하여 조사를 시도하였다. 이런 방식으로 조사 대상자를 방문하면서 조사가 이루어지지 않은 대상자는 4명의 팀원 전체가 돌아가면서 각각 방문하여 가능한 대상자를 직접 면담하도록 하였다.

3) 조사 준비 및 실사

본 연구를 위한 조사 기간은 조사 준비 기간과 조사 실시 기간으로 구분된다.

(1) 조사 준비 기간

조사 준비 기간은 2003년 2월 5일부터 2월 16일까지로 본 기간 동안 조사원 선정, 조사원 교육, 조사원 배치의 과업이 이루어졌다. 조사원 선정을 위해 2월 5일과 2월 12일 두 차례의 회의가 진행되었으며, 2월 12일 최종 조사원 선정이 이루어졌다.[1] 2월 15일 조사원 사전 교육이 진행되었으며[2] 2월 16일 24명의 조사원이 서울시 52개 동에 배치되었다.

(2) 조사 실시 기간

본 연구의 조사는 서울 지역과 춘천 지역으로 분리되어 이루어졌으며 서울 지역 조사가 선행되었다. 서울 지역 조사는 2003년 2월 17일 시작되어 3월 4일 종결되었으며 총 16일간 실시되었다. 2월 17일부터 2월 21일까지 5일간 총 8개 구의 조사가 완료되었으며, 2월 22일부터 2월 26일까지 5일간 총 11개 구의 조사가 추가 완료되었다. 2월 27일부터 3월 4일까지 6일간, 6개 구의 조사를 끝으로 서울 지역 조사가 종결되었다. 춘천 지역의 경우 3월 5일에 조사를 시작하여 3월 23일까지 조사가 진행되어, 총 29일간 조사가 이루어졌다.

---

1) 조사원 선정에 관한 내용은 2) 조사 과정 (1) 조사원 선정, 훈련, 감독 항목 하에 구체적으로 정리되었다.
2) 조사원 교육에 관한 구체적인 정보는 2) 조사 과정 (1) 조사원 선정, 훈련, 감독 항목 하에 기술되었다.

3. 조사 도구 및 과정

1) 설문 작성의 과정

한국 노인의 삶의 질에 관한 조사를 실시하기 위해 본 연구진은 설문 작성에 앞서 몇 번의 workshop을 실시하였다. workshop을 통해 본 연구진은 국내와 국외에서 진행된 고령자들을 대상으로 한 선행 연구와 패널 연구의 내용 및 특성을 분석하였는데, 이를 통해 노인의 삶에 대한 연구와 패널 조사의 특성이 무엇인지 세부적으로 인식할 수 있었다.

workshop은 크게 두 가지로 구분되었는데, 전반부에는 주로 외부 관련 분야 연구자들을 초빙하여 본 연구와 관련된 선행 연구들을 검토하는 것으로 구성되었고, 후반부에는 주로 본 연구에 필요한 설문지를 검토하는 것으로 구성되었다. 선행 연구와 설문 작성을 위한 workshop은 모두 총 9회 진행되었다.3)

조사에 필요한 설문지는 효율적인 연구를 위해 설문지 개발 팀을 구성하여 작성하였다. 구체적으로 설문의 개발 과정은 먼저 각 연구 주제별로 설문 팀을 구성하여 자체 회의를 통해 설문 문항을 개발하였고 이를 전체 workshop을 통해서 다시 검토하는 과정을 반복하였다. 설문 개발을 위한 연구 팀은 각 연구 주제별로 작성되었는데, 연구 주제는 연구계획서에서 밝혔던 연구 주제 중 1차 연도의 조사를 통해 진행하기로 한 연구 주제를 중심으로 구성하였다.

각 연구 주제 별로 설문이 작성된 후 최종적으로 면접 대상자 중 일부에 대해 가조사(pre-test)를 실시하였고, 마지막으로 면접원들이 설문을 검토하는 시간을 통해 실제 조사에서 나타날 가능성이 있는 문제점들을 최종적으로 검토하였다. 이 과정에서 나타난 문제점을 최종적으로 수정하여 최종 설문을 확정하였다.

설문 작성 과정에서 합의된 주요한 원칙은 첫째, 해외 연구와의 비교 가능성, 둘째, 중복 부분의 간소화, 셋째, 패널 연구에 부합하는 내용 등을 들 수 있다. 첫째 원칙은 이미 연구계획서에서도 언급되어 있는 바지만 본 연구진은 해외에서의 다양한 연구를 검토하는 과정에서 이들 연구들과 비교 연구가 본 연구의 결과를 보다 풍부하게 활용할 수 있게 한다는 점에 주목하여 가능하면 해외 연구와 비교 가능하도록 설문 문항을 작성하고자 하였다. 이를 위해 본 연구자들은 우선 노인의 삶의 질과 관련된 유사 해외 연구들을 다수 검토하였다. 검토의 대상이 된 연구 중 특히 관련이 있다고 판단된 것으로는 독일에서 정기적으로 실시하고 있는 독일에서의 삶(Living in Germany)과 일본의 전국고령자조사

3) workshop은 이 외에 조사 방법과 설문지 코딩 등과 관련해서도 추가로 개최되었다.

(National Survey of the Japanese Elderly) 등이다. 본 연구의 내용 중 이들 선행 연구와 유사하다고 생각하는 부분에 대해서는 가능한 한 비교가 가능한 방법으로 설문을 작성하였다.

둘째 원칙은 본 연구가 방대한 주제들을 다루고 있다는 점에 기인하는 것이다. 즉, 본 연구는 단일 분과 학문만의 연구가 아니라 간학문적 연구라는 특성을 갖고 있다. 이 점에서 각 연구 주제들에 대한 설문 문항을 모두 포괄할 경우 시간과 비용의 측면에서 적절치 못하다는 결론에 도달하였다. 따라서 몇 번의 workshop을 진행하면서 각 연구 주제와 관련된 설문 문항 중 겹치거나 대체 가능한 것은 상호 조정하는 방향으로 설문을 구성하였다.

셋째 원칙은 본 연구가 일회성의 횡단면 연구가 아니라 동일한 대상을 시간을 두고 다시 조사하는 패널 연구라는 특성을 반영하기 위한 것이다. 즉, 시간의 변화에 따라서 변화되는 내용들을 중심으로 설문 문항을 구성하는 것이 본 연구의 목적에 보다 부합하는 것으로 판단되었다. 이러한 목적을 달성하기 위해 본 연구진은 설문 문항을 선정하는 데 있어서 시간에 따라 변화 가능한 질문을 주로 포함하였다.

2) 설문의 주요 내용

위에서 언급한 원칙과 방법에 따라 작성된 설문의 주요 내용은 다음과 같다. 우선 설문지는 각 연구 분야별로 작성되었는데, 구체적으로 설문은 크게 I. 개인적 배경, II. 건강 및 의료, III. 심리, IV. 사회복지 그리고 V. 사회 활동 및 사회관계로 구성되었다. 각 연구 분야는 다시 몇 개의 관련 소주제로 나누어 각각의 소주제에 대해 구체적인 설문을 작성하였다. 각 분야에 대해 간략하게 살펴보면 개인적 배경은 가족 상황, 교육 및 근로 경력, 주거 상황, 경제 상황으로 구분하여 관련된 문항을 포함하고 있으며, 건강 및 의료 분야는 건강 수준, 위험 요인, 보건의료 이용 실태로 구분하여 문항을 작성하였다. 이어 심리 및 소비는 노인들의 정서 경험, 주관적 복지, 노인 용구, 대인관계 특성 그리고 인지 기능 및 인지 검사로 구분하여 해당 문항을 작성하였다. 단, 인지 기능 및 인지 검사 문항은 설문 응답시 응답자의 집중도와 응답시간 등을 고려하여 설문의 끝 쪽에 배치하였다. 사회복지 분야는 소주제로 대인관계, 사회복지 서비스 욕구, 주택 및 주변 환경, 은퇴 및 노후에 대한 견해, 종교 등으로 분하였고, 사회 활동 및 유대에서는 사회적 유대, 사회 활동과 사회적 지지로 구분하여 관련 문항을 작성하였다. 각 분야의 설문 내용을 간략하게 요약하면 〈표 3〉과 같다.

<표 3> 연구 분야 및 소 주제, 문항

연구 분야	소주제	설문 내용
배경 문항	가족 상황	- 형제·자매 관계 - 혼인관계 및 만족도 - 자녀관계 및 만족도 - 동거자 관계 - 손자/손녀 양육 유·무
	교육 및 근로 경력	- 교육 수준 - 비문해 유무 - 현재 근로 유무 - 현재 직업/근로소득 - 과거 직업/근로소득
	주거 상황	- 주택 형태 - 소유 형태 - 계약 명의
	경제 성황	- 월 가구 소득 - 생활비 충원 방법 - 저축 유·무 및 액수, 목적 - 경제 및 사회계층에 대한 주관적 평가
건강 및 의료	건강 수준	- 건강에 대한 주관적 평가 - 오늘의 건강 상태 - 의료보조기구 사용 유무 - 일상생활 능력 정도 - 과거 질병력
	위험 요인	- 키, 몸무게, 식사 습관 - 운동, 음주, 흡연 습관
	보건의료 이용실태	- 건강검진 유무 - 건강보장 방식
심리 및 소비	정서 경험	* 각 주제에 대한 척도를 만들어 설문으로 이용함
	주관적 복지	
	노인 욕구	
	대인관계 특성	
	인지 기능 및 인지 검사	
사회복지	대인관계	* 척도를 만들어 설문으로 이용
	사회복지 서비스 욕구	- 사회복지 서비스의 인지 및 이용 여부
	주택 및 주변 환경	- 주변 지역의 특성 - 주택의 특성
	은퇴 및 노후에 대한 견해	- 노후의 경제적 준비 여부 및 수단 - 바람직한 은퇴 시기
	종교	* 척도를 만들어 설문으로 이용
사회 활동 및 유대	사회적 유대 및 활동	- 사회 활동의 종류와 빈도 - 사회 활동 관련 정보원
	사회적 지지	- 정서적/경제적 원조 대상 및 피원조 대상

3) 조사 과정

(1) 조사원 선정, 훈련, 감독

조사원은 한국보건사회연구원의 협조를 얻어, 노인 조사 경험이 많은 훈련된 전문 조사원들을 소개받아 그중 총 24명을 선정하였다. 조사원에 대한 훈련은 2003년 2월 12일 오후 2시부터 8시까지 한림대학교 서울센터에서 진행되었다. 조사원 훈련을 위해 본 패널 조사의 의의와 목적, 표본 추출 방법, 조사 지역 요도, 설문지의 각 분야별 내용 설명과 더불어 조사 지침서 등을 활용하였다.

현지 조사 단계에서는 연구진에 의한 조사원의 지도, 감독과 더불어, 긴밀한 협조가 이루어졌다. 특히 조사의 초기 단계에서 행정기관의 비협조로 표본 추출에 필요한 가구 명부의 확보에 어려움이 많았으나, 문제가 된 지역의 경우 연구진이 직접 접촉하여 추출된 조사 지역의 자료를 확보하는 데 주력하였다. 또한 추출된 조사 대상자에 대해서는 모두 접촉하는 것을 원칙으로 하여 조사의 대표성 확보에 중점을 두었다.

그 외에도 조사의 원만한 진행을 위해 지도원과 조사원의 관계, 조사팀과 조사 지역 행정기관 및 주민과의 협조 체제를 유지하기 위해 지속적이고 항상적인 연락 체계를 유지하였다. 현지 조사 과정에서 가장 어려웠던 점은 설문 분량이 평균 2시간 정도 소요되어 노인들의 집중력을 유지하기 위한 추가 노력을 해야 했다는 점과 도중에 설문을 거부하는 사례들을 설득하는 데 많은 노력을 기울였다는 점이다.

(2) 조사 대상자 접촉

조사 대상자 접촉은 가능한 조사 대상자 본인을 직접 면담하여 조사하는 것을 원칙으로 하였으나 고령으로 인해 귀가 어둡거나 치매 등의 사유로 직접 조사하여 설문을 완료하는 것이 사실상 불가능한 경우는 함께 거주하는 직계가족의 도움을 받아 설문을 완료하였다.

조사 과정에서 조사 진도가 빨랐던 일부 지역의 경우 응답률이 높아 조사 대상으로 선정된 전체 대상자를 방문하지 않은 상황에서 목표 조사 인원을 채워 조사를 정지하거나 면담이 쉬운 대상자만을 선별적으로 조사할 가능성을 배제하기 위해 미방문 상태에 있던 조사 대상자를 모두 방문하여 면담을 시도하도록 조치하였다.

주민등록에 등재된 주소를 기준으로 하여 작성된 조사 대상자 명부를 이용하여 조사 대상자를 방문하는 과정에서 명부 출력 후 조사 진행 기간 이전에 이주한 경우, 주소지와 실제 거주지가 일치하지 않는 경우, 거소가 확인되지 않는 거소 불명자, 조사 기간 중 사망자, 조사 기준인 실제 연령과 주민등록상 연령이 틀려 조사 대상에서 제외해야 될 자 등 사실상 조사가 불가능한 경우 및 조사 대상이 아닌 경우가 극소수 확인되었다.

이들 중 주거지를 옮긴 경우와 사망자, 연령 오류 등 사실상 조사 대상자가 아닌 경우는 조사 대상에서 제외하고 그 외에 일시적이기는 하나 비교적 장기간 자녀나 친지의 집에서 거주하고 있는 장기부재자, 재개발 등으로 인해 주소를 통해 거주지를 확인하기 어려워 초기에 조사가 이루어지지 않은 경우는 조사 기간 동안 계속 방문, 확인하여 조사를 시도하도록 하였다.

정도의 차이는 있으나 거의 모든 지역에서 응답 거부자가 있었는데 이 경우 처음 조사를 시도한 조사원이 아닌 다른 조사원으로 하여금 재차 접촉을 시도하여 자발적으로 면담에 응하도록 유도하였다. 최종적으로는 팀장이 접촉하여 설득한 후 응답 여부를 확인하고 완강하게 거절 의사를 밝힌 경우는 응답 거부자로 처리하였다.

문제가 되었던 대상자가 직업적인 특성으로 인해 거주지에 있는 시간이 불규칙하거나 귀가시간이 늦은 사람들이었다. 이 경우는 메모를 남기거나 이웃 등을 통해 연락처를 입수하여 면담이 가능한 시간을 사전에 약속한 후 조사에 착수하도록 하였다. 또한 메모나 연락처를 통한 접촉이 이루어지지 않은 경우는 아침 일찍 또는 늦은 밤 시간 등에 재차 방문하여 가능한 조사 대상에서 제외되지 않도록 하였다.

4. 설문지 내용: 삶의 질 측정 지표

1) 건강 분야

건강 분야 설문은 자가 평가 건강 상태, 건강 관련 삶의 질, 시력 · 청력 · 저작 능력, 만성질환 유병 상태, 생활 습관, 보건의료 이용 등 총 6개 영역에 걸쳐 있다.

(1) 자가 평가 건강 상태

자가 평가 건강 상태(self-rated health 또는 self-assessed health)는 '주관적 건강 평가'라고도 하는데, 건강 상태 측정에 과거 20년간 가장 보편적으로 사용해 온 방법으로서 개인의 전반적인 건강 상태를 나타내는 주요 건강 지표이다(Farmer and Ferraro, 1997).

자가 평가 건강 상태는 본 조사에서처럼 '현재 선생님의 건강 상태가 어떻다고 생각하십니까?'라는 질문에 대하여 매우 건강하다, 건강하다, 보통이다, 건강하지 못하다, 매우 건강하지 못하다 등 리커트(Likert) 5점 척도로 응답하는 것이 보통이며, 자신의 건강 상태를 비슷한 나이의 다른 사람과 비교하여 묻거나 일 년 전 자신의 건강 상태와 비교하여 묻는 질문이 더해지기도 한다. 본 조사에서는 앞의 두 가지 항목을 자가 평가 건강 상태 영역에서

묻고, 뒤의 한 가지 문항을 건강 관련 삶의 질 측정 도구인 EuroQol 문항 중 동일한 것으로 대체하였다.

자가 평가 건강 상태는 단일 문항으로 구성되어 있고 내용이 단순하여 누구나 이해하기 쉽고 분석 및 해석이 편리하다는 장점이 있으며, 의학적 검사로써 알 수 없는 총체적 건강 상태를 반영한다는 점에서 널리 사용되고 있다. 또 의료 이용률, 장애율, 사망률 등을 예측하는 주요 지표로 알려져 있다. 대다수 연구에서 낮은 수준의 자가 평가 건강 상태는 높은 수준의 의료 이용률, 장애율, 사망률과 연관성을 지니고 있음이 보고된 바 있다(이윤환, 1999).

(2) 건강 관련 삶의 질

전술하였듯이 건강 관련 삶의 질 지표는 전반적 건강 관련 삶의 질을 측정하는 것과 건강의 특정한 측면을 측정하는 것으로 구분될 수 있다. 본 조사에서는 전반적 건강 관련 삶의 질을 측정하는 도구로서 EuroQol 그룹이 개발한 EQ-5D를 사용하였다(The EuroQol Group). 또 기능적 측면의 건강 수준을 평가하는 도구로서 과거부터 많이 되어 온 ADL 및 IADL 도구를 적용하고자 하였는데, 본 조사에서는 최근 우리나라 노인에 적합하게 개발된 K-ADL 및 K-IADL을 사용하였다(원장원, 2002; 원장원 외, 2002a, 2002b).

① EuroQol, EQ-5D(McDowell and Newell, 1996)

EQ-5D는 평가 연구나 정책 연구에 사용하거나 다른 건강 관련 삶의 질 측정 도구를 보완할 목적으로 개발되었다. EQ-5D는 단순한 형태를 취하는 전반적 건강 관련 삶의 질 측정 도구로 개발되어 적용하기 쉽고 건강 관련 삶의 질 수준을 단일 점수(single index score)로 표현할 수 있어 건강 수준 조사뿐 아니라 경제성 평가 등 응용 연구에서도 널리 쓰이고 있다.

EQ-5D는 운동 능력(mobility), 자기 관리(self-care), 일상 활동(usual activities), 통증/불편감(pain/discomfort), 불안/우울(anxiety/depression) 등 5개 영역(domain)에 걸쳐 각 한 문항씩 5문항과, 지난 12개월 동안의 전반적인 건강 수준과 오늘의 건강 상태를 비교하는 한 문항 등 모두 6문항으로 구성되어 있으며 모두 Likert 3점 척도로 응답하도록 되어 있다. 이 외에 양끝에 각각 '상상할 수 있는 최고의 건강 상태' 및 '상상할 수 있는 최저의 건강 상태'라는 설명이 붙어 있는 길이 20㎝의 눈금자(VAS, visual analog scale)에 '오늘 당신의 건강 상태'를 표시하게끔 되어 있다.

EQ-5D의 측정 결과는 두 가지 방법으로 제시된다. 첫째, [그림 1]에서 보는 바와 같이 5개 영역 문항의 응답치를 주어진 조견표와 대조하여 전반적 건강 관련 삶의 질의 단일 점

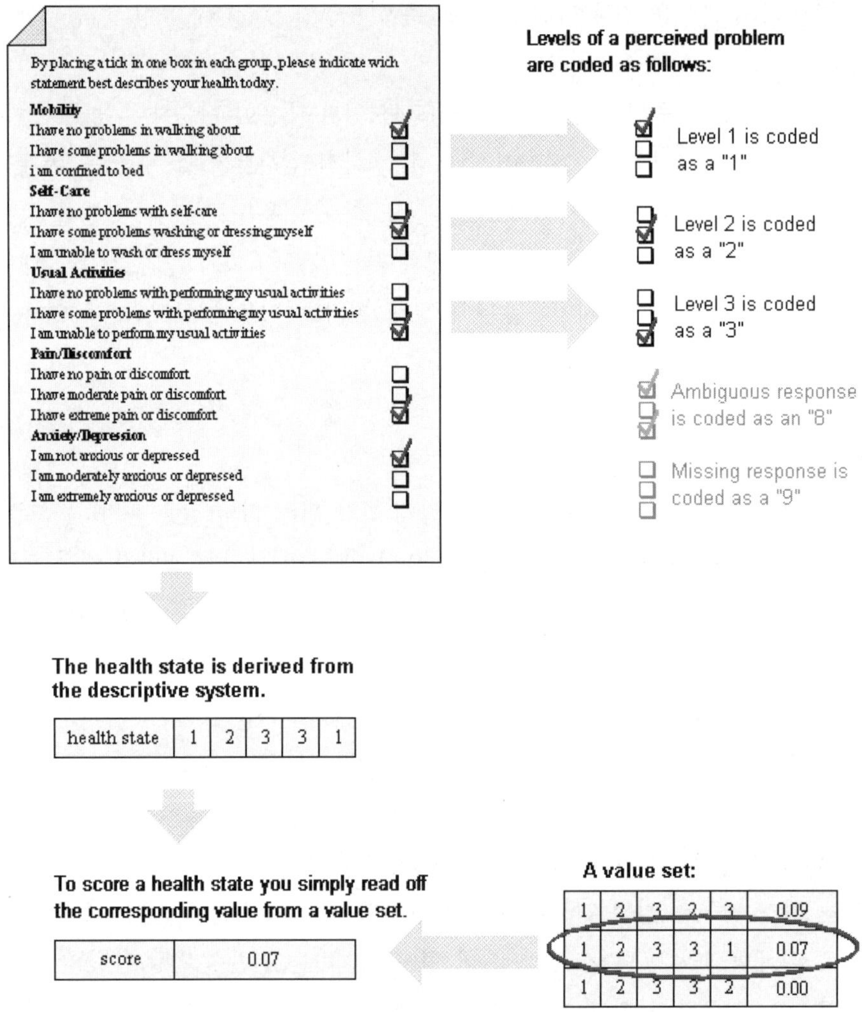

[그림 1] EQ-5D 측정 결과 제시 방법(1)

(출처: http://www.euroqol.org/)

수를 얻게 된다(EQ-5D weighted index score). 이때 점수는 0에서 1까지의 값을 지니는 것이 보통이다. 이 경우 주어지는 조견표는 사회마다 다르며, 해당 사회에 특이적 조견표를 얻기 위해서는 표준 겜블링(standard gambling)이나 시간교환법(TTO, time trade-off)을 적용하여 EQ-5D에 대한 별도의 가치 평가(valuation) 연구를 수행해야 한다. 둘째, 눈금자에 표시된 눈금을 그대로 읽어 단일 점수(EQ-5D VAS score)를 얻는 방법이다([그림 2]).

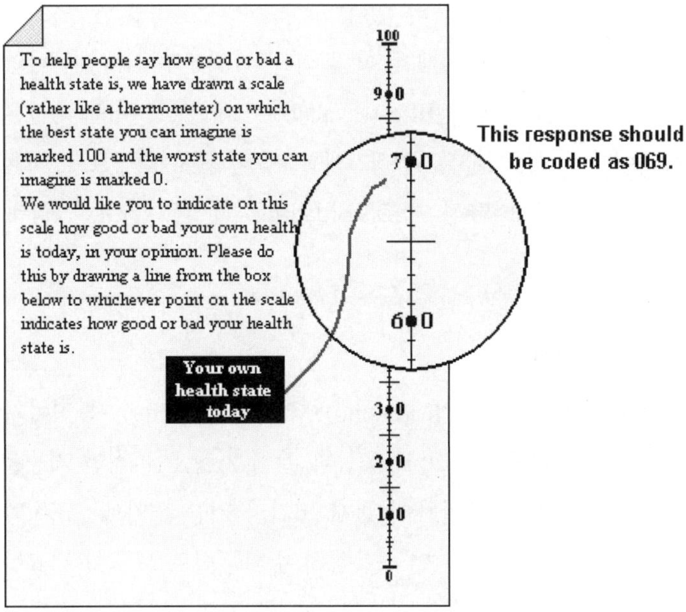

[그림 2] EQ-5D 측정 결과 제시 방법(2)
(출처: http://www.euroqol.org/)

반 애그트 등(Van Agt et al., 1994)은 일반화 이론(generalizability theory)을 적용하여 검사－재검사 신뢰도를 추정한 결과 EQ-5D의 경시적 안정성을 보여 주었고, 도만 등(Dorman et al., 1998)은 뇌졸중 환자를 대상으로 3주 간격 검사－재검사 신뢰도를 평가하여 5개 영역에서 κ-계수가 0.63~0.80의 범위에 걸쳐 있으며 ICCs(intraclass correlation coefficients) 및 인구 가중 지표 점수(population-weighted index score)가 각각 0.86으로 높은 재현성을 지님을 보여 주었다. 허스트 등(Hurst et al., 1997)도 2주 간격 검사－재검사 신뢰도를 평가하여 EQ-5D 가중 지표 점수 및 EQ-5D VAS 점수에 대한 ICCs가 각각 0.85, 078, 3개월 간격 검사－재검사에서는 각각 0.70, 0.73으로 보고하였다.

브라지어 등(Brazier et al., 1993)은 일반 인구 집단을 대상으로 EQ-5D와 SF-36을 적용, 비교한 결과 EQ-5D는 사회 인구학적 변수, 보건의료 이용 및 만성 신체 문제의 진단 등에서 SF-36보다 연관성의 강도나 유의성 수준이 낮은 것으로 나타났고, 천장 효과(ceiling effect)가 관찰되었다. 에싱－보트 등(Essink-Bot et al., 1997)은 EQ-5D가 편두통(migraine) 경험 여부를 판별하였고 이때 ROC 곡선 하 면적은 055~0.59의 범위를 보였음을 보고하였다. 또 평가 2주 전 결근 여부를 유의하게 판별하였는데, ROC 곡선 하 면적은 0.54~0.70의 범위를 보였다. 그 외의 여러 연구들에서 EQ-5D의 구성 타당도가 검증되었고(Hurst et al., 1994, 1997; Brazier et al., 1996) 코스트 등(Coast et al., 1998)은 변화 반응성(responsiveness to change)에 관한 예비 결과를 보고한 바 있다.

EQ-5D는 유럽, 아프리카, 아시아 29개 국어 공식판(official version)이 나와 있는 상태이며, 한국어 등 14개 국어로 된 준공식판(best available language version)들은 공식 승인을 기다리고 있는 상태이다. 한국어판은 임상 시험 참여자를 대상으로 교차 문화 적응(cross-cultural adaptation) 및 타당성 검토(validation) 작업을 완료한 상태이다(Oh and Bae, 2002).

② K-ADL 및 K-IADL(원장원, 2000)

일상생활 활동(ADL) 지표는 옷 입기(dressing), 식사하기(eating), 움직이기(ambulating), 화장실 사용하기(toileting), 목욕하기(bathing) 등과 같이 가장 기본적인 기능을 평가하는 것으로 1963년에 카츠(Katz)가 처음 개발하여 현재 노인의 기능 평가에 가장 널리 쓰이는 도구다. 카츠는 ADL 지표를 이용한 후속 연구를 통하여 활동별로 도움이 필요한 정도를 기술하였고, 예후 지표 및 재활 치료 평가 도구로서 유용함을 입증하였다. 요컨대 ADL 지표는 만성 질환 경과에 대한 객관적 지표, 노화 과정 평가 도구, 재활 교육의 보조 자료로 사용할 수 있으며, '할 수 있는지(능력)'보다는 '하고 있는지(상태)'에 중점을 도구 도움이 필요한 정도를 평가하기 위한 도구라는 특징이 있다고 하였다.

도구적 일상생활 활동(IADL)은 독립적인 생활을 하는 데 필요한 보다 높은 차원의 기능을 말하는 것으로, 1969년 로튼(Lawton)과 브로디(Brody)가 요양원 입소자, 정신병동 입원자, 재택 서비스 이용자, 가정도우미(home helper) 파견 대상자 가운데 60세 이상 노인을 대상으로 개발하였다. IADL 지표는 주로 지역사회 거주 노인의 기능 상태를 평가하는 데 많이 쓰이며 입원 후 퇴원하려는 환자의 사회 복귀 가능성을 확인하는 데 사용될 수 있다고 한다.

지금까지 ADL 및 IADL을 평가할 때 외국의 설문지를 연구자가 임의로 번역하거나 실정에 맞게 편역하여 사용하여 왔다. 그러나 외국에서 개발된 설문지를 번역할 때에는 번역–일차 검토–역번역–원 도구 개발 국가 전문가들의 검토–문법 및 단어 확인 등 국제적으로 합의된 복잡한 과정을 거친 다음, 사전 조사 후 신뢰도 및 타당도 검토를 마쳐야 한다. 또 같은 설문지라 하더라도 해당 사회의 문화적 특성을 감안해야 한다. 이러한 이유로 최근 국내에서는 우리나라 노인 가운데 기능 장애가 있는 사람들의 자료를 수집하고 수차례 사전 조사와 전문가 회의, 국어학자의 자문 등을 거쳐 K-ADL 및 K-IADL을 개발하였다. K-ADL 및 K-IADL의 문항 구성은 〈표 4〉와 같다.

K-ADL의 경우 정상군 130명 및 환자군(신체적 기능 장애자군) 147명에 적용하여 면접자간 평가 일치도를 카파 계수로 산출한 결과 0.864(세수하기)~1.000(화장실 사용)의 범위를

보였고(p=0.000), 2~4주 후 실시한 검사-재검사법 상관 계수는 7개 항목 모두에서 0.7 이상이었으며(p=0.000), 크론바하 알파(Crohnbach's alpha)로 측정한 내적 일치도는 0.937이었다. 또 K-ADL 점수는 7개 영역 모두에서 정상군이 환자군보다 유의하게 낮았고(p=0.000), 뇌병변 장애등급 평가가 가능한 사람 83명의 장애등급과 K-ADL의 상관 계수는 -0.465(식사하기)에서 -0.696(목욕하기) 사이였다(p=0.000)(원장원 외, 2002a).

〈표 4〉 K-ADL 및 K-IADL 문항의 구성

활동 내용	보기 개수	보조 문항	활동 내용	보기 개수	보조 문항
K-ADL			K-IADL		
옷 입기	3	-	몸단장	3	-
세수하기	3	-	집안일	4	+†
목욕하기	3	-	식사준비	4	+
식사하기	3	-	빨래하기	4	+
이동하기	3	-	근거리 외출	3	-
화장실 사용	3	-	교통수단 이용	4	-
대소변 조절	3	-	물건 사기(쇼핑)	4	-
			금전 관리	4	+
			전화 사용	4	-
			약 챙겨 먹기	3	-

† 어떤 도구적 일상생활 활동을 하지 않는 경우에 할 수 있는데 하지 않는지, 해 본 적이 없는지

(3) 시력 · 청력 · 저작 능력

노인에서 시력과 청력은 일상생활을 영위하는 데 필수적인 신체적 기능이다. 그러나 다른 신체 기능과 마찬가지로 시력과 청력은 나이가 듦에 따라 약화된다. 하트필드(Hatfield, 1973)는 미국의 실명 인구를 추정하는 인구학적 연구를 통해 연령이 실명 및 시력 손상의 가장 중요한 예측 인자임을 보고하였다. 또 미국 국립건강통계센터(NCHS, National Center for Health Statistics)에 따르면 청력 손상, 특히 관절염, 고혈압 등과 함께 난청은 노인에게서 가장 발병률이 높은 만성 질환 가운데 하나로 보고되고 있다(Adams et al., 1999). 우리나라의 경우 질병 통계에 따르면 2002년 말 현재 우리나라의 65세 이상 노인의 주요 안질환 유병률은 백내장이 24.7%(980천 명), 당뇨병성 망막증이 1.1%(44천 명)로 나타나고 있으며, 이 중 약 15%(153천 명)는 수술이 필요한 것으로 확인되고 있다(보건복지부, 2003).

노인이 저작이 어려워지면 위장에 크게 부담을 주며, 저작 능력의 저하는 소화불량을 일으킬 가능성이 높다. 즉, 노인이 되어 치아를 상실하게 되면 저작 능력이 저하되어 섭취할

수 있는 음식물의 선택 범위가 좁아지고 식사의 양과 질 역시 저하됨으로써 건강과 체력 유지가 어려워질 수 있으며, 저작시 불편은 식사로 얻을 수 있는 행복감을 박탈함으로써 삶의 질에 직접적인 영향을 주게 된다. 뿐만 아니라 치아 상실은 발음과 외모에 영향을 줌으로써 대인관계 및 원활한 사회생활에 제한을 주게 되어 사회적 소외감과 고립감을 촉진시킬 수 있다(최연희 외, 2002).

이러한 이유들 때문에 대부분의 노인 건강 조사들은 반드시 노인의 시력·청력·저작 능력을 확인하는 문항을 포함하고 있다. 본 조사는 노인 건강 분야를 심층 조사하는 것이 목적이 아니므로, 조사 대상 노인이나 동거인에게 시력·청력·저작 능력을 간단하게 묻는 방식으로 문항을 구성하였다(〈표 5〉 참조).

〈표 5〉 국내외 노인 건강 조사 항목의 비교(시력·청력·저작 능력)

	Ⓙ	Ⓓ	Ⓐ	Ⓚ	Ⓝ	Ⓔ	본 조사
시력							
시력 수준	✔	✔	✔			✔	✔
안경 혹은 콘택트렌즈 착용 여부	✔	✔	✔		✔	✔	✔
돋보기 사용 여부					✔	✔	✔
안경 처방 여부					✔		
시력 간이 검사				✔			
백내장 수술 여부					✔		
인공 렌즈 삽입 여부					✔		
청력							
청력 수준	✔	✔	✔			✔	✔
보청기 사용 여부	✔	✔	✔			✔	✔
청력 간이 검사				✔			
저작 능력							
저작 수준							✔
저작 장애					✔	✔	
틀니 사용 여부				✔		✔	✔

* Ⓙ National Survey of the Japanese Elderly 1987 Ⓓ Detroit Area Study 1993 Ⓐ America's Changing Lives 1986 Ⓚ WHO Collaborative Study on Social and Health Aspects of Aging 1983-1985 Ⓝ National Health Interview Survey, Second Supplement on Aging 1994 Ⓔ 전국 노인장기요양보호서비스 욕구조사 2001

(4) 만성 질환 유병 상태

사람이 나이가 듦에 따라 만성 퇴행성 질환에 이환될 확률이 높아짐은 이미 알려져 있다. 특히 해당 사회의 인구학적·역학적 변천이 진전됨에 따라 그전보다 만성 퇴행성 질환의 질병 부담은 증가하게 된다. 옴란(Omran)은 이러한 역학적 변천 과정을 크게 세 시기로 구분하는데 오늘날 우리 사회는 그가 말하는 '퇴행성 인조 질환의 시대(the age of degenerative and man-made diseases)'에 접어들고 있다고 보아야 할 것이다(Omran, 1971). 우리나라의 경우 10대 사인의 연차적 변동에서 1965년까지만 해도 전염성 질환이 5위 이상이던 것이 1974년부터는 악성 신생물, 뇌혈관질환, 고혈압성 질환이 상위로 대두되어, 1979년에는 만성 퇴행성 질환에 의한 사망이 50% 이상에 이르렀다. 또 1998년 국민건강영양조사에서 지역사회 1,000명당 유병률의 상위 5위에 해당하는 질환은 고혈압, 심장병, 폐기종 · 천식, 당뇨병, 신염 · 신증후군의 순이었다(김정순, 2001).

따라서 대다수의 포괄적 노인 건강 설문에서는 이들 만성 퇴행성 질환의 이환 상태를 조

〈표 6〉 국내외 노인 건강 조사 항목의 비교(만성 퇴행성 질환 이환 여부)

	Ⓙ	Ⓓ	Ⓐ	Ⓚ	Ⓝ	Ⓔ	본 조사
관절염	✔	✔	✔		✔	✔	✔
고혈압	✔	✔	✔		✔	✔	✔
저혈압						✔	
뇌졸중	✔	✔	✔		✔	✔	✔
당뇨병	✔	✔	✔		✔	✔	✔
심장병	✔	✔	✔		✔	✔	✔
간경변, 간염						✔	✔
위궤양, 십이지장궤양	✔					✔	✔
천식, 만성 기관지염	✔	✔	✔		✔	✔	✔
골절	✔		✔			✔	✔
백내장, 녹내장	✔	✔			✔	✔	✔
암		✔	✔		✔	✔	✔
우울증							✔
파킨슨병	✔						✔
요통, 신경통	✔					✔	✔
골다공증					✔		✔
전립선비대증							✔
이(耳) 질환					✔	✔	
신(腎) 질환	✔					✔	
족부 순환, 티눈 등 발 건강 문제			✔	✔			
기타	✔					✔	✔

* Ⓙ National Survey of the Japanese Elderly 1987 Ⓓ Detroit Area Study 1993 Ⓐ America's Changing Lives 1986 Ⓚ WHO Collaborative Study on Social and Health Aspects of Aging 1983~1985 Ⓝ National Health Interview Survey, Second Supplement on Aging 1994 Ⓔ 전국 노인장기요양보호서비스 욕구조사 2001

사한다. 본 조사에서는 국내외 노인 건강 설문에서 조사하는 다빈도 만성 퇴행성 질환에 관한 의사 진단 여부를 질문하고 있다. 의사 진단 여부는 주관적 이환 상태 평가와는 구별된다. 첫째, 의사 진단 여부를 기준으로 판단한 질병 이환 여부는 주관적으로 평가한 질병 이환 여부에 비해 상대적으로 정확하다. 둘째, 의사 진단 여부에 관한 질문과 이학적 검사 결과가 연계되면 노인에서 보건의료 서비스의 미충족 필요의 크기를 가늠할 수 있다. 만성 퇴행성 질환 여부와 관련된 국내외 노인 건강 조사 항목을 보여 주고 있다.

(5) 생활 습관

생활 습관은 중요한 건강의 결정 요인 중 하나인 동시에 다른 요인들에 비하여 사망 수준에 미치는 영향력이 결코 적지 않은 것으로 알려져 있다(Lalonde, 1974; Dever, 1980). 그러나 생활 습관의 변화를 통하여 건강 수준을 향상시키려는 것은 생각만큼 쉽지 않다. 특히 노인에게는 생활 습관이 오랜 시간에 걸쳐 굳어진 경우가 많다. 따라서 노인에게서 생활 습관을 살펴보는 일은 소아기와 청년기 생활 습관 파악과는 그 의의가 다르다고 할 것이다.

첫째, 노인에서 관찰되는 생활 습관 양상을 살펴봄으로써 생활 습관과 건강 결과와의 연관성을 규명하는 실마리를 찾을 수 있다. 노인에게서 건강 결과의 관찰에는 상대적으로 시간이 덜 들기 때문이다. 둘째, 노인의 생활 습관과 관련된 환경적 요인의 관계를 살펴봄으로써, 제한적이지만 교정 가능한 요인을 확인하고 교정을 촉진하는 정책적 노력을 뒷받침할 수 있기 때문이다. 본 조사에서는 식이 · 운동 · 흡연 · 음주를 주요 생활 습관으로 파악한다.

① 식이: 식사의 규칙성 여부와 하루 식사 횟수를 질문한다.
② 건강: 운동 여부와 빈도, 운동 내용을 질문한다.
③ 흡연: 흡연 경험 여부, 현재 흡연 여부, 흡연 시점 및 흡연양을 질문한다.
④ 음주: 음주 경험 여부, 현재 음주 여부, 술의 종류와 음주량을 질문한다.

(6) 보건의료 이용(예방의학과 공중보건 편집위원회, 2001)

일반적으로 노인은 일반 인구 집단에 비하여 만성 질환 유병률뿐만 아니라 급성 질환 유병률도 높은 것으로 알려져 있다. 이러한 질병 양상은 노인의 일상생활을 어렵게 만드는 이유가 된다. 60세 이상 인구의 평균 침상 병상일수가 전체 인구 17.22일보다 긴 28.49일에 달하며, 이 중 22.7%가 일상생활을 영위하는 데 타인의 도움이 필요하다는 조사 결과는 이러한 사실을 뒷받침하고 있다고 한다(한국보건사회연구원, 1990).

보건의료 이용 면에서도 60세 이상 인구의 의료 요구 정도는 인구 100명당 40.5로 전체 인구의 평균 의료 요구인 23.9에 비해 2배 가까이 높아 미충족 의료 요구 또한 높음을 알 수 있다. 그럼에도 노인의 의료 기관 평균 방문 횟수는 대부분의 의료 기관에 걸쳐 전체 인구의 평균 방문 횟수보다 높고, 특히 보건 기관에 대한 방문 횟수가 높다고 한다. 또 노인들은 의료비에 대하여 느끼는 부담이 상당히 크고 본인의 건강을 유지하거나 치유하는 데 적극적 태도를 유보하고 있다고 한다. 우리나라에서 노인 건강검진은 노인복지법에 따라 65세 이상 노인을 대상으로 2년에 1회씩 실시하고 있다. 그러나 건강검진이 저소득층 일부 노인을 대상으로 부분적으로 실시되어 대상 확대가 필요하며 검진 결과가 제대로 통보되지 않거나 질병 발견 후 사후 조치에 대한 대안이 없는 것이 문제점을 지적되고 있다.

본 조사에서는 노인의 보건의료 이용과 관련하여 건강 검진, 입원 진료, 외래 진료, 의료 보장, 의료비 등의 항목을 조사하기로 하였다.

① 건강 검진: 수진 여부, 수진 유무에 대한 이유, 비용, 건강보험 건강 검진 수진 빈도
② 입원 진료: 지난 3개월간 입원 진료 경험 유무, 입원 진료 기간
③ 외래 진료: 지난 3개월간 외래 진료 경험 유무, 외래 진료 빈도
④ 의료 보장: 적용 건강보장 제도 종류
⑤ 의료비: 의료비 부담으로 치료받지 못했던 경험
⑥ 의약품 복용 양상: 의약품 종류, 의약품 복용 이유, 의약품 처방 이유

2) 심리 및 소비 분야

(1) K-MMSE와 KDQ

노인 인구의 증가와 더불어 이에 따른 만성 노인성 질환이 늘어나고 있으며 그와 더불어 치매 환자들의 수도 나날이 증가하고 있다. 따라서 임상 장면에서 짧은 시간 동안 치매 여부를 신뢰받을 수 있게 평가하고 그 심한 정도를 간편하게 측정할 수 있는 표준화된 검사도구의 필요성이 강력히 대두되고 있다.

현재 치매의 선별 검사로서 세계적으로 가장 보편적으로 사용되고 있는 검사 도구는 Mini-Mental State Examination(MMSE)이며, 우리나라에서도 Korean-Mini Mental State Examination(K-MMSE; 강연욱, 나덕렬, 한승혜, 1997; Kang, Kim, Na, Kim & Lee, 1997)이 표준화되어 현재 널리 사용되고 있다. K-MMSE는 다양한 인지 기능들을 5~10분 정도에 측정할 수 있도록 고안된 검사로서 치매를 탐지하는 데 있어 그 신뢰도와 타당도가 입증되었고, NINCDS-ADRDA가 정한 알츠하이머병의 진단 기준에 포함되어 있다. 그러나 MMSE는 나이와 교육 수준에 의한 영향을 많이 받으므로(Kang et al, 1997) 피검자의 수행을 비교해 볼 수 있는 각각의 나이와 교육 수준에 따른 세부적인 규준이 반드시 있어야 한다. 따라서

다양한 연령과 다양한 학력 수준을 지닌 많은 수의 피검자로 구성된 규준 집단이 필요로 된다. 본 연구는 450명으로 구성된 기존의 K-MMSE 규준 집단의 6배에 해당하는 다수의 피검자들에게 본 검사를 실시함으로써 좀 더 신뢰 있는 K-MMSE 규준을 산출할 목적으로 수행되었다. 특히 본 연구의 결과 얻게 되는 45세부터 54세까지 중년의 K-MMSE 규준은 국내에서 최초로 산출되는 것이며, 이 결과는 정상 노화에 따른 인지 기능의 쇠퇴에 대한 더욱 풍부한 지식을 제공하고 Mild Cognitive Impairment (MCI)의 연구와 치매의 조기 발견에도 기여할 수 있을 것으로 기대한다.

이처럼 K-MMSE가 치매의 선별 검사로서 임상과 지역사회에서 많이 쓰이고 있으나 환자를 직접 대면하고 검사할 수 없는 상황에서는 K-MMSE로 환자의 치매 여부를 판단할 수 없으며 더욱이 환자가 검사를 거부하는 상황에서는 신뢰 있는 검사를 할 수 없다는 문제점을 지닌다. 이러한 문제점을 보완할 수 있는 한 방법은 환자의 현재 상태와 병전 행동에 대해서 잘 알고 있는 친지들에게 환자의 인지 기능에 대해서 질문하여 정보를 얻는 치매 설문지를 이용하는 것이다. 보호자들이 응답하도록 되어 있는 치매 설문지들은 대상이 되는 환자의 교육 정도나 나이에 따른 영향을 받지 않으며, 환자를 직접 대면하고 검사할 수 없는 상황에서도 간단히 시행할 수 있고, 이미 세상을 떠난 가족(예를 들어 환자의 부모)에 대한 정보도 얻을 수 있으며, 면접자가 특별한 훈련을 받을 필요가 없는 경제적인 검사라는 여러 가지 이점을 지닌다. 더욱이 선행 연구들은(Tombaugh & Mclntyre, 1992; Galasko, Klauber, Hofstetter, Salmon, Lasker, & Thal, 1990) 초기 단계의 치매를 진단하는 데에 인지 기능의 변화를 평가하는 치매 설문지가 인지 기능을 단면적으로 평가하는 MMSE보다 더 민감하다는 점을 보고한 바 있다. 따라서 외국에서는 치매 설문지가 치매의 대단위 역학 조사와 일차 진료 기관에서 치매를 선별하는 검사 도구로서 유용하게 사용되고 있다(Fuh, Teng, Lin, Larson, Liu, Chou, Kuo, & Liu, 1995; Kawas et al, 1994; Mackinnon, & Mulligan, 1998).

그러나 이러한 유용성에도 불구하고 외국에서 만들어진 치매 설문지는 우리나라에서 그 타당도와 신뢰도가 공식적으로 확인된 바 없으며, 우리나라에서 개발된 치매 설문지들은 기억력과 같은 특정 인지 영역에 문항들이 편중되어 있어 다양한 인지 기능을 평가할 수 없다는 문제점이 지적되어 왔다(최성혜, 1999). 본 연구에서 사용된 한국판 치매 설문지(Korean Dementia Questionnaire; KDQ)는 박재설 등(박재설, 강연욱, 류경희, 나덕렬, 2008)에 의해서 새로이 개발된 것으로 다양한 인지 영역을 포함한 전반적인 치매 증상을 포괄하고 있다. 이미 치매 환자 집단에게는 임상적으로 사용되고 있으나 현재 이 설문지에 대한 정상 노인들의 규준이 존재하지 않으므로 본 연구를 통해서 정상 노인 집단의 규준을 얻고자 하였다. 단, 원래 제작되기는 환자를 잘 아는 보호자가 응답하도록 되어 있으나 본 연구에서는 조사상의 여러 가지 현실적인 제한점으로 인하여 노인 응답자 자신이 응답하도록 하였다. 연구에 참여한 대부분의 노인들이 치매를 앓고 있지 않은 건강한 노인들이므로 자신의 인지 기능에 대한 통찰력을 지니고 있을 것으로 사료되며, K-MMSE 점수에 근거하여 치매 의심 노인들의 자료는 분석에서 제외할 것이므로 응답자 변수가 KDQ의 노인 규준을 왜곡시킬 것으로 판단되지는 않는다.

또한 K-MMSE와 KDQ의 정상 노인 규준을 산출함과 동시에 두 검사 점수 간의 상관도 인지 영역별로 분석될 것이다.

(2) PANAS

1948년에 세계건강기구(World Health Organization)는 건강을 질병의 부재가 아니라 신체적, 정신적 그리고 사회적 안녕의 존재라고 정의하였다(World Health Organization, 1952). 노인의 삶의 질과 관련하여 건강, 금전적 문제, 교육 수준 등의 심리 외적 변인들에 대한 연구들이 많이 진행되었다. 외국의 선행 연구들에서 부각된 성공적인 노화를 예측해 주는 심리·사회적 변인들은 교육 수준 및 확대된 가족 네트워크 등이다. 의존성, 인생에 대한 불만족스러움, 병상 생활 등으로 나타나는 부적응적 노화는 보행 기능 문제, 시력 감퇴, 연령, 우울증, 치매 등이 중요 요인인 것으로 나타났다. 노인기에는 일반적으로 신체적 능력(혹은 건강)과 지적 능력이 감퇴되므로 삶의 질도 더불어 저하되는 것으로 생각하기 쉽다.

그러나 노화 과정에서 감퇴하는 것(decline), 변화하는 것(change) 그리고 발달하는 것(development)을 구분해서 보면 노인들이 젊은 사람들보다 반드시 낮은 삶의 질을 영위하고 있다고 말하기 어렵다(Vaillant & Mukamal, 2001). 감각 기능과 신체적 강인함이 감퇴한다는 점에서 노화는 성공적인 삶에서 거리가 멀어지는 것이다. 그러나 노인기에 감퇴가 아니라 단순히 변화하는 것도 있다. 예를 들어 대인관계를 유지하고 애정을 형성하는 능력은 그 대상이 바뀔 뿐이지 질적으로 감소하는 것이 아니다. 한편 노인들이 젊은이들보다 더 인내심이 강해지고 과거와 미래를 더 잘 이해하고, 경험이 더욱 풍부해지는 것은 노화와 더불어 진행되는 발달의 측면이라고 할 수 있다. 노인들은 젊은 사람들에 비해서 더 성장 지향적이고 친 사회적인 성숙한 인생 목표를 가지고 있으며 Erikson(1963)의 발달 단계에서 인생통합 단계를 추구함으로써 젊은 사람들보다 오히려 주관적 안녕감이 더 높을 수도 있다(Sheldon & Kasser, 2001).

노인들의 정신적인 능력의 감퇴는 질병으로 인한 것이 대부분이며 건강한 노인들이 거쳐가는 정상적인 노화 과정에서는 지적 능력의 감퇴, 우울증의 증가, 행복감의 감소 등이 발견되지 않는다(Baltes & Mayer, 1999). 비록 노인들이 평균 3~8가지 약물을 복용하고 있으며 의사들의 눈에는 환자로 취급될 수도 있지만, 3명 중 2명의 노인들은 자신이 다른 노인들보다 훨씬 더 건강하다고 믿고 있으며, 7명 중 1명의 노인만이 자신이 동료 노인들보다 덜 건강하다고 생각하고 있다(Vaillant & Mukamal, 2001). 따라서 성공적인 삶을 영위하는 노인이란 반드시 건강과 금전 문제가 갖추어진 환경에서 등장하는 것이 아니라 주관적으로 자신의 삶이 얼마나 만족스럽다고 생각하느냐에 달려 있다. 즉, 노인들의 주관적인 삶의 질은 심리적인 변인들과 분리시켜 생각하기 어렵다.

이제까지 주관적인 안녕감의 지표로 가장 자주 사용된 것은 행복감(happiness)과 삶의 만족도(life satisfaction) 등이다(Diener, 1994). 무엇이 안녕 혹은 '잘 사는 것(well-being)'인지 정의하는 문제에 있어서 학자들 간에 약간의 차이가 있다. Ryff와 Keyes(1995)는 심리적 안녕을 단일 차원으로 보지 않고 자율성, 환경에 대한 수월성, 개인적 성장, 타인과의 긍정적 관계, 삶의 목적, 자기-수용 등 6개 차원으로 구성된 복합적 개념이라고 주장하면서 단순히 행복감만으로 주관적 안녕을 정의했을 때 다른 긍정적인 심리적 기능을 간과할 우려가 있다고 지적한다. 그러나 적응의 다양한 측면을 고려하기 위해서는 다차원적인 개념 정의가 유용하겠지만 한 개인의 종합적인 적응 상태를 평가하는 지표로서는 행복감이나 삶의 만족도를 사용해도 무방할 것이라고 판단된다.

사람들이 일상생활에서 경험하는 정서 상태는 각종 심리적 결과를 가져올 뿐만 아니라 면역 체계에 영향을 주고, 일상 사건에 대한 해석에 영향을 주고, 사회적 지지를 유발시키는 데에도 영향을 주어서 신체적 건강에 직접적, 간접적으로 영향을 미친다(Salovey, Rothman, Detweiler, & Steward, 2000). 특히 행복감 등 긍정적인 정서 상태는 건강한 인지, 신념 그리고 신체적 건강을 조장하여 사람들의 삶의 질을 향상시키는 데 기여한다. 최근에 긍정적 심리상태에 대한 심리학적 관심이 증가하고 있고 행복한 사람들의 특징이 무엇인지에 대한 연구들도 많이 진행되고 있다.

미국 대학생들을 상대로 한 연구에서 남들보다 평균적으로 매우 행복한 정서를 경험하는 사람들의 특징은 사교적이고, 대인관계에서는 유대가 강하며, 성격은 외향적이고, 싹싹하고, 정서적으로 안정되어 있는 사람임이 드러났다(Diener & Seligman, 2002). 매우 행복한 사람들은 덜 행복한 사람들에 비해서 반드시 신체적으로 더 건강하지도 않았고, 더 종교적인 활동을 많이 하는 것도 아니었고 객관적으로 좋은 일들만 많이 겪는 것도 아니었다. 매우 행복한 사람들은 부정적인 기분도 때때로 경험하지만 대부분의 시간에 긍정적인 감정을 느끼고 있었다. 그렇다면 행복한 노인들은 어떠한 특징을 가진 사람들인지, 행복한 젊은이들과 유사한 특징을 가졌을지 등의 의문이 발생한다. 본 연구는 노인들의 긍정적 심리 상태에 대한 탐구를 목적으로 한다.

정서 상태 이외에 노인들의 주관적 안녕감에 영향을 미치는 또 다른 중요한 심리적 변인은 성격 특질(personality trait)이다. 정서 상태는 일시적인 것이며 상황에 따라서 변하는 것이지만, 어떠한 정서를 주로 느끼게 되는가 하는 문제는 그 개인의 특성이 어떠한가와 밀접한 관계가 있다. 예를 들어 어떤 사람들은 화를 유난히 쉽게 내는가 하면, 어떤 사람들은 늘 낙천적이고 즐거운 사람이 있다. 60세, 80세, 100세 노인들의 성격 특질과 주관적 안녕 간의 관계를 연구한 바에 의하면 외향성은 긍정적인 상관관계를 나타내었으며, 죄책감, 긴장감 등은 부적 상관관계를 나타내었다(Adkins, Martin, & Poon, 1996). 성격 특질은 30대 후반 정도에 안정화되어 그 이후에는 대개 변하지 않는 것으로 알려져 있다. 따라서 노인들의 성격 특질은 노화의 결과로 변화한 것이라기보다는 이전부터 한 개인의 적응에 영향을 미쳐온 심리적 변인이라고 말할 수 있다.

위의 논의에 근거하여 노인들이 부적인 정서와 정적인 정서를 경험하는 정도를 측정하기 위해 PANAS(Watson, Clark, & Tellegen, 1988)를 번역하여 사용하였다. 참가자들에게 20가지의 정서를 얼마나 자주 경험하는지를 5점 Likert 척도 상에 표현하게 하였다. 20개의 문항들 중 10가지는 정적인 정서를, 나머지 10개는 부적인 정서를 측정하는 문항이었다. 각 문항에서 높은 점수는 각각 높은 정서/부정적 정서성을 나타낸다. 다른 문헌들에서 얻어진 결과와 마찬가지고, 본 연구에서도 정서의 두 차원은 독립적이다.

· 척도의 출처: Watson, Clark, & Tellegen(1988)
· 보고된 신뢰도: 정적 정서의 경우 .86에서 .90, 부적 정서인 경우 .84에서 .87

본 연구에 사용된 PANAS 문항들은 〈표 7〉, 〈표 8〉과 같다.

〈표 7〉 PANAS 문항: 정적 정서

정적 정서			
	원 문항	번역된 문항	변인명
1	enthusiastic	열정적이다	panas 1
3	excited	흥분된다	panas 3
5	strong	강하다	panas 5
9	interested	흥미롭다	panas 9
10	proud	자랑스럽다	panas 10
12	alert	정신이 또렷하다	panas 12
14	inspired	영감이 솟는다	panas 14
16	determined	단호하다	panas 16
17	attentive	주의 깊다	panas 17
19	active	활발하다	panas 19

〈표 8〉 PANAS 문항: 부적 정서

부적 정서			
	원 문항	번역된 문항	변인명
2	distressed	괴롭다	panas 2
4	upset	마음이 상한다	panas 4
6	guilty	죄책감이 든다	panas 6
7	scared	겁이 난다	panas 7
8	hostile	적대감이 든다	panas 8
11	irritable	짜증난다	panas 11
13	ashamed	부끄럽다	panas 13
15	nervous	불안하다	panas 15
18	jittery	신경과민이다	panas 18
20	afraid	두렵다	panas 20

(3) PGCMS

주관적 안녕감을 측정하기 위하여 Philadelphia Geriatric Center Morale Scale(PGCMS, Lawton, 1975; Liang & Bollen, 1983)을 번역하여 사용하였다. 이 척도는 나이든 성인들을 대상으로 측정하도록 특별하게 고안된 것인데 17문항으로 구성된 것을 사용하였다.

각 문항들이 자신에게 얼마나 잘 적용되는지 5점 Likert 척도 상에 표현하게 하였다. 각 문항에서 높은 점수는 주관적 안녕감이 높은 것을 의미한다(reverse key의 경우 recode함).

지나간 삶에 대한 만족도를 측정하기 위하여 LSI-A 척도(Neugarten, Havighurst & Tobin, 1961)로부터 한 개의 문항을 부가적으로 측정하였다.

자신의 죽음에 대한 두려움과 자신에게 가장 가까운 타인의 죽음에 대한 두려움을 측정하기 위하여 두 개의 문항을 또한 부가적으로 측정하였다.

PGCMS 문항들을 대상으로 LISREL을 한 결과 다음과 같은 세 개의 요인이 추출되었다. 평정, 사람의 만족, 노화에 대한 만족.

· 출처: Lawton(1975)
Liang & Bollen(1983)
Neugarten, Havighurst & Tobin(1961)

〈표 9〉 연구에 사용된 PGCMS 문항 Ⅰ

PGCMS			
	원 문항	번역된 문항	변인명
1	Little things bother me more this year.	올해에는 사소한 일들로 마음이 괴로웠다.	pgcms 1
2	I sometimes worry so much that I can't sleep.	나는 때때로 너무 걱정이 많아서 잠을 못 이루곤 한다.	pgcms 2
3	I have a lot to be sad about.	나는 슬퍼할 일들이 많다.	pgcms 3
4	I am afraid of a lot of things.	나는 많은 것들을 두려워한다.	pgcms 4
5	I get mad more than I used to.	나는 이전보다 화를 더 많이 낸다.	pgcms 5
6	Life is hard for me most of the time.	대개 나는 사는 것이 힘들다.	pgcms 6
7	I take things hard.	나는 일들을 심각하게 받아들인다	pgcms 7
8	I get upset easily.	나는 쉽게 마음이 상한다.	pgcms 8
9	Things keep getting worse as I get older.	내가 나이가 들수록 상황이 점점 악화된다.	pgcms 9
10	I have as much pep as I had last year.	나는 작년과 마찬가지로 기운이 넘친다.	pgcms 10
11	As I get older, I am less useful.	나이가 들어갈수록 점점 쓸모없는 사람이 된다.	pgcms 11
12	As I get older, things are better than I thought they would be.	나이가 들면서, 내가 기대했던 것보다 상황이 더 나아진다.	pgcms 12
13	I sometimes feel that life isn't worth living.	나는 때때로 인생이 살만한 가치가 없는 것이라고 느낀다.	pgcms 13
14	I am as happy now as when I was younger.	나는 지금 젊었을 때만큼 행복하다.	pgcms 14
15	I meet my friends and relatives frequently enough.	나는 내 친구와 친척들을 충분히 만난다.	pgcms 15
17	How often do you feel lonely?	외롭다는 생각이 든다.	pgcms 17
18	How satisfied are you with your life today?	현재의 내 인생에 대해 만족한다.	pgcms 18

〈표 10〉 연구에 사용된 PGCMS 문항 Ⅱ

Single item			
	원 문항	번역된 문항	변인명
16	As I look back on my life, I am fairly well satisfied.	내 인생을 돌아보면, 나는 꽤 만족감을 느낀다.	pgcms 16

〈표 11〉 연구에 사용된 PGCMS 문항 Ⅲ

죽음에 대한 두려움		
	문항	변인명
19	나는 죽는다는 것이 두렵다.	pgcms 19
20	배우자나 가까운 사람이 죽을지도 모른다는 것이 두렵다.	pgcms 20

· 보고된 신뢰도: PGCMS의 경우 .81에서 .85

본 연구에서 사용된 PGCMS의 문항은 〈표 12〉, 〈표 13〉, 〈표 14〉와 같다.

(4) Need

Maslow의 욕구 위계 5단계설에 근거하여 신체적 및 생리적 욕구, 안전에 대한 욕구, 소속감과 사랑의 욕구, 자존감에 대한 욕구 및 자아실현에 대한 욕구로 나누어 세부 욕구 수준들을 측정하고자 하였다. 각 욕구 수준별로 4개 생활 단면씩 총 20문항을 제시하였다. 자세한 내용은 〈표 12〉와 같다.

〈표 12〉 욕구 관련 문항

욕구 단계	문항 번호	문 항
생리적 욕구	pneed 1	건강검진 등의 의료 서비스
	pneed 2	성생활
	pneed 3	할 일을 가지는 것
	pneed 4	용돈
안전의 욕구	pneed 5	독자적인 주거 공간
	pneed 6	노인 복지시설(노인정 등)
	pneed 7	노인 여가시설(운동, 문화)
	pneed 8	노인우대제도(경로할인 등)
소속감과 사랑의 욕구	pneed 9	배우자
	pneed 10	자식 또는 손자, 손녀
	pneed 11	친구(동성이나 이성 친구)
	pneed 12	친척이나 친목단체
자존감에 대한 욕구	pneed 13	가족 내에서의 권위
	pneed 14	사회적인 지위(인정)
	pneed 15	친구나 친척의 인정
	pneed 16	자기 자신의 인정
자아실현에 대한 욕구	pneed 17	취미생활(등산, 낚시 등)
	pneed 18	사회봉사 활동
	pneed 19	새로운 것의 학습
	pneed 20	삶에 대한 성취감

(5) Attachment

애착 유형에 대한 연구는 주로 아동을 대상으로 이루어 졌으나, 최근 들어 성인들의 친밀관계 형성이나 연애 관계 유지 및 신뢰감 형성에 미치는 효과 등에 대한 연구가 이루어지고 있다(Mikulincer, 1998; Shaver & Hazan, 1993). Mikulincer(1998)는 애착 유형과 신뢰 형성

간의 관계에 대한 연구에서 안정적인 애착 유형을 보이는 사람은 불안정적인 애착 유형을 보이는 사람에 비해 파트너에 대해 더 많은 신뢰를 보여 주었고, 신뢰를 의미하는 기억들을 더 많이 가지고 있었으며, 지난 3주간에 일어난 일들에서 신뢰에 관련된 사항을 더 많이 보고한다는 것을 보여 주었다.

성인들의 애착 유형이 배려 표현 행동과 관련되는 정도를 보고자 한 연구들(Feeney & Collins, 2001; Simpson 1990)에 따르면 안정적인 애착을 보이는 사람들이 그렇지 않은 사람들에 비해 배려 행동을 하고 상호 독립성, 몰입, 신뢰감, 상호 관계에 더 만족한다는 것을 발견하였다. 성인들의 애착 유형에 대한 연구들은 특히 성인들의 연애 관계 또는 연애 상대자에게 보여 주는 행동과 개인의 애착 유형을 연계시키고자 하였다. 노인들도 노화가 진행될수록 배우자나 자식 또는 가까운 사람들에게 점점 더 의존적인 성향을 보이게 될 것이다. 그러나 노인들이 형성한 애착 유형에 따라 가족이나 주변에 보여 주는 행동 특성은 다를 것이다. 지금까지 노인들이 보여 주는 애착 유형에 대한 연구는 거의 이루어지지 않았는데, 본 연구의 결과는 노인들이 보여 주는 애착 유형은 노년기의 행동 특성을 설명해 주는 데 중요한 변인이 될 수 있으리라는 것을 보여 주리라고 생각된다.

본 연구에서는 노인들의 심리적 특성에 따라 노인들이 보여 주는 대인관계 스타일, 가족과의 관계, 노년기에 있어서의 건강, 삶의 만족도와 같은 삶의 질적 측면에서의 차이를 분석해 보고자 하였다. 특히 노인들이 가지고 있는 사회적 상호 작용 스타일, 대인관계 스타일에 따라 노인들이 어떻게 다른 행동 특성을 보이는지를 분석해 보고자 하였다. 최근 들어 친밀한 사람들 사이의 감정적인 유대 관계가 발달, 유지, 해소되는 과정에 대한 관심이 늘어나면서 성인들의 애착 스타일에 따른 행동상의 차이를 보고자 하는 연구가 많이 진행되고 있다. 애착 스타일은 애초 Ainsworth 등(1978)에 의해 아동의 애착 특성을 연구하기 위해 제안된 개념으로, 이를 성인들의 연애 관계 형성에 적용시킨 Hazen과 Shaver(1987)의 연구 이래 성인들의 행동 특성을 연구하는 데 기본적인 분류 개념으로 널리 사용되고 있다.

안정적인 애착 스타일을 가진 사람은 다른 사람들과 친밀한 관계를 형성하고 상호 의존 관계를 형성하는 데 편안해 하고 다른 사람으로부터 사랑을 얻는 데 자신감을 보이는 사람들이다. 따라서 이들은 가까운 사람들과 즐겁고 친밀하며 우호적인 관계를 형성하고 있는 사람들이다. 이에 비해 회피적인 애착 스타일을 가지고 있는 사람들은 다른 사람들이 어떤 의도를 갖고 있는지에 대해 불확실해 하며, 어느 정도 거리를 유지하는 것을 선호한다. 또한 가까운 사람에 대해 친밀감을 형성하는 것을 두려워하고, 서로 의존하는 데 어려움을 겪는다. 양가 감정적인 불안 애착을 보이는 사람들은 친밀감을 형성하고자 하는 강한 욕구를 가지고 있는 동시에 다른 사람이 어떻게 반응을 보일지에 대해 불안해하는 사람들이다. 따라서 이들은 사랑 중독증, 열정적 사랑 및 버림받는 것에 대한 두려움을 느끼게 된다(Shaver

& Hazen, 1993, 1988).

노인들도 애착 유형에 따라 다양한 행동 특성을 나타낼 것으로 예측된다. 안정적인 애착 스타일을 형성한 사람들은 주위 사람이나 가족 및 배우자와 안정적인 관계를 형성할 것이나 회피적인 애착 스타일을 가진 노인들은 이런 행동을 잘 하지 못할 것이다. 또한 불안 애착 스타일을 가진 사람들은 양가 감정적인 모습을 보여 줄 것이므로 상당히 변덕스러운 모습을 보여 줄 것이다. 또한 안정적인 애착 스타일을 가지고 있는 노인들은 보다 긍정적이고 적극적인 사회생활을 하고 다양한 사회생활에 참여할 것이다. 그러나 회피적인 애착 스타일을 가진 사람들은 다양한 사회 활동에 참여하지 못하고, 자신 내면으로 파고들거나 주위 사람들과 원만한 관계를 형성하지 못하고 다른 사람들에 비해 더 많은 건강상의 문제를 가지고 있을 것이라는 가설을 세울 수 있을 것이다.

또한 노인들의 애착 유형을 결정하는 다양한 원인들이 존재할 것이다. 따라서 본 연구에서 시행되는 여러 가지 사회학적, 사회복지학적 및 사회의학적인 조사 자료들이 노인들의 애착 관계 형성을 결정하는 요인들로서 분석될 수 있을 것이다.

본 연구에서는 노인들의 애착 스타일을 조사하기 위해 두 가지 방식을 사용하였다. 첫째는 안정형, 회피형, 양가 감정형 애착 정도를 나타내는 정도에서 자신이 어디에 해당하는지를 선택하게 하였고, 두 번째로 세 가지 애착 형태 중에 자신을 가장 잘 나타내는 애착 유형이 어떤 것인지를 선택하게 하였다.

안정형 애착형은 "나는 비교적 다른 사람과 쉽게 가까워진다. 그리고 다른 사람에게 편하게 의존하고 다른 사람들도 나에게 의존하는 것을 편안해한다. 나는 버려지는 것에 대해 두려워하지 않는다. 또 누군가와 너무 가까워지는 것에 대해서도 걱정하지 않는다"에 긍정적으로 응답하는 사람이다.

회피형 애착형은 "나는 다른 사람들과 쉽게 가까워지지 못한다. 나는 다른 사람들을 전적으로 신뢰하는 것이 어렵다. 또한 나 자신을 다른 사람들에게 의존하도록 허용하기도 어렵다. 그리고 나는 누군가와 너무 가까워지는 것이 두렵다. 배우자나 친구가 내가 느끼는 것보다 더 친밀해지길 원하게 되면 두려워진다"에 긍정적으로 응답하는 사람이다.

불안형 애착형은 "내 주위의 다른 사람들은 내가 원하는 것만큼 나와 가까워지는 것을 꺼리는 것 같다. 나는 종종 내 배우자(또는 자식들)가 나를 진정으로 사랑하지 않는 것은 아닌가 하는 걱정을 한다. 또는 배우자(또는 자식들)가 나와 함께 계속 머무르지 않고 떠날지도 모른다는 것을 걱정한다. 나는 다른 사람들과 완전히 하나가 되길 바라는데, 다른 사람들은 그렇지 않은 것 같다"에 긍정적으로 응답하는 사람이다.

(6) Consumer Behavior

노인들의 연령 인식 유형에 따라, 젊은 노인(Young Elderly)과 젊게 느끼는 노인(New Age elderly) 그리고 전통적 노인(Traditional Elderly) 간의 소비 행동 및 의사결정 과정의 차이를 연구하고자 하였다. 이를 위해서 총 10개 문항이 제시되었다.

본 항목들은 노인들의 소비 행동을 살펴봄으로써 노인들의 경제 활동 중 적어도 소비 행동에 관련된 보다 주체적이고 능동적인 가이드라인을 제시하고자 하였다. 특히 노인의 생활에 적응을 잘하는 젊은 노인이나, 젊게 사는 노인들의 긍정적인 정보 처리 및 의사결정 사항을 살피어 전통적 노인들의 소비 행동에서의 결정적인 좌절 요인들을 발견, 예방하는 데 활용하고자 한다.

3) 사회복지 분야

사회복지 설문은 6개의 하위 영역으로 구성되어 있다. 사회적 지지, 사회복지 서비스 인지도 및 이용 실태, 주거 및 지역사회 환경, 효 사상, 은퇴 및 노후 설계, 영성 등이 그 영역이며 각 하위 영역 별 세부 내용과 지표에 관해 다음에 기술되었다.

(1) 사회적 지지

사회적 지지는 Zimmet과 그의 동료들에 의해 개발된 '다차원 사회적 지지 척도'로 측정되었다. 사회적 지지 척도는, 의지할 친구, 상의할 가족, 희로애락을 나눌 친구, 이해해 주는 사람, 의사결정을 돕는 사람, 상의할 친구에 관한 여섯 개의 질문으로 이루어져있으며, 1점 '전혀 아니다'에서 5점 '매우 그렇다'로 측정되었다. 사회적 지지 척도의 신뢰도는 Chronbach 알파 .90로 높게 나타났으며, 내용 타당도 역시 선행 연구를 통해 검증되었다.

(2) 사회복지 서비스 인지도 및 이용 실태

노인을 대상으로 한 사회복지 서비스로, 철도 할인/지하철 무료이용, 교통수당, 고궁/공원/능원/박물관 무료입장, 경로식당, 노인정/경로당, 노인종합복지관, 노인대학/노인학교, 가정봉사 서비스, 방문 가정간호 서비스, 식사 배달 서비스, 주간보호 서비스, 단기보호 서비스, 노인전문요양시설, 노인전문병원 등 14개 항목이 열거되었으며 각 항목에 대한 인지도와 이용 여부가 조사되었다. 인지도는 '모른다'와 '알고 있다'로, 이용 여부는 '이용해 본 적이 없다'와 '이용해 본 적이 있다'로 이항화되어 측정되었다. 열거된 14개 사회복지 서비스 선택은 한국보건사회연구원에서 실시한 '1998년도 전국 노인생활실태 및 복지욕구조사'를 기초로 이루어졌다.

(3) 주거 및 지역사회 환경

주거 환경은 주택 시설의 주관적 불편 정도를 묻는 5개 질문과 주택의 객관적 환경을 묻는 5개 질문으로 구성되어 있다. 주거 시설의 주관적 불편 정도에 관한 5개 항목은 보건사회연구원의 '1998년도 전국 노인생활실태 및 복지욕구조사'로부터 차용되었다. 조사된 주택의 객관적 환경은 노인 개인방의 소유 여부, 온수 시설, 부엌 시설, 화장실 등이다. 지역사회 환경은 의료 시설, 복지 시설, 일반 편의 시설의 접근도에 대한 주관적 견해를 통해 평가되었으며, '전혀 쉽지 않다'에서 '매우 쉽다'의 5점 척도로 측정되었다.

(4) 부양 책임감

부양 책임감은 Seelbach의 'Realization of Filial Responsibility' 척도의 6개 질문을 통해 조사되었다. 척도는, 부모와 근거리 거주, 부모 돌보기, 경제적 지원, 정기적 방문, 전화 안부, 부모에 대한 책임감에 관한 의견을 1점 '전혀 그렇지 않다'에서 '매우 그렇다'의 5점 척도로 측정했다. 'Realization of Filial Responsibility'의 신뢰도는 보고된바 없으나 내용 타당도, 구조적 타당도 역시 선행 연구를 통해 검증되었다.

(5) 은퇴 및 노후 생활 설계

은퇴에 관해, 은퇴 시기, 은퇴의 경제적 준비 수단, 은퇴 준비 정도를 조사했다. 은퇴의 경제적 준비 수단은 '노후의 경제적 준비를 위해 가장 크게 의존하고 계신 방법은 무엇입니까?'의 1개 질문을 통해 조사되었다. 은퇴 준비 정도 역시 은퇴 준비 정도에 대한 주관적 평가를 묻는 1개 질문을 통해 조사되었으며 1점 '전혀 그렇지 않다'에서 5점 '매우 그렇다'의 5점 척도로 측정되었다. 본 질문은 연구자들에 의해 개발되었다.

노후 생활 설계에 대해서는, 노후 생활비와 병환시 수발자에 관한 기대와 노후설계에 관한 전통적 사상에 대해 조사되었다. 노후 생활비와 병환시 수발자로 자녀, 본인, 국가 등이 제시되었으며, 보건사회연구원의 '1998년도 전국 노인생활실태 및 복지욕구조사'에 사용된 질문을 기초로 했다. 노후 설계에 관한 전통적 사상으로 노후를 위한 아들의 필요성, 장남의 의무, 며느리의 의무 등이 조사되었으며, 의견은 1점 '전혀 그렇지 않다'에서 5점 '매우 그렇다'로 측정되었다. 노후 설계에 관한 전통적 사상의 질문들은 연구자들에 의해 만들어졌다.

(6) 영성

영성은 'IE and EE spirituality' 척도를 통해 측정되었다. 본 척도는 종교적 행위와 종교에 관한 견해를 묻는 8개의 문항으로 이루어져있으며 각 문항은 1점 '전혀 아니다'에서 5점 '매우 그렇다'의 5점 척도로 측정된다. 본 척도의 신뢰도와 타당도는 매우 높은 것으로 검증되었으며 한국인을 대상으로 조사된 신뢰도와 타당도 역시 높은 것으로 나타났다.

4) 사회관계

사회 활동 및 유대 분야 설문을 만드는 데에 기본 전제는 삶의 질을 유지하기 위해서는 노후의 사회관계도 현역 시절만큼이나 활발해야만 한다는 것이다. 즉, 노후에 사회관계가 위축되거나 축소되는 것은 그렇지 않은 경우에 비해 삶의 질이 후퇴한 것으로 해석되어야만 한다는 것이다. 과거에는 노인들의 사회관계는 축소되는 것을 육체적/사회적 변화에 적응하기 위한 당연한 과정으로 받아들였다. 그러나 최근 사회 · 경제적 변화와 노인 건강상의 변화는 이러한 인식이 잘못된 것임을 보여 주고 있다. 이는 무엇보다도 평균 수명의 연장에 따라 노인들의 비경제 활동 기간이 상대적으로 증가되고 있으며, 다른 한편으로 가족 구조의 변화 등으로 인해 노인들의 전통적인 역할 또한 변화하고 있기 때문이다. 이에 따른 노인들의 여가 활용 문제는 노인들의 여생 기간의 삶의 질을 결정하는 데에 핵심적인 위치를 차지하고 있다.

과거 은퇴 후 사회관계가 급속히 축소되는 것을 당연한 것으로 여겨왔다. 이는 주로 건강상의 이유와 경제적 이유 등에 기인하는 것인데, 즉 은퇴 연령 이후 건강 상태의 악화는 활발한 사회관계를 억제하는 요인이 되었다. 다른 한편으로 사회관계를 유지하는 데 필요한 경제력 역시 은퇴 후에 급속히 악화되었기 때문에 은퇴는 사회관계의 축소로 이어졌던 것이다. 그러나 이러한 상황은 급변하고 있는데, 우선 건강의 측면에서 보면 은퇴 이후의 삶이 매우 길어졌을 뿐만 아니라 건강한 삶의 기간도 크게 증가하였다. 구체적으로 최근 발표된 생명표에서 기대 수명을 살펴보면 남성의 경우 65세 이상은 14.06년으로 1989년의 12.18년에 비해 15.4% 증가했으며, 여성의 경우도 1999년 17.96년으로 1989년 16.15년에 비해 약 1.12년 증가된 것으로 나타나고 있다. 이러한 기대 여명의 증가는 80세 이후에서 보다 극적으로 증가하였는데, 1989년에서 1999년 동안 남성의 경우는 20.3%, 여성의 경우는 15.6% 증가하였다.

수명의 증가와 더불어 가족 구조의 변화 역시 노후 생활에 있어서 사회관계의 중요성을 더욱 증가시키고 있다고 판단되는데, 확대가족에서 핵가족으로 가족 구조가 변동하면서 노인들은 이전 세대들과는 달리 가족으로부터의 고립을 경험하게 되는 것이다. 통계청의 조사에 의하면 1960년 3세대 가구는 전체 가구의 26.9%를 차지한 반면 1980년에는 16.5%, 1995년에는 9.8%로 35년 사이에 약 1/3로 감소한 것을 알 수 있다. 이러한 변화는 과거 확대가족 속에서 노인이 갖고 있었던 다양한 역할들이 약화되거나 소멸됨을 의미하게 되는데, 즉 과거 확대가족 아래서 권위와 존경의 상징으로 군림해 온 노인들은 점차 과거의 역할을 상실한 채 남은 삶을 고립 속에서 보낼 가능성이 커지게 되었다.

본 연구는 건강상의 변화와 가족 구조의 변화로 인해 노인들에게 나타난 변화들 중 자유롭게 사용할 수 있는 시간이 증가되었다는 점에 주목하고자 한다. 즉, 증가된 여가시간이 문제가 되기 시작한 것이다. 결국 여가시간을 어떻게 사용하느냐는 노인들의 삶의 질을 결정하는 데 결정적인 중요성을 갖게 되는 것이다. 노년기 여가 활동을 통해 노인들이 얻을 수 있는 장점으로서는 첫째, 신체적 건강 증진, 둘째, 사회적 접촉 기회의 제공, 셋째, 노후 삶에 대한 사기 및 만족감의 증진, 넷째, 노인 자신에 대한 신념과 자기 신체에 대한 자신감 부여, 다섯째, 유용감과 자기 가치성의 확인, 여섯째, 자율적인 생활에 대한 기술과 기능의 증진, 일곱째, 재미있고 즐거운 삶의 영위 등을 들 수 있다. 따라서 노인들의 적극적인 사회관계는 삶의 질에 있어서 그 중요성이 더욱 커지고 있다.

본 연구는 사회관계가 삶의 질에 대해 갖는 중요성에 주목하여, 노인들의 사회관계를 측정하기 위해 설문을 작성하였다. 사회관계는 크게 가족과의 관계와 가족 외 사람들과의 관계로 구분될 수 있다. 따라서 사회관계의 정도를 측정하기 위해서는 이들 두 부분을 나누어 측정해 볼 필요가 있다. 본 연구에서는 이를 측정하기 위해 다시 관계의 객관적 측면과 주관적 측면을 나누어 측정하고자 하였다. 관계의 객관적 측면은 가족과 가족 외 사람들과 얼마나 자주 접촉을 하는가를 의미하며, 주관적 측면은 가족과 가족 외 사람들에 대해 노인들이 느끼는 지지 정도를 측정하고자 한 것이다. 가족과의 관계에 대해서는 특히 돌봄을 받는 대상으로서 노인에게 주목할 뿐만 아니라 가족의 문제를 적극적으로 도와주는 측면 역시 주목해야만 한다. 주지하듯 유교문화에서 노인은 가정의 어른으로서 가족 내 대소사에 적극적으로 개입해 왔다. 물론 산업화가 급속도로 진행됨에 따라 그리고 확대가족이 급속히 해체됨에 따라 과거와 같은 역할을 노인들이 수행하기는 어렵다. 그럼에도 불구하고 아직까지는 가족 내에서 노인들의 역할을 완전히 무시할 수는 없다. 이 점에서 가족과의 관계는 피원조자와 원조자 두 측면에서 측정되었다. 사회관계에 대한 측정은 크게 세 부분으로 구분하였다. 첫째 부분은 사회 활동의 정도를 측정하는 것이며, 두 번째 부분은 가족으로부터의 다양한 지지 정도를 측정하는 것이다. 마지막 세 번째 부분은 가족에 대한 적극적 원조를 측정하는 부분으로 구성하였다. 구체적으로 세 측면에 대한 문항을 살펴보면 아래와 같다.

(1) 사회관계의 객관적 정도를 측정하는 지표

본 연구에서 사회관계의 객관적 정도는 가족 및 친밀한 대상들과의 접촉과 일반 사회관계 두 가지로 구분되었는데, 우선 긴밀한 관계를 맺고 있는 대상들과의 접촉 정도를 측정하였고, 이어 기타 일반 사회관계의 정도를 측정하였다. 본 연구에서는 가족 및 친밀한 사람들과 자주 접촉할수록 그리고 일반 사회관계에 적극적으로 참여할수록 그렇지 못한 경우에 비해 더욱더 삶의 질이 풍부하다고 판단한다. 우선 가족 및 친밀한 사람들과의 객관적 접촉은 다시 간접적 접촉과 대면적 접촉으로 구분하여 측정하였다. 구체적 설문은 다음과 같다.

a) 전화를 통한 주변 사람들과의 접촉 정도: 일주일 단위로 구분하여 동거하지 않는 자녀, 형제/자매, 친척/친구/이웃에 대해 5점 척도로 질문

b) 직접적인 대면을 통한 주변 사람들과의 접촉 정도: 한 달 단위로 구분하여 동거하지 않는 자녀, 형제/자매, 친척/친구/이웃에 대해 5점 척도로 질문

다음으로 일반적 사회관계의 정도를 측정하기 위해 다양한 사회단체들에 대한 참여 여부와 참여 빈도를 질문하였다. 본 연구에서는 앞서 언급한 여가 생활의 장점에 부합할 수 있는 단체들을 선택하여 질문하였다. 즉, 일반적으로 시간을 소일하는 데 이용되는 TV 시청이나 라디오 청취, 낮잠 등의 범주는 배제하고 주로 외부 활동과 관련된 범주들을 선택하였다. 여가 생활을 위한 단체들로 선택된 것으로는 ㉠ 종교모임, ㉡ 동창회/향우회/종친회, ㉢ 자원봉사/시민단체, ㉣ 노인정/노인회관, ㉤ 이익옹호단체 ㉥ 여가/문화/스포츠 관련 단체 등이다. 이들 단체에 대해 참여하고 있는지 그리고 참여 빈도는 어떻게 되는지 질문하였다.

마지막으로 사회관계는 그에 필요한 정보를 요구한다. 이 점에 주목하여 노인들이 필요한 정보를 어디서 얻는지에 대한 질문을 추가하였다.

(2) 사회관계의 주관적 지표

다른 한편으로 사회관계에 대한 주관적 지표로 가족과 친밀한 사람들로부터의 주관적 지지 정도를 측정하였다. 주관적 지지는 정서적 지지, 육체적 지지 그리고 경제적 지지 세 측면으로 나누어 조사되었다. 즉, 정서적으로 육체적으로 그리고 경제적으로 노인들은 누구에게 의존하고자 하는가가 조사의 핵심 내용이다. 본 연구에서는 지지의 대상과 관련해 두 가지 질문 유형을 반복하고 있는데, 첫째, 노인들이 바라는 대상은 누구인지를 살펴보는 것이며, 둘째, 실제로 노인들에게 가장 큰 도움을 주는 대상이 누구인가 분석하는 것이다. 설문을 두 가지로 구분한 이유는 노인들의 주관적 지지 대상과 객관적으로 도와주는 대상과는 차이 역시 주목할 필요가 있기 때문이다. 주지하듯 유교적 가치 아래서 노인에 대한 지원은 주로 장남의 몫으로 여겨져 왔다. 그러나 현실적으로 노인에 대한 지원은 다양할 가능성이 있는데, 노인들의 주관적 지지 대상과 객관적 지지 대상 사이의 일치/불일치는 사회 활동에 대한 정도에 영향을 줄 뿐만 아니라 삶에 대한 만족도에도 영향을 줄 가능성이 크다. 이러한 문제의식 아래서 본 연구는 사회 활동의 자원을 위한 지표를 다음과 같은 설문으로 구성하였다. 우선 주변으로부터의 지지를 정서적 지지, 육체적 지지, 경제적 지지로 구분하였고,

각각에 대해 노인이 주변 집단들에게 의지하는 정도는 얼마나 되는지 그리고 가장 의지하는 대상은 누구인지를 질문하였다. 구체적으로 질문은 다음과 같다.

a) 정서적 지지:

- 고민이 있을 때 배우자, 자녀, 친척/친구/이웃 각각에 대해 어느 정도 상담하고 싶어 하는지 5점 척도로 질문
- 고민이 있을 때 가장 잘 들어주는 대상은 누구인지 질문

b) 육체적 지지:

- 몸이 아플 때 배우자, 자녀, 친척/친구/이웃 각각에 대해 어느 정도 도움을 받고 싶어 하는지에 대해 5점 척도로 질문
- 몸이 아플 때 가장 잘 도와주는 대상은 누구인지 질문

c) 경제적 지지:

- 금전적 도움이 필요할 때 자녀, 친척/친구/이웃 각각에 대해 어느 정도 도움을 받고 싶어 하는지에 대해 5점 척도로 질문
- 금전적 도움이 필요할 때 가장 잘 도와주는 대상은 누구인지 질문

(3) 원조자로서 노인의 역할

마지막으로 노인의 사회관계, 특히 가족과의 관계 중 노인들의 적극적인 역할을 측정하였다. 노인의 삶의 질은 가족이나 주변 사람들에 대한 기여라는 측면에서도 이해되어야만 한다. 이를 위해 본 연구는 노인들의 가족에 대한 지지를 세 차원, 즉 정서적 차원, 육체적 차원 그리고 경제적 차원으로 구분하여 각각에 대해 가족 및 주변 사람들에게 노인들이 제공하는 지지의 정도를 질문하였다. 구체적 질문은 아래와 같다.

a) 정서적 지지:

- 배우자, 자녀, 친척/친구/이웃이 고민이 있을 때 어느 정도 상담해 주는지 5점 척도로 질문
- 누구의 고민을 가장 잘 들어주는지 질문

b) 육체적 지지:

- 배우자, 자녀, 친척/친구/이웃의 몸이 아플 때 어느 정도 도움을 주는지 5점 척도로 질문

- 누가 몸이 아플 때 가장 잘 도와주는지 질문

c) 경제적 지지:
- 자녀, 친척/친구/이웃이 금전적 도움을 필요로 할 때 어느 정도 도움을 주는지 5점 척도로 질문
- 누가 금전적 도움이 필요할 때 가장 잘 도와주는지 질문

이러한 사회관계에 대한 설문을 통해서 본 연구는 사회관계의 객관적 주관적 수치가 높은 경우 그렇지 못한 경우에 비해 노인의 삶의 질이 풍부하다고 판단한다.

5) 배경 변인

배경 변인은 본 연구팀의 구성상 특정 연구 주제에서 다루기 어려운 문항들과 조사 대상자에 대한 일반적 정보를 수집하기 위해 구성하였다. 배경 변인의 내용을 먼저 살펴보면 배경 변인은 조사 대상자의 결혼 및 가족생활, 주거 생활 그리고 경제생활에 대한 질문을 중심으로 구성되어 있다. 배경 변인은 크게 두 가지 목적으로 이용되는데, 첫째 조사 대상자에 대한 기본 정보를 파악하는 것이다. 둘째, 배경 변인은 설문지의 주요 조사 내용들을 분석하는 데 독립변수로 이용하게 된다. 배경 변인의 내용을 구체적으로 살펴보면 다음과 같다.

a) 면접원 기록 사항: 이는 면접원들이 질문을 하지 않고 곧바로 기록할 수 있는 사항들이다. 구체적 질문 내용은 아래와 같다.
- 성별
- 응답 지역
- 거주지 특성
- 응답자 본인 응답 여부

b) 응답자 가족 사항: 가족관계는 기본 정보뿐만 아니라 추후 분석에서 독립변수로 이용될 수 있다. 구체적 질문 내용은 아래와 같다.
- 형제/자매 관계
- 혼인 상태 및 만족도
- 자녀 수 및 자녀 관계 만족도
- 손자 · 손녀 유무 및 양육 경험

- 동거자의 관계, 나이, 취업 유무, 결혼 유무
- 생계를 책임지는 세대주
- 자녀와의 동거 여부

c) 주거 상황: 주거 상황은 다른 세부 주제에서 다루기 어려운 내용으로 배경 변인에 포함시켰다. 구체적 내용은 아래와 같다.

- 주거 형태
- 주택 소유 형태

d) 교육 및 종교 상황: 교육 및 종교 상황은 추후 분석에서 독립변수로 사용될 내용들로 포함되었다.

- 학교교육 정도
- 비문해 유무
- 종교

e) 경제 상황: 경제 상황에 대한 문항들은 다양한 측면에 대한 기초 자료를 수집하는 1차 연도 연구의 특성 상 많이 포함시키기 어려웠다. 경제 상황에 대한 문항은 2차 연도에 보다 세부적이고 포괄적인 내용들로 보강될 것이다. 이러한 한계로 인해 노인의 경제적 상황에 대한 문항들 중 핵심적 내용들만을 배경 변인에 포함시켰다. 이들 경제 상황에 대한 문항은 추후 분석에서 독립변수로 사용될 뿐만 아니라 노인의 삶의 질을 측정하는 지표로도 이용될 것이다.

- 용돈 규모
- 경제 활동 유무
- 직업 및 근로소득
- 과거 직업 및 근로소득
- 가구 소득
- 생활비 충당 방식
- 저축 유무 및 액수, 목적
- 경제 상태 및 사회계층에 대한 주관적 판단

5. 설문지 코딩 및 검증

완료된 조사는 access 프로그램을 통해 코딩되었다. 설문지 코딩을 access 프로그램을 통해 실시한 이유는 무엇보다도 사전에 프로그램을 통해 각 문항의 응답 범위를 지정하거나 또는 논리적 모순을 제거할 수 있다는 점에서 코딩 과정에서 오류를 줄일 수 있다는 장점이 있기 때문이다. 외에 access 프로그램은 엑셀(excel)과 같은 자료 정리 프로그램이나 SPSS, SAS 등과 같은 통계 프로그램에 적합한 데이터로 쉽게 전환될 수 있다는 장점도 있다.

조사에 의해 수집된 자료들이 정해진 표본 추출 방법에 선정된 대상자들을 면접 조사했는지를 확인하는 전화 모니터 작업을 총 2,529사례 전체를 대상으로 함으로써, 조사 자료의 신뢰도를 높였다. 모니터는 5명의 모니터 요원을 모집하여 조사가 마무리된 시점인 2003년 4월 9일부터 5월 14일까지 1개월에 걸쳐 진행되었다. 교육 내용은 조사 실시 확인, 상품권 수령 확인, 조사 과정에 대한 조언, 차후년 연구에 대한 협조 부탁 등을 확인하는 모니터링 프로토콜에 대한 교육과 일일 상황 보고 및 문제 상황 발생 시 처리 방안 등이었다. 특히 패널 조사의 특성상 조사 대상자를 계속 유지해야 한다는 사실을 숙지시킴으로써 조사 대상자인 노인들과의 래포(rapport) 형성에 각별히 주의하도록 교육하였다.

모니터 결과는 총 2,529사례 중 조사 미실시 사례는 서울 지역 9사례, 춘천 지역 9사례로 총 18사례였으며, 전화번호 오류, 장기출타 등 통화가 불가능하거나 조사 대상자의 통화 능력 상실로 인해 조사 실시 여부를 확인할 수 없는 사례는 서울 지역 162사례, 춘천 지역 217사례로서 총 379사례였다. 설문 검증의 구체적인 목적, 기간, 장소, 인력, 장비, 자료, 진행 일정 등은 다음과 같다.

1) 목적

설문지 검증의 목적은 다음의 5가지로 정리된다. 첫째, 조사 실시에 대한 확인이다. 조사가 조사 전문가에게 의뢰되어 이루어졌기 때문에 실질적인 조사 실시 여부에 대한 확인은 조사 신뢰도 쟁점에 관한 가장 기본적인 사안으로 사료된다. 둘째, 피조사자의 상품권 수령 확인이다. 조사에 응한 모든 피조사자는 일정 답례품을 수수하도록 규정되어 있으나 조사자의 고의나 실수로 인해 답례품 수수가 이루어지지 못한 사례를 적발, 사후 조처하고자 한다. 셋째, 조사 과정에 대한 조언이다. 조사에 참여한 피조사자들의 본 연구에 관한 의견을 수렴, 반영하여 차후년 조사의 질적 증진을 꾀하고자 한다.

2) 검증 방법

설문지 검증은 전화 모니터링을 통해 이루어졌다. 조사 대상자의 전화번호는 조사 당시 조사자에 의해 확보되었으며 조사에 참여한 전 피조사자를 전화 모니터링의 대상으로 했다.

3) 검증 내용

검증한 구체적인 내용은 사전에 작성된 '모니터링 프로토콜' 상의 질문들로 구성되었다.

4) 검증 기간

서울 지역 설문지 검증은 4월 9일 시작되어 4월 19일에 종결되었으며 춘천 지역 설문지 검증은 5월 2일 시작되어 5월 14일 종결되었다.

5) 검증 인력 및 훈련

한림대학교 사회학과 학부생 고민지 외 4인이 설문지 검증에 참여하였다. 설문 검증 요원 전원 모두 전화 설문 경험이 일회 이상 있었으며 본 연구의 설문 검증을 위해 3시간의 '모니터 요원 사전 교육'이 별도로 주어졌다.

6) 장소 및 장비

설문지 검증 작업은 한림대학교 고령사회연구소에서 이루어졌으며, 검증 작업을 위해 3개의 전화선이 가설되었다. 기존 2개의 전화선을 포함하여 총 5개의 전화선이 검증 작업에 이용되었다.

7) 진행 일정

4월 8일 모니터 요원의 사전 교육이 이루어졌으며 시작일부터 종결일까지 모니터 요원별 일일보고가 이루어졌다. 4월 19일 서울 지역 설문 검증 최종보고회의가 있었으며 5월 14일 춘천 지역 설문 검증 최종보고회의가 있었다.

8) 결과

서울 지역 총 1,009사례 중 847건이 검증되었으며 162건은 전화번호 오류, 피조사자 기능 장애, 피조사자 부재, 통화 거부 등의 이유로 설문 검증이 미완결로 종료되었다. 한 사례의 최종 종료를 위해 3회의 전화 접촉 시도를 원칙으로 했으며 3차례 전화 후에도 설문 검증에 실패한 경우는 미완결로 종료했다. 검증 결과 10개의 조사 미실시 의심 사례가 발생하였으며 이는 조사 책임자에게 통고되어 조사 실시 여부가 재조사되었다.

9) 2차 조사를 위한 함의

피조사자의 10%는 설문지 검증 및 조사 참여에 대해 부정적인 반응을 나타냈다. 조사에 참여한 경우도, 대상자의 인지적 문제로 설문 검증에 어려움이 많았다. 조사가 이루어진 시기와 설문 검증 시 기간의 시간차가 비교적 짧았음에도 불구하고 이사 또는 사망 사례가 발견되어 3차년까지의 패널 유지 문제가 제기되었다.

Ⅲ. 연구 결과

1. 응답자 특성

1) 인구학적 특성

(1) 전체

전체 응답자의 특성을 살펴보면 아래 표와 같다. 먼저 성별로 살펴보면 남성에 비해 여성이 약 60% 정도 많은 것을 알 수 있다. 이는 여성의 평균 수명이 남성의 그것에 비해 길다는 점에서 당연한 것으로 보인다. 연령별로 나누어 살펴보면 64세 이하가 27.6%, 65~74세가 49.4%, 74세 이상이 23.1%로 나타나고 있다. 본 연구는 65세 이상 집단에 대한 자료 수집이 주목적이었기 때문에 65세 미만 집단의 경우 그 집단의 인구 비율에 비해 과소 표집되었다.

본 조사에서는 춘천이 도시와 농촌의 복합적 성격을 갖고 있다는 특징에 주목하여 춘천 지역에서 서울 지역에 비해 더 많은 표본을 추출하도록 설계하였는데, 지역별 응답자 비율도 이에 맞게 춘천 6 서울 4의 분포를 보이고 있다.

〈표 13〉 인구학적 특성: 전체

빈도( ): %

성	남성	여성	합 계				
	953(37.8)	1,567(62.2)	2,520(100.00)				
나이	45~64세	65~74세	75세 이상	합 계			
	695(27.6)	1,244(49.4)	581(23.1)	2,520(100.0)			
지역	서울	춘천	합계				
	1,006(39.9)	1,514(60.1)	2,520(100.00)				
학력	비문해	문해~3년 이하	4~6년	7~9년	10~12년	13년 이상	합계
	662(26.3)	330(13.1)	703(28.0)	285(11.3)	357(14.2)	178(7.1)	2,515(100.0)
건강 상태	매우 건강	건강	보통	건강하지 못함	매우 건강 하지 못함	합계	
	88(3.5)	601(23.9)	450(17.9)	1,052(41.8)	329(13.1)	2,520(100.0)	
주관적 경제력	매우 어렵다	조금 어려운 편이다	보통이다	여유가 있는 편이다	매우 여유 있다	합계	
	696(27.4)	775(30.8)	917(36.4)	115(4.8)	16(0.6)	2,519(100.00)	

학력별로 살펴보면 비문해가 26.3%인 반면 고등학교 입학 이상을 의미하는 10년 이상(10~12년+13년 이상)의 비율은 21.3%로 비문해 비율에 비해 낮은 것을 알 수 있다. 초등학교 졸업 이하를 의미하는 교육 수준 6년 이하의 범주를 묶으면 67.5%로 약 2/3 이상이 이 범주에 포함되고 있다.

주관적으로 느끼는 건강 상태의 경우 건강하지 못하다는 응답이 54.9%(건강하지 못함 + 매우 건강하지 못함)로 절반을 넘어서고 있음을 알 수 있다. 주관적으로 느끼는 건강 상태에 대해 매우 좋다고 응답한 경우는 단지 3.5%에 불과하다. 주관적 경제력의 경우도 어렵다고 응답한 경우(매우 어렵다+조금 어려운 편이다)가 58.2%로 나타나 절반이 넘는 응답자가 경제적으로 어려운 상황이라고 인식하고 있음을 알 수 있다. 이와는 달리 여유 있다고 응답한 경우(여유가 있는 편이다+매우 여유 있다)는 5.4%에 불과하다.

(2) 서울

서울 지역 응답자의 특성을 살펴보면 다음과 같다. 먼저 성별로는 여성이 남성의 두 배로 나타나고 있으며, 나이에 따라 구분해 보면 45~74세 집단이 50%, 45~64세, 75세 이상이 각각 25%를 차지하고 있다.

〈표 14〉 인구학적 특성: 서울

빈도( ): %

성	남성	여성	합 계			
	328(32.6)	678(67.4)	1,006(100.0)			
나이	45~64세	65~74세	75세 이상	합 계		
	246(24.5)	511(50.8)	259(24.8)	1,006(100.0)		
학력	비문해	문해~3년 이하	4~6년	7~9년	10~12년	13년 이상	합계
	210(20.9)	128(12.8)	263(26.2)	139(13.8)	171(17.0)	93(9.3)	1,004(100.0)
건강 상태	매우 건강	건강	보통	건강하지 못함	매우 건강 하지 못함	합계	
	54(5.4)	216(21.5)	192(19.1)	416(41.4)	128(12.7)	1,006(100.0)	
주관적 경제력	매우 어렵다	조금 어려운 편이다	보통이다	여유가 있는 편이다	매우 여유 있다	합계	
	306(30.5)	296(29.5)	344(34.2)	46(4.6)	13(1.3)	1,005(100.5)	

서울 지역 응답자의 학력을 살펴보면 4~6년이 26.9%로 가장 높은 비율을 차지하고 있으며 그 다음으로 비문해, 7~9년, 10~12년의 순으로 나타나고 있다. 주관적 건강 상태의

경우 좋다는 응답이 26.9%에 불과한 반면 건강하지 못하다는 응답이 54.1%로 건강 상태를 부정적으로 생각하는 응답자가 다수임을 확인할 수 있다. 주관적으로 판단한 경제 상태도 어렵다는 응답이 60%인 반면 여유 있다는 응답은 5.9%에 불과한 것으로 나타나 대부분의 응답자가 경제적으로 어려운 상태에 있다고 생각하는 것으로 나타났다.

(3) 춘천

춘천 지역 응답자의 인구학적 특성을 분석하면 아래의 표와 같다. 우선 성별로 살펴보면 여성이 남성에 비해 약 40% 정도 많은 것으로 나타나고 있다. 이는 앞서 기술한 바와 같이 여성이 남성에 비해 장수한다는 점 때문으로 볼 수 있다. 다음으로 나이에 따라 나누어 살펴보면 65~74세 집단이 48%를 차지하고 있으며 45~64세 집단이 29.7%, 75세 이상이 21.9%로 나타나고 있다. 서울과 비교해 보면 65~74세 집단과 75세 이상 집단의 비율은 낮은 반면 45~64세 집단의 비율은 높은 것을 알 수 있다.

〈표 15〉 인구학적 특성: 춘천

빈도( ): %

<table>
<tr><td rowspan="2">성</td><td>남성</td><td>여성</td><td>합 계</td></tr>
<tr><td>625(41.3)</td><td>889(58.7)</td><td>1,415(100.0)</td></tr>
<tr><td rowspan="2">나이</td><td>45~64세</td><td>65~74세</td><td>75세 이상</td><td>합 계</td></tr>
<tr><td>449(29.7)</td><td>733(48.4)</td><td>332(21.9)</td><td>1,514(100.0)</td></tr>
<tr><td rowspan="2">학력</td><td>비문해</td><td>문해~3년 이하</td><td>4~6년</td><td>7~9년</td><td>10~12년</td><td>13년 이상</td><td>합계</td></tr>
<tr><td>452(29.9)</td><td>202(13.4)</td><td>440(29.1)</td><td>146(9.7)</td><td>186(12.3)</td><td>85(5.6)</td><td>1,511(100.0)</td></tr>
<tr><td rowspan="2">건강 상태</td><td>매우 건강</td><td>건강</td><td>보통</td><td>건강하지 못함</td><td>매우 건강 하지 못함</td><td>합계</td></tr>
<tr><td>34(2.3)</td><td>385(25.4)</td><td>258(17.0)</td><td>636(42.0)</td><td>201(13.3)</td><td>1,514(100.0)</td></tr>
<tr><td rowspan="2">주관적 경제력</td><td>매우 어렵다</td><td>조금 어려운 편이다</td><td>보통이다</td><td>여유가 있는 편이다</td><td>매우 여유 있다</td><td>합계</td></tr>
<tr><td>390(25.8)</td><td>479(31.6)</td><td>573(37.9)</td><td>69(4.6)</td><td>3(.2)</td><td>1,514(100.0)</td></tr>
</table>

학력에 따라 나누어 살펴보면 비문해의 비율이 29.9%로 가장 높고 이어 4~6년, 문해~3년 이하, 10~12년, 7~9년 순서로 높은 비율을 기록하고 있다. 서울과 비교해 보면 비문해의 비율은 상대적으로 높은 반면 10년 이상의 비율은 낮은 것으로 나타나고 있다. 건강 상태의 경우 건강하다는 응답은 27.9%에 불과한 반면 건강하지 못하다는 응답은 55.3%로 나타나 스스로 건강하지 않다고 생각하는 응답자가 다수임을 확인할 수 있다. 주관적 경제력 역시

어렵다는 응답이 57.4%로 절반을 넘고 있는 반면 여유 있다는 응답은 4.8%에 불과해 노인들의 경제 상황이 열악하다는 점을 다시 한 번 확인할 수 있다.

2) 가족관계

이제 응답자의 가족관계에 대해 분석해 보면 다음과 같다. 가족관계는 동거 유형, 1시간 이내 거주 자녀의 수, 부부관계, 자녀 관계를 중심으로 분석하였다.

(1) 전체

응답자의 동거 유형에 대해 살펴보자. 본 조사에서는 노인의 가장 중요한 자원인 배우자 및 자녀와의 동거 여부에 집중하여 분석하였다. 먼저 전체적으로 살펴보면 자녀와 배우자 중 배우자와만 동거하는 비율이 32.2%로 가장 높았고, 이어 자녀 동거, 자녀+배우자 동거의 순으로 나타났다. 이 외에 자녀 및 배우자와 동거하지 않는 비율도 19.8%로 나타나고 있다.

다음으로 집단별로 나누어 살펴보면 다음과 같다. 먼저 성별로 나누어 살펴보면 남성의 경우 배우자와만 동거 비율이 절반에 이르고 있으며, 배우자+자녀와 동거하는 경우 역시 35.4%로 높게 나타났다. 이와는 달리 여성의 경우 배우자와만 동거 21.1%, 배우자+자녀 동거 17.1%로 남성에 비해 배우자와 동거하는 비율이 낮은 것을 알 수 있다. 특기할 점은 여성의 경우 자녀와만 동거하는 비율이 매우 높다는 점이다(34.7%). 이 외에 기타 (혼자 살거나 또는 친인척, 친구와만 동거) 비율 역시 여성은 27.1%로 남성 7.9%에 비해 매우 높다.

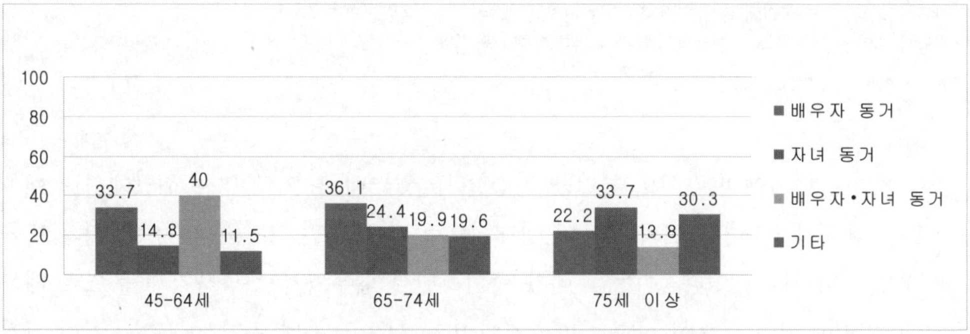

[그림 3] 연령별 가족 동거 유형: 전체

〈표 16〉 동거 유형: 전체

빈도( ): %

구 분		배우자1) 동거	자녀 동거[2]	배우자 · 자녀 동거[3]	기타[4]
전체		812(32.22)	603(23.93)	605(23.01)	500(19.84)
성***	남성	481(50.5)	60(6.3)	337(35.4)	75(7.9)
	여성	331(21.1)	543(34.7)	268(17.1)	425(27.1)
나이***	45~64세	234(33.7)	103(14.8)	278(40.0)	80(11.5)
	65~74세	449(36.1)	304(24.4)	247(19.9)	244(19.6)
	75세 이상	129(22.2)	196(33.7)	80(13.8)	176(30.3)
지역***	서울	234(23.3)	282(28.0)	260(25.4)	230(22.9)
	춘천	578(38.2)	321(21.2)	345(22.8)	270(17.8)
학력***	비문해	121(18.3)	274(41.4)	70(10.6)	197(29.8)
	문해~3년 이하	90(27.3)	88(26.7)	57(17.3)	95(28.8)
	4~6년	264(37.6)	143(20.3)	177(25.2)	119(16.9)
	7~9년	109(38.3)	41(14.4)	107(37.5)	28(9.8)
	10~12년	138(38.7)	47(13.2)	128(35.9)	44(12.3)
	13년 이상	89(50.0)	10 (5.6)	63(35.4)	16(9.0)
주관적 건강 상태***	매우 건강	32(36.4)	10(11.4)	34(38.6)	12(13.6)
	건강	225(37.4)	108(18.0)	192(32.0)	76(12.7)
	보통	148(32.9)	89(19.8)	132(29.3)	81(18.0)
	건강하지 않음	329(31.3)	289(27.5)	190(18.1)	244(23.2)
	매우 건강하지 않음	78(23.7)	107(32.5)	57(17.3)	87(26.4)
주관적 경제 상태***	매우 어렵다	183(26.3)	163(23.4)	105(15.1)	245(35.2)
	조금 어려운 편이다	257(33.2)	197(25.4)	194(25.0)	127(16.4)
	보통이다	313(34.1)	222(24.2)	268(29.2)	114(12.4)
	여유가 있는 편이다	51(44.4)	19(16.5)	32(27.8)	13(11.3)
	매우 여유 있다	8(50.0)	1 (6.3)	6 (3.5)	1 (6.3)

1) 배우자와 응답자 외에 손자녀, 부모, 기타 친척 등도 함께 동거하는 경우도 포함
2) 자녀와 응답자 외에 손자녀, 부모, 기타 친척 등도 함께 동거하는 경우도 포함
3) 배우자, 자녀, 응답자 외에 손자녀, 부모, 기타 친척 등과 동거하는 경우도 포함
4) 응답자 외에 손자녀, 부모, 기타 친척 등과 동거하는 경우도 포함

* p〈.05, ** p〈.01, *** p〈.001

동거 유형은 나이에 따라서도 차이를 발견할 수 있는데, 나이가 많은 집단에서는 배우자 동거 또는 배우자+자녀 동거의 비율이 상대적으로 낮은 반면, 자녀와의 동거, 기타 비율은 높은 것으로 나타나고 있다. 이는 나이가 증가하면서 배우자가 사망하기 때문으로 해석할 수 있다. 지역에 따라 나누어 살펴보면 춘천에 비해 서울은 자녀 동거, 배우자+자녀 동거의 비율이 높은 반면, 춘천의 경우는 배우자 동거, 기타의 범주에서 서울에 비해 높은 비율을 기록하고 있다. 자녀와 동거하는 비율이 서울에서 높게 나타난 것은 춘천 지역의 경우 교육이나 취업 등의 이유로 젊은 층이 수도권으로 이동했기 때문으로 해석할 수 있을 것이다.

학력에 따라 나누어 살펴보면 학력이 높을수록 배우자 동거, 배우자+자녀 동거의 비율이 높은 반면, 자녀 동거, 기타의 비율은 낮은 것으로 나타나고 있다. 학력은 나이에 따라 큰 차이를 보이고 있는데, 학력과 나이와의 관계를 고려해 보면 학력에 따른 동거 유형의 차이는 학력에 따른 차이라기보다는 나이에 따른 차이가 반영된 것일 가능성도 배제할 수 없다.

주관적 건강 상태 역시 나이에 따른 차이와 유사하게 건강 상태가 좋을수록 배우자 동거, 배우자+자녀 동거의 비율이 높은 반면, 자녀 동거, 기타의 비율은 낮은 것으로 나타났다. 주관적 경제 상태에 따른 구분 역시 경제 상태가 좋은 집단에서 배우자 동거, 배우자+자녀 동거의 비율이 높게 나타났으며, 자녀 동거, 기타의 비율은 낮게 나타났다.

다음으로 근거리 거주 자녀수를 살펴보자. 근거리 거주 자녀수는 나이와 지역에 따라 차이를 보이는 것으로 나타나고 있다. 우선 나이가 많은 집단에서 나이가 적은 집단에 비해 근거리 거주 자녀수가 많은 것을 확인할 수 있다. 지역적으로 나누어 살펴보면 서울 응답자에서 춘천 응답자에 비해 근거리 거주 자녀가 더 많은 것으로 나타났다. 이는 춘천의 경우 자녀들이 학업이나 직장을 이유로 수도권 지역으로 이주하기 때문으로 해석할 수 있다. 이외에 주관적 경제 상태에 따라서도 차이가 있는 것으로 나타났는데, 경제 상태를 보통 또는 여유가 있는 편이라고 응답한 경우가 그렇지 않은 경우에 비해 근거리 거주 자녀가 약간 많은 것으로 나타났다. 성, 학력, 건강 상태에 따라서는 유의미한 차이를 보이지 않는다.

〈표 17〉 1시간 이내 거주 자녀의 수: 전체

구 분		평균(표준편차)	구 분		평균(표준편차)
성	남성	1.2(1.2)	건강 상태	매우 건강	1.1(1.3)
	여성	1.1(1.2)		건강	1.0(1.2)
	전체	1.1(1.2)		보통	1.0(1.2)
나이	45~64세	.8(1.1)		건강하지 못함	1.1(1.2)
	65~74세	1.2(1.2)		매우 건강하지 못함	1.2(1.4)
	75세 이상	1.2(1.2)		전체	1.1(1.2)
	전체	1.1(1.2)***	주관적 경제 상태	매우 어렵다	1.0(1.3)
지역	서울	1.2(1.3)		조금 어려운 편이다	1.1(1.1)
	춘천	1.0(1.2)		보통이다	1.2(1.2)
	전체	1.1(1.2)**		여유 있는 편이다	1.3(1.3)
학력	비문해	1.2(1.3)		매우 여유 있다	1.0(1.1)
	문해~3년 이하	1.2(1.3)		전체*	1.1(1.2)
	4~6년	1.2(1.2)			
	7~9년	.9(1.1)			
	10~12년	1.0(1.1)			
	13년 이상	1.0(1.2)			
	전체	1.1(1.2)			

* $p<.05$, ** $p<.01$, *** $p<.001$

다음으로 배우자와 현재 동거하고 있는 응답자를 대상으로 부부 만족도를 질문하였다. 부부 만족도는 3개의 문항으로 구성되어 있는데, 아래 결과는 세 문항의 평균 점수를 분석한 것이다. 부부 만족도는 성, 학력, 주관적 건강 상태, 주관적 경제 상태에 따라 차이를 보이는데, 남성은 여성에 비해 부부 만족도가 높았고, 학력이 높을수록 부부 만족도가 높은 것으로 나타났다. 주관적 건강 상태나 경제 상태 역시 양호한 집단에서 그렇지 않은 집단에 비해 부부 만족도가 높은 것을 확인할 수 있다.

〈표 18〉 부부 만족도와 자녀 만족도: 전체

구 분		부부 만족도	자녀 만족도
		평균(표준편차)	평균(표준편차)
성	남성	3.8(.6) ***	3.6(.7) **
	여성	3.4(.8)	3.5(.7)
	전체	3.6(.7)	3.5(.7)
나이	45~64세	3.6(.7)	3.6(.7) *
	65~74세	3.6(.8)	3.5(.7)
	75세 이상	3.6(.8)	3.5(.8)
	전체	3.6(.7)	3.5(.7)
지역	서울	3.8(.8)	3.4(.8) ***
	춘천	3.6(.7)	3.6(.7)
	전체	3.6(.7)	3.5(.7)
학력	비문해	3.3(.7) ***	3.4(.8) ***
	문해~3년 이하	3.6(.7)	3.5(.8)
	4~6년	3.5(.7)	3.5(.7)
	7~9년	3.7(.8)	3.6(.6)
	10~12년	3.7(.8)	3.7(.7)
	13년 이상	3.9(.7)	3.6(.7)
	전체	3.6(.7)	3.5(.7)
건강 상태	매우 건강	3.9(.8) ***	3.8(.9) ***
	건강	3.7(.7)	3.7(.7)
	보통	3.7(.6)	3.5(.7)
	건강하지 못함	3.5(.8)	3.5(.7)
	매우 건강하지 못함	3.5(.9)	3.3(.8)
	전체	3.6(.7)	3.5(.7)
주관적 경제 상태	매우 어렵다	3.4(.9) ***	3.1(.8) ***
	조금 어려운 편이다	3.5(.7)	3.6(.6)
	보통이다	3.8(.6)	3.7(.6)
	여유 있는 편이다	3.9(.8)	4.0(.6)
	매우 여유 있다	3.9(.8)	3.9(.6)
	전체	3.6(.7)	3.5(.7)

* p〈.05, ** p〈.01, *** p〈.001

자녀 만족도의 경우 분석에 사용된 변수 모두에서 유의미한 차이를 보이고 있는데, 남성은 여성에 비해 자녀 만족도가 높게 나타났고, 45~64세 집단은 고연령 집단에 비해 자녀 만족도가 높은 것으로 나타났다. 지역적으로는 서울에 비해 춘천에서 자녀 만족도가 높게 나타났고 학력은 높을수록, 주관적 건강 상태와 경제 상태 역시 양호할수록 자녀 만족도가 높은 것으로 나타나고 있다.

(2) 서울

서울 지역 응답자를 대상으로 한 분석 결과를 살펴보면 다음과 같다. 먼저 성별로 나누어 살펴보면 남성의 경우는 배우자 동거, 배우자+자녀 동거의 비율이 각각 41.8%로 두 유형을 합하면 80%가 넘는 것으로 나타나는 반면, 여성의 경우는 그 비율이 32.4%에 불과하다. 여성의 경우는 배우자나 배우자+자녀 동거에 비해 자녀 동거(39.7%), 기타(29.7%)의 비율이 높다는 특징을 보인다.

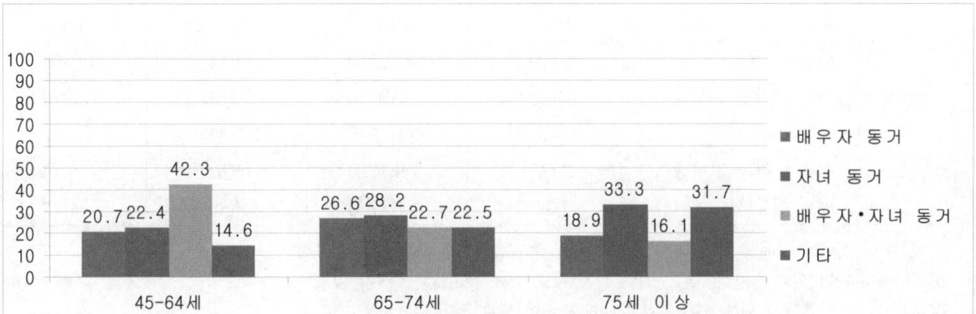

[그림 4] 연령별 가족 동거 유형: 서울

나이에 따라 나누어 살펴보면 배우자 동거의 경우 65~74세 집단에서 높은 비율을 기록하고 있으며, 배우자+자녀 동거는 64세 이하 집단에서 가장 높은 비율을 기록하고 있다. 이와는 달리 자녀 동거나 기타는 나이가 많은 75세 이상 집단에서 상대적으로 높은 비율을 기록하고 있다. 이러한 결과에 비추어 볼 때 동거 유형은 배우자+자녀 동거에서 자녀가 떠난 후 배우자와만 동거하는 시기를 거쳐 배우자 사망 이후 독거하는 형태로 변화되고 있음을 추측할 수 있다.

이 외에 학력, 주관적 건강 상태, 주관적 경제 상태 모두 나이와 유사하게 학력이 높은 집단, 건강 상태나 경제 상태가 양호하다고 판단하는 집단에서 배우자 동거 혹은 배우자+자녀 동거 유형이 높은 반면, 그렇지 못한 집단에서는 독거나 자녀 동거의 비율이 높은 것을 확인할 수 있다.

〈표 19〉 동거 유형: 서울

구 분		배우자[1] 동거	자녀 동거[2]	배우자·자녀 동거[3]	기타[4]
성***	남성	137(41.8)	25 (7.6)	137(41.8)	29 (8.9)
	여성	97(14.3)	257(37.9)	123(18.1)	201(29.7)
나이***	45~64세	51(20.7)	55(22.4)	104(42.3)	36(14.6)
	65~74세	136(26.6)	144(28.2)	116(22.7)	115(22.5)
	75세 이상	47(18.9)	83(33.3)	40(16.1)	79(31.7)
학력***	비문해	28(13.3)	99(47.1)	22(10.5)	61(29.1)
	문해~3년 이하	20(15.6)	45(35.2)	18(14.1)	45(35.2)
	4~6년	59(22.4)	73(27.8)	62(23.6)	69(36.2)
	7~9년	37(26.6)	25(18.0)	57(41.0)	20(14.4)
	10~12년	53(31.0)	33(19.3)	58(33.9)	27(15.8)
	13년 이상	36(38.7)	7 (7.5)	42(45.2)	8 (8.6)
주관적 건강 상태***	매우 건강	18(33.3)	6(11.1)	24(44.4)	6(11.1)
	건강	61(28.4)	53(24.5)	68(31.5)	34(15.7)
	보통	45(23.4)	44(22.9)	60(31.3)	43(22.4)
	건강하지 않음	87(20.9)	138(33.1)	86(20.7)	105(25.2)
	매우 건강하지 않음	23(18.0)	41(32.0)	22(17.2)	42(32.8)
주관적 경제 상태	매우 어렵다	61(19.9)	80(26.1)	44(14.4)	121(39.5)
	조금 어려운 편이다	67(22.6)	97(32.8)	86(29.1)	46(15.5)
	보통이다	83(24.1)	95(27.6)	110(32.0)	56(16.3)
	여유가 있는 편이다	17(37.0)	8(17.4)	15(32.6)	6(13.0)
	매우 여유 있다	6(46.2)	1 (7.7)	5(38.5)	1 (7.7)

1) 배우자와 응답자 외에 손자녀, 부모, 기타 친척 등도 함께 동거하는 경우도 포함
2) 자녀와 응답자 외에 손자녀, 부모, 기타 친척 등도 함께 동거하는 경우도 포함
3) 배우자, 자녀, 응답자 외에 손자녀, 부모, 기타 친척 등과 동거하는 경우도 포함
4) 응답자 외에 손자녀, 부모, 기타 친척 등과 동거하는 경우도 포함

* p<.05, ** p<.01, *** p<.001

근거리에 거주하는 경우 함께 살지 않는 자녀 역시 노인의 삶에 매우 주요한 자원이 될 수 있다. 대중교통을 이용해 1시간 이내에 올 수 있는 자녀의 수를 살펴본 바에 의하면 성, 나이에 따라 차이를 보이는 것으로 나타났다. 즉, 남성이 여성에 비해, 45~64세 집단보다는 65세 이상 집단에서 근거리 거주 자녀수가 많은 것으로 나타났다.

〈표 20〉 1시간 이내 거주 자녀의 수: 서울

구 분		평균(표준편차)	구 분		평균(표준편차)
성	남성	1.4(1.3) *	주관적 건강 상태	매우 건강	1.1(1.2)
	여성	1.2(1.3)		건강	1.2(1.3)
나이	45~64세	1.0(1.2) **		보통	1.3(1.3)
	65~74세	1.3(1.3)		건강하지 못함	1.2(1.2)
	75세 이상	1.3(1.3)		매우 건강하지 못함	1.2(1.4)
학력	비문해	1.2(1.3)	주관적 경제 상태	매우 어렵다	1.0(1.2) ***
	문해~3년 이하	1.2(1.3)		조금 어려운 편이다	1.2(1.2)
	4~6년	1.3(1.4)		보통이다	1.4(1.3)
	7~9년	1.1(1.1)		여유 있는 편이다	1.7(1.4)
	10~12년	1.3(1.3)		매우 여유 있다	1.2(1.1)
	13년 이상	1.2(1.2)			

* p<.05, ** p<.01, *** p<.001

다음으로 부부 만족도 및 자녀 만족도를 살펴보자. 〈표 21〉에서 부부 만족도의 경우 남성이 여성에 비해 약간 높은 것으로 나타난 반면, 나이에 따라서는 유의미한 차이를 보이지

〈표 21〉 부부 만족도와 자녀 만족도: 서울

구 분		부부 만족도	자녀 만족도
		평균(표준편차)	평균(표준편차)
성	남성	3.8(.7) ***	3.6(.8) ***
	여성	3.3(.8)	3.4(.8)
나이	45~64세	3.6(.7)	3.5(.8)
	65~74세	3.6(.8)	3.5(.8)
	75세 이상	3.6(.9)	3.3(.9)
학력	비문해	3.2(.9) ***	3.2(.8)
	문해~3년 이하	3.5(.8)	3.3(.8)
	4~6년	3.4(.8)	3.4(.8)
	7~9년	3.6(.8)	3.5(.7)
	10~12년	3.7(.7)	3.7(.7)
	13년 이상	3.9(.7)	3.6(.8)
건강 상태	매우 건강	4.0(.7)	3.7(.9)
	건강	3.7(.7)	3.7(.7)
	보통	3.7(.7)	3.4(.8)
	건강하지 못함	3.4(.8)	3.4(.8)
	매우 건강하지 못함	3.4(1.0)	3.1(.9)
주관적 경제 상태	매우 어렵다	3.3(1.0)	3.0(.9)
	조금 어려운 편이다	3.4(.8)	3.5(.6)
	보통이다	3.8(.7)	3.7(.7)
	여유 있는 편이다	3.9(.8)	4.1(.7)
	매우 여유 있다	3.9(.7)	3.9(.4)

* p<.05, ** p<.01, *** p<.001

않는다. 부부 만족도는 학력에 따라 차이를 보이는데, 학력이 높을수록 만족도가 높은 것을 알 수 있다.

자녀 만족도의 경우도 성별로 차이를 보이는 것으로 나타났다. 즉, 남성의 경우 여성에 비해 만족도가 높은 것으로 나타나고 있다. 나이의 경우는 성별에 따라 유의미한 차이를 보이지 않고 있다.

(3) 춘천

이제 춘천 지역 응답자를 대상으로 분석 결과를 살펴보자. 우선 동거 유형을 살펴보면 성, 나이, 학력, 주관적 건강 상태, 주관적 경제 상태 등에 따라 차이를 보이는 것으로 나타나고 있다. 구체적으로 남성은 배우자 동거, 배우자+자녀 동거의 비율이 압도적으로 높은 반면, 여성의 경우는 자녀 동거, 기타의 비율이 상대적으로 높은 것을 알 수 있다. 나이에 따라 나누어 살펴보면 상대적으로 젊은 집단의 경우 배우자 동거, 배우자+자녀 동거의 비율이 높고 고령 집단의 경우는 기타 및 자녀 동거의 비율이 높은 것을 알 수 있다.

동거 유형은 학력에 따라서도 차이를 보이는데 학력이 높은 집단을 상대적으로 배우자 동거, 배우자+자녀 동거의 비율이 높은 반면, 학력이 낮은 집단은 자녀 동거, 기타의 비율이 높은 것을 알 수 있다. 성, 나이, 학력에서 나타나는 이러한 차이는 나이가 많은 집단일수록 여성이 많고, 저학력층이 많다는 점 때문으로 해석할 수 있다.

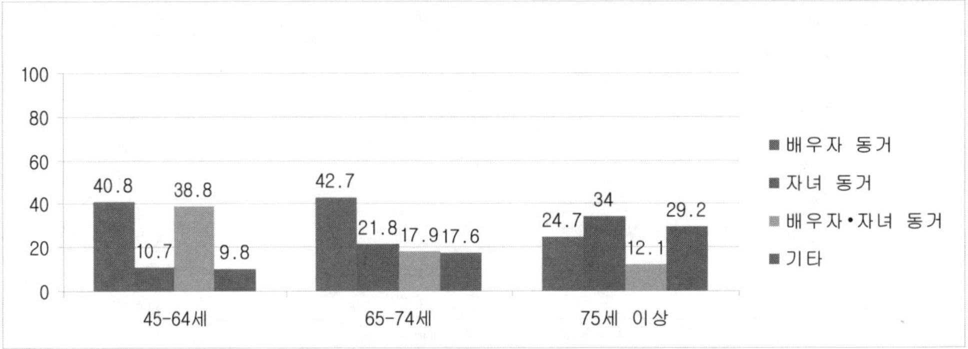

[그림 5] 연령별 가족 동거 유형: 춘천

〈표 22〉 동거 유형: 춘천

구 분		배우자[1] 동거	자녀 동거[2]	배우자·자녀 동거[3]	기타[4]
성***	남성	344(55.0)	35(5.6)	200(32.0)	46(7.4)
	여성	234(26.3)	286(32.2)	145(16.3)	224(25.2)
나이***	45~64세	183(40.8)	48(10.7)	174(38.8)	44(9.8)
	65~74세	313(42.7)	160(21.8)	131(17.9)	129(17.6)
	75세 이상	82(24.7)	113(34.0)	40(12.1)	97(29.2)
학력***	비문해	93(20.6)	43(21.3)	48(10.6)	136(30.1)
	문해~3년 이하	70(34.7)	175(38.7)	39(19.3)	50(24.8)
	4~6년	205(46.6)	70(15.9)	115(26.1)	50(11.4)
	7~9년	72(49.3)	16(11.0)	50(34.3)	8(5.5)
	10~12년	85(45.7)	14(7.5)	70(37.6)	17(9.1)
	13년 이상	53(62.4)	3(3.5)	221(24.7)	8(9.4)
주관적 건강 상태***	매우 건강	14(41.2)	4(11.8)	10(29.4)	6(17.7)
	건강	164(42.6)	55(14.3)	124(32.2)	42(10.9)
	보통	103(39.9)	45(17.4)	72(27.9)	38(14.7)
	건강하지 않음	242(38.1)	151(23.7)	104(16.4)	139(21.9)
	매우 건강하지 않음	55(27.4)	66(32.8)	35(17.4)	45(22.4)
주관적 경제 상태***	매우 어렵다	122(31.3)	83(21.3)	61(15.6)	124(31.8)
	조금 어려운 편이다	190(40.0)	100(20.9)	108(22.6)	81(16.9)
	보통이다	230(40.1)	127(22.2)	158(27.6)	58(1.1)
	여유가 있는 편이다	34(49.3)	11(15.9)	17(24.6)	7(10.1)
	매우 여유 있다	2(66.7)	0	1(33.3)	0

1) 배우자와 응답자 외에 손자녀, 부모, 기타 친척 등도 함께 동거하는 경우도 포함
2) 자녀와 응답자 외에 손자녀, 부모, 기타 친척 등도 함께 동거하는 경우도 포함
3) 배우자, 자녀, 응답자 외에 손자녀, 부모, 기타 친척 등과 동거하는 경우도 포함
4) 응답자 외에 손자녀, 부모, 기타 친척 등과 동거하는 경우도 포함
* p<.05, ** p<.01, *** p<.001

주관적 건강 상태에 따라서도 동거 유형은 차이를 보이는데, 건강하다고 응답한 집단은 상대적으로 배우자 동거, 배우자+자녀 동거 비율이 높은 반면, 건강하지 않다고 응답한 집단에서는 자녀 동거, 기타의 비율이 높은 것을 확인할 수 있다. 주관적 경제 상태 역시 유사한 결과를 보이는데, 경제 상태를 양호하다고 응답한 경우는 주로 배우자 동거, 배우자+자녀 동거의 비율이 높은 반면, 어렵다고 응답한 경우는 자녀 동거, 기타의 비율이 높은 것을 확인할 수 있다.

다음으로 1시간 이내 거주하는 자녀수를 살펴보자, 춘천 거주자의 경우 집단별로 통계적으로 유의미한 차이를 보이지는 않는다. 이는 춘천 지역의 경우 학업이나 취업 등으로 인해 자녀들이 대부분 서울을 비롯한 수도권으로 이동하기 때문으로 해석할 수 있을 것이다.

〈표 23〉 1시간 이내 거주 자녀의 수: 서울

구 분		평균(표준편차)	구 분		평균(표준편차)
성	남성	1.0(1.2)	주관적 건강 상태	매우 건강	1.0(1.5)
	여성	1.0(1.1)		건강	.9(1.1)
나이	45~64세	.7(1.0)		보통	.9(1.0)
	65~74세	1.2(1.2)		건강하지 못함	1.1(1.2)
	75세 이상	1.2(1.2)		매우 건강하지 못함	1.1(1.3)
학력	비문해	1.1(1.2)	주관적 경제 상태	매우 어렵다	1.1(1.3)
	문해~3년 이하	1.2(1.2)		조금 어려운 편이다	1.0(1.1)
	4~6년	1.1(1.1)		보통이다	1.0(1.1)
	7~9년	.8(1.0)		여유 있는 편이다	1(1.1)
	10~12년	.7(.9)		매우 여유 있다	0
	13년 이상	.8(1.1)			

* p<.05, ** p<.01, *** p<.001

〈표 24〉 부부 만족도와 자녀 만족도: 춘천

구 분		부부 만족도	자녀 만족도
		평균(표준편차)	평균(표준편차)
성	남성	3.8(.6) ***	3.6(.7)
	여성	3.4(.8)	3.6(.7)
나이	45~64세	3.6(.7)	3.6(.6)
	65~74세	3.6(.7)	3.5(.7)
	75세 이상	3.7(.6)	3.6(.7)
학력	비문해	3.4(.7) ***	3.2(.8)
	문해~3년 이하	3.7(.7)	3.3(.8)
	4~6년	3.6(.7)	3.4(.8)
	7~9년	3.7(.7)	3.5(.7)
	10~12년	3.7(.8)	3.7(.7)
	13년 이상	3.9(.6)	3.6(.8)
건강 상태	매우 건강	3.8(.8)	3.9(.7)
	건강	3.7(.7)	3.7(.6)
	보통	3.7(.6)	3.6(.5)
	건강하지 못함	3.5(.7)	3.5(.7)
	매우 건강하지 못함	3.5(.8)	3.4(.7)
주관적 경제 상태	매우 어렵다	3.4(.8)	3.3(.8)
	조금 어려운 편이다	3.6(.7)	3.6(.6)
	보통이다	3.7(.6)	3.7(.6)
	여유 있는 편이다	3.9(.7)	3.9(.5)
	매우 여유 있다	3.8(1.0)	3.9(1.20

* p<.05, ** p<.01, *** p<.001

부부 만족도의 경우 성과 학력에 따라 차이를 보이는 것으로 나타나고 있다, 구체적으로 남성은 여성에 비해 부부 만족도가 높은 것으로 나타났으며, 학력이 높을수록 부부 만족도 역시 높은 것으로 나타났다. 자녀 만족도는 집단별로 유의미한 차이를 보이지 않는 것으로 나타나고 있다.

3) 경제 상태

(1) 전체

경제 활동 참여 여부를 집단에 따라 나누어 살펴보면 성, 나이, 지역, 학력, 주관적 건강 상태에 따라 유의미한 차이를 보이고 있다. 성별로 나누어 살펴보면 남성이 여성에 비해 경제 활동 참여율이 높은 것으로 나타나고 있으며, 연령별로 나누어보면 45~64세 집단이 고령자 집단에 비해 경제 활동 참여율이 높은 것으로 나타나고 있다,

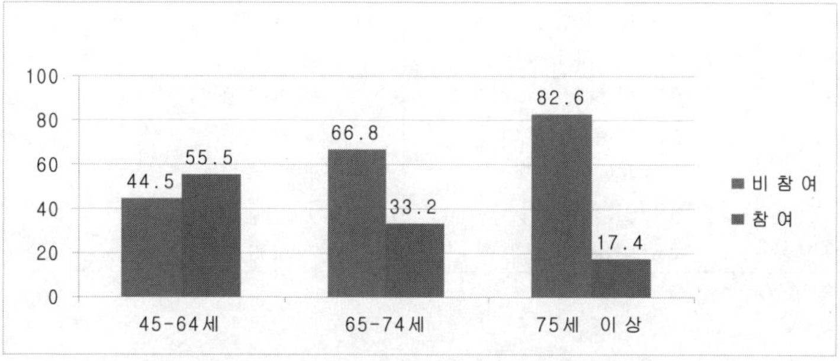

[그림 6] 연령별 경제 활동 참여: 전체

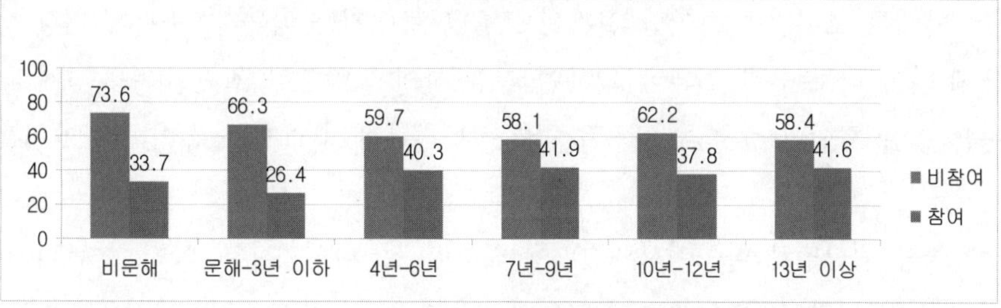

[그림 7] 학력별 경제 활동 참여: 전체

〈표 25〉 경제 활동 참여: 전체

구 분		비참여(비율)	참여(비율)
전 체		1,618(64.3)	898(35.7)
성***	남성	469(49.2)	484(50.8)
	여성	1,141(73.5)	414(26.5)
나이***	45~64세	309(44.5)	385(55.5)
	65~74세	830(66.8)	412(33.2)
	75세 이상	479(82.6)	101(17.4)
지역***	서울	745(74.1)	260(25.9)
	춘천	873(57.8)	638(42.2)
학력***	비문해	486(73.6)	174(33.7)
	문해~3년 이하	218(66.3)	174(26.4)
	4~6년	420(59.7)	283(40.3)
	7~9년	165(58.1)	119(41.9)
	10~12년	222(62.2)	135(37.8)
	13년 이상	104(58.4)	74(41.6)
건강 상태***	매우 건강	45(51.1)	43(48.9)
	건강	311(51.8)	289(48.1)
	보통	264(58.8)	185(41.2)
	건강하지 못함	736(70.1)	314(29.9)
	매우 건강하지 못함	262(79.6)	67(20.4)
주관적 경제 상태	매우 어렵다	467(67.2)	228(32.1)
	조금 어려운 편이다	473(61.2)	300(38.8)
	보통이다	596(65.1)	320(34.9)
	여유 있는 편이다	73(63.5)	42(36.5)
	매우 여유 있다	8(50.0)	8(50.0)

* $p<.05$, ** $p<.01$, *** $p<.001$

지역적으로는 춘천 거주자가 서울 거주자에 비해 경제 활동 참여율이 높은 것으로 나타났는데, 이는 춘천 지역의 경우 농사를 짓는 사람이 많기 때문으로 보인다. 학력의 경우 집단별로 차이를 보이기는 하지만 일관된 모습을 보이지는 않는다, 주관적 건강 상태와 경제 상태에 따라 나누어 본 결과에 의하면 건강 상태가 양호한 집단일수록 경제 활동 참여율이 높은 것을 확인할 수 있으며. 주관적 경제 상태에 따라서는 유의미한 차이를 보이지 않는다.

가구 소득을 집단별로 나누어 본 결과에 의하면 성, 나이, 지역, 학력, 주관적 건강 상태에 따라 유의미한 차이를 보이는 것으로 나타나고 있다. 우선 남성의 경우 100만 원 미만 44.1% 300만 원 이상 10.7%인 반면 여성은 100만 원 미만 51.6%, 300만 원 이상 8.5%로 나타나 남성의 가구 소득이 여성의 그것에 비해 높은 것을 알 수 있다.

나이에 따라 나누어 본 결과에 의하면 나이가 많은 집단일수록 100만 원 이하의 비율은 높은 반면, 300만 원 이상의 비율은 낮은 것으로 나타나, 나이에 따라 가구 소득에 차이가

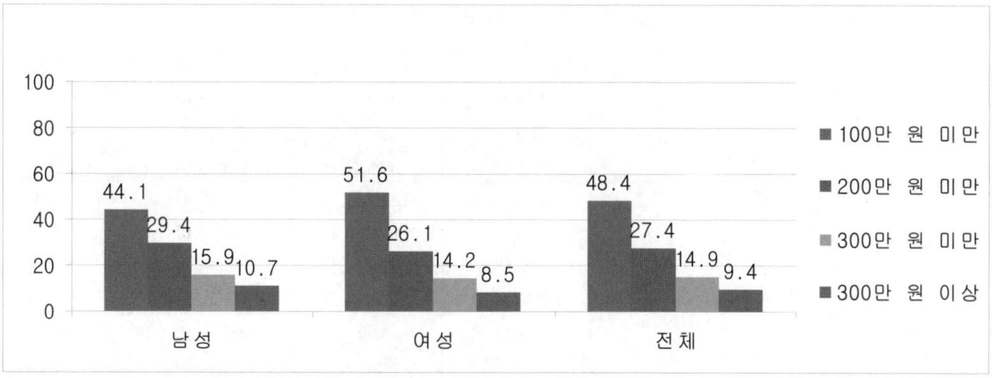

[그림 8] 성별 월 평균 가구 소득: 전체

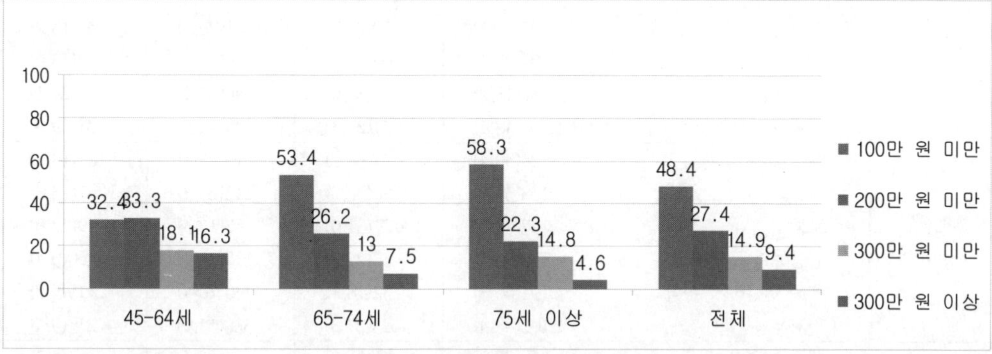

[그림 9] 연령별 가구 소득: 전체

있음을 확인할 수 있다. 지역에 따라 나누어 살펴보면 춘천 지역 거주자는 서울 지역 거주자에 비해 100만 원 미만과 200만 원 미만의 비율은 높은 반면 300만 원 미만과 300만 원 이상의 비율은 낮은 것으로 나타나 춘천 지역 거주자의 가구 소득이 서울 지역 거주자의 그것에 비해 낮다는 점을 확인할 수 있다.

학력 및 주관적 건강 상태의 경우도 학력이 높을수록 그리고 건강 상태가 양호할수록 100만 원 미만의 비율은 낮은 반면 300만 원 이상의 비율은 높은 것으로 나타나 학력과 주관적 건강 상태에 따라 가구 소득의 유의미한 차이가 있음을 확인할 수 있다.

〈표 26〉 월 평균 가구 소득: 전체

구 분		100만 원 미만	200만 원 미만	300만 원 미만	300만 원 이상
성**	남성	389(44.1)	259(29.4)	140(15.9)	94(10.7)
	여성	713(51.6)	364(26.1)	198(14.2)	119(8.5)
	전체	1,102(48.4)	623(27.4)	338(14.9)	312(9.4)
나이***	45~64세	213(32.4)	219(33.3)	119(18.1)	107(16.3)
	65~74세	594(53.4)	291(26.2)	144(13.0)	83(7.5)
	75세 이상	295(58.3)	113(22.3)	75(14.8)	23(4.6)
	전체	1,102(48.4)	623(27.4)	338(14.9)	213(9.4)
지역***	서울	406(44.8)	234(25.8)	167(18.4)	100(11.0)
	춘천	696(50.8)	389(28.4)	171(12.5)	113(8.3)
	전체	1,102(48.4)	623(27.4)	338(14.9)	213(9.4)
학력***	비문해	362(64.6)	130(23.2)	48(8.6)	20(3.6)
	문해~3년 이하	184(64.1)	66(23.0)	26(9.1)	11(3.8)
	4~6년	327(50.0)	190(29.1)	94(14.4)	43(6.6)
	7~9년	97(36.5)	79(29.7)	55(20.7)	35(13.2)
	10~12년	99(29.7)	104(31.1)	69(20.7)	62(18.6)
	13년 이상	31(18.2)	52(30.6)	46(27.1)	41(24.1)
	전체	1,100(48.4)	621(27.3)	338(14.9)	212(9.3)
건강 상태***	매우 건강	24(30.4)	27(34.2)	16(20.3)	12(15.2)
	건강	188(33.7)	180(32.3)	113(20.3)	77(13.8)
	보통	167(40.7)	127(31.0)	67(16.3)	49(12.0)
	건강하지 못함	532(56.5)	237(25.2)	112(11.9)	60(6.4)
	매우 건강하지 못함	191(66.3)	32(18.1)	30(10.4)	15(5.2)
	전체	1,102(48.4)	623(27.3)	338(14.9)	213(9.4)
주관적 경제 상태	매우 어렵다	512(78.3)	96(14.7)	36(5.5)	10(1.5)
	조금 어려운 편이다	347(49.6)	217(31.0)	95(13.6)	40(5.7)
	보통이다	229(28.6)	283(35.3)	176(22.0)	113(14.1)
	여유 있는 편이다	9(8.6)	25(23.8)	30(28.6)	41(39.1)
	매우 여유 있다	5(31.3)	1(6.3)	1(6.3)	9(56.3)
	전체	1,102(48.4)	622(27.3)	338(14.9)	213(9.4)

* p〈.05, ** p〈.01, *** p〈.001

(2) 서울

서울 지역 응답자의 경제 활동 참여 여부를 살펴보면 다음과 같다. 경제 활동 참여의 경우 성, 나이, 학력, 주관적 건강 상태 등의 변수에서 유의미한 차이를 보이고 있다. 구체적으로 남성은 여성에 비해 경제 활동 참여 비율이 높은 것으로 나타났으며, 나이가 젊을수록 경제 활동 참여 비율이 높은 것으로 나타났다. 학력은 높을수록 경제 활동 참여 비율이 높게 나타났고, 건강 상태 역시 양호한 집단에서 경제 활동 참여율이 높은 것으로 나타났다.

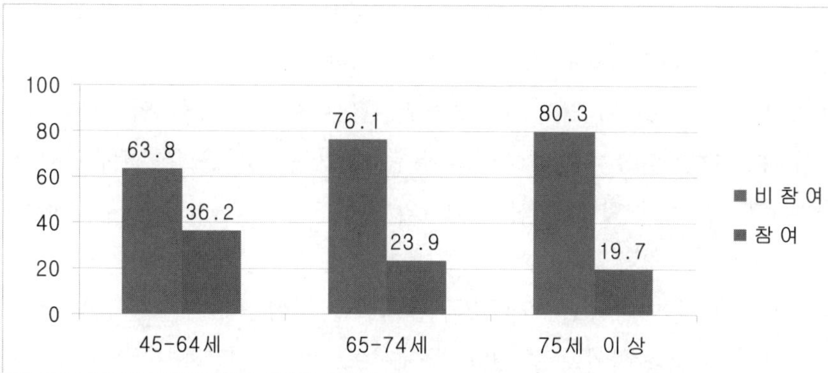

[그림 10] 연령별 경제 활동 참여: 서울

〈표 27〉 경제 활동 참여: 서울

구분		비참여(비율)	참여(비율)
성***	남성	193(58.8)	135(41.2)
	여성	552(81.5)	125(18.5)
나이***	45~64세	157(63.8)	89(36.2)
	65~74세	388(76.1)	122(23.9)
	75세 이상	200(80.3)	49(19.7)
학력**	비문해	166(79.1)	24(18.9)
	문해~3년 이하	103(81.1)	44(21.0)
	4~6년	205(78.0)	58(22.1)
	7~9년	90(64.8)	49(35.3)
	10~12년	121(70.7)	50(29.2)
	13년 이상	58(62.4)	35(37.6)
건강 상태***	매우 건강	29(53.7)	25(46.3)
	건강	137(63.4)	79(36.6)
	보통	130(68.1)	61(31.9)
	건강하지 못함	339(81.5)	77(18.5)
	매우 건강하지 못함	110(85.9)	18(14.1)
주관적 경제 상태	매우 어렵다	229(74.8)	77(25.2)
	조금 어려운 편이다	211(71.3)	85(28.7)
	보통이다	266(77.6)	77(22.5)
	여유 있는 편이다	32(69.6)	14(30.4)
	매우 여유 있다	6(46.2)	7(53.9)

* p<.05, ** p<.01, *** p<.001

가구 소득의 경우 나이, 학력, 주관적 건강 상태에 따라 차이를 보이고 있다. 우선 나이에 따라 나누어 살펴본 바에 의하면 나이가 젊은 집단에서 상대적으로 가구 소득이 높은 것을 확인할 수 있다. 예를 들면 45~64세 집단의 경우 300만 원 이상은 18.9%인 반면 75세 이상은 4.9%에 불과하다. 이와는 반대로 45~65세 집단은 100만 원 미만이 30.0%인 반면, 75세 이상 집단의 경우는 49.5%로 큰 차이를 보이고 있다.

학력에 따라 나누어본 결과 역시 학력이 높은 집단에서 가구 소득 역시 높은 것을 확인할 수 있다. 한 예로 13년 이상의 학력 집단의 경우 100만 원 미만은 16.9%에 불과한 반면 300만 원 이상은 29.2%인 데 반해, 비문해 집단의 경우 100만 원 미만 58.4%, 300만 원 이상 3.9%로 나타나고 있다.

주관적 건강 상태에 따라서도 가구 소득은 차이를 보이는데, 건강한 집단일수록 고소득 가구의 비율이 높은 것을 확인할 수 있다. 구체적으로 매우 건강하지 못하다고 응답한 집단의 경우 100만 원 미만이 64.4% 300만 원 이상 4.5%인 반면 매우 건강하다고 응답한 집단의 경우 100만 원 미만 26.5%, 300만 원 이상 18.4%로 건강 상태에 따라 가구 소득이 차이가 있음을 확인할 수 있다.

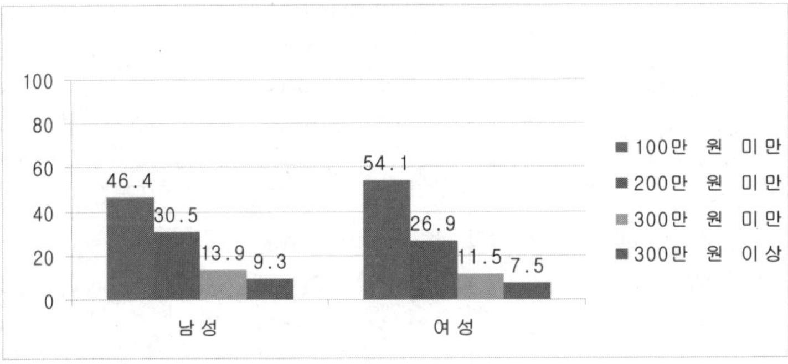

[그림 11] 성별 가구 소득: 서울

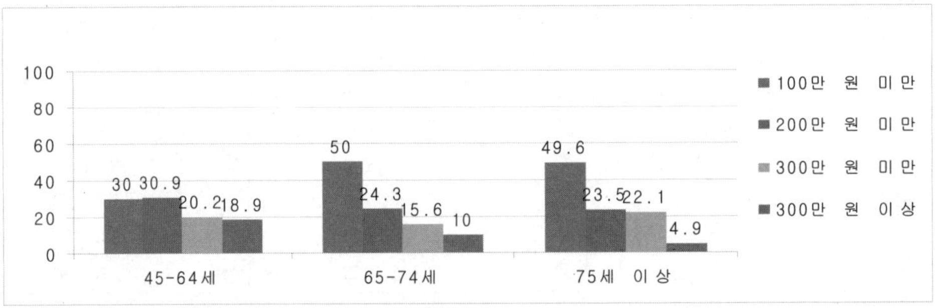

[그림 12] 연령별 가구 소득: 서울

〈표 28〉 월 평균 가구 소득: 서울

구 분		100만 원 미만	200만 원 미만	300만 원 미만	300만 원 이상
성	남성	118(39.6)	81(27.2)	59(19.8)	40(13.4)
	여성	288(47.3)	153(25.1)	108(17.7)	60(9.9)
나이***	45~64세	70(30.0)	72(30.9)	47(20.2)	44(18.9)
	65~74세	224(50.0)	109(24.3)	70(15.6)	45(10.0)
	75세 이상	112(49.6)	53(23.5)	50(22.1)	11(4.9)
학력***	비문해	104(58.4)	43(24.2)	24(13.5)	7(3.9)
	문해~3년 이하	69(63.9)	24(22.2)	13(12.0)	2(1.9)
	4~6년	118(48.6)	63(25.9)	45(18.5)	17(7.0)
	7~9년	50(38.5)	32(24.6)	27(20.8)	21(16.2)
	10~12년	49(31.2)	49(31.2)	33(21.0)	26(16.6)
	13년 이상	15(16.9)	23(25.8)	25(28.1)	26(29.2)
건강 상태***	매우 건강	13(26.5)	16(32.7)	11(22.5)	9(18.4)
	건강	59(29.1)	63(31.0)	46(22.7)	35(17.2)
	보통	70(40.0)	51(29.1)	33(18.9)	21(12.0)
	건강하지 못함	193(52.5)	83(22.6)	62(16.9)	30(8.2)
	매우 건강하지 못함	71(63.4)	21(18.8)	15(13.4)	5(4.5)
주관적 경제 상태	매우 어렵다	222(77.4)	44(15.3)	18(6.3)	3(1.1)
	조금 어려운 편이다	109(41.4)	86(32.7)	51(19.4)	17(6.5)
	보통이다	68(22.7)	92(30.8)	84(28.1)	55(18.4)
	여유 있는 편이다	3(6.8)	10(22.7)	13(29.6)	10(40.9)
	매우 여유 있다	4(30.8)	1(7.7)	1(7.7)	7(53.9)

* p〈.05, ** p〈.01, *** p〈.001

(3) 춘천

이제 춘천 응답자를 대상으로 경제 활동 참여가 집단별로 차이가 있는지 살펴보자. 경제 활동은 주관적 경제 상태를 제외한 모든 변수에서 유의미한 차이를 보이는 것으로 나타나고 있다. 즉, 남성이 여성에 비해 높은 참여율을 보이고 있으며, 나이는 어릴수록 그리고 학력은 높을수록 상대적으로 경제 활동 참여율이 높은 것으로 나타나고 있다, 이와 유사하게 주관적 건강 상태에 따라 나누어 본 결과 역시 건강 상태가 좋다고 응답한 집단이 그렇지 못한 집단에 비해 경제 활동 참여율이 높은 것을 알 수 있다.

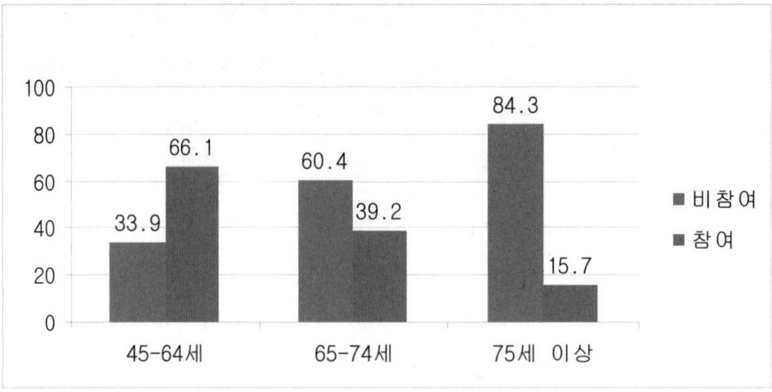

[그림 13] 연령별 경제 활동 참여: 춘천

〈표 29〉 경제 활동 참여: 춘천

구 분		비참여(비율)	참여(비율)
성***	남성	276(44.2)	349(55.9)
	여성	597(67.4)	289(32.6)
나이***	45~64세	152(33.9)	296(66.1)
	65~74세	442(60.4)	290(39.2)
	75세 이상	279(84.3)	52(15.7)
학력***	비문해	320(71.1)	130(28.9)
	문해~3년 이하	115(56.9)	87(43.1)
	4~6년	215(48.9)	225(51.1)
	7~9년	75(51.7)	70(48.3)
	10~12년	101(54.3)	85(4.57)
	13년 이상	46(54.1)	39(45.9)
건강 상태***	매우 건강	16(47.1)	18(52.9)
	건강	174(45.3)	210(54.7)
	보통	134(51.9)	124(48.1)
	건강하지 못함	397(62.6)	237(37.4)
	매우 건강하지 못함	152(75.6)	49(24.4)
주관적 경제 상태	매우 어렵다	238(61.2)	151(38.8)
	조금 어려운 편이다	262(54.9)	215(45.1)
	보통이다	330(57.6)	243(42.4)
	여유 있는 편이다	41(59.4)	28(40.6)
	매우 여유 있다	2(66.7)	1(33.3)

* p〈.05, ** p〈.01, *** p〈.001

가구 소득 역시 성, 나이, 학력, 주관적 건강 상태 그리고 주관적 경제 상태에 따라 유의미한 차이를 보이는 것으로 나타나고 있다. 성별로 가구 소득을 나누어 보면 남성의 경우

100만 원 미만 46.4%, 300만 원 이상 9.3%인 반면, 여성은 100만 원 미만 54.1%, 300만 원 이상 7.5%로 나타나 남성에 비해 여성은 저소득층은 많은 반면, 고소득층은 적은 것을 확인할 수 있다. 나이에 따라 나누어 본 결과에 의하면 65세 미만 집단의 경우 100만 원 미만 33.7%, 300만 원 이상 14.8%인 반면 75세 이상 집단은 100만 원 미만 65.4%, 300만 원 이상 4.3%로 나타나 나이가 많은 집단에서 가구 소득 역시 낮은 것을 확인할 수 있다.

학력에 따라 나누어 본 결과 역시 학력이 높은 집단에서 가구 소득 역시 높다는 점을 확인시켜 주었는데, 비문해의 경우 100만 원 미만 67.5%, 300만 원 이상 3.4%인 반면 13년 이상 집단의 경우 100만 원 미만 19.8%, 300만 원 이상 18.5%로 학력에 따라 차이가 있음을 확인할 수 있다.

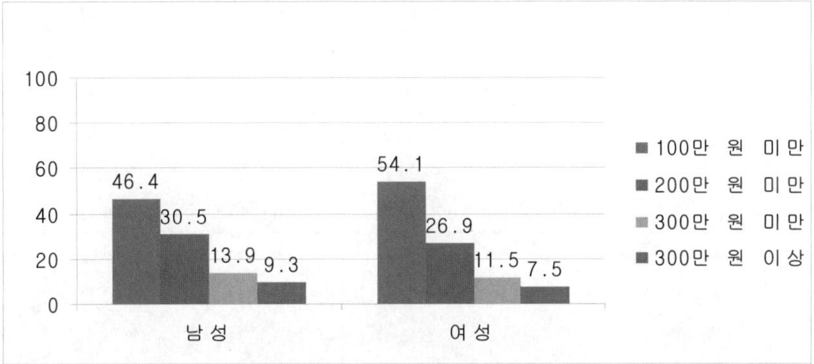

[그림 14] 성별 가구 소득: 춘천

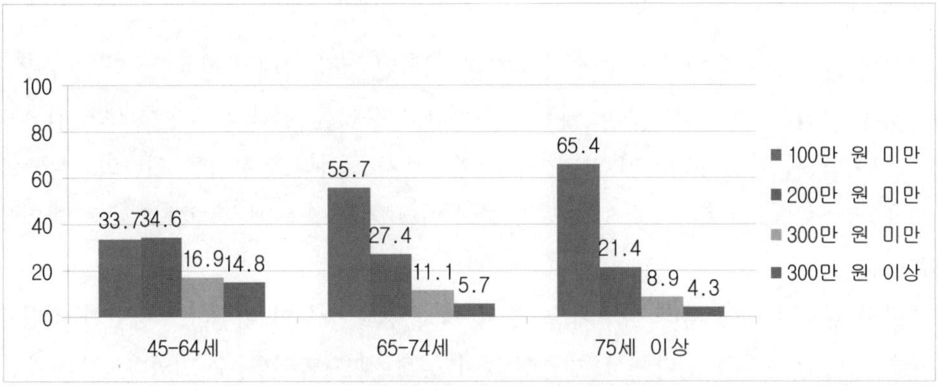

[그림 15] 연령별 가구 소득: 춘천

〈표 30〉 월 평균 가구 소득: 춘천

구 분		100만 원 미만	200만 원 미만	300만 원 미만	300만 원 이상
성*	남성	271(46.4)	178(30.5)	81(13.9)	54(9.3)
	여성	425(54.1)	211(26.9)	90(11.5)	59(7.5)
나이***	45~64세	143(33.7)	147(34.6)	72(16.9)	63(14.8)
	65~74세	370(55.7)	182(27.4)	74(11.1)	38(5.7)
	75세 이상	183(65.4)	60(21.4)	25(8.9)	12(4.3)
학력***	비문해	258(67.5)	87(22.8)	24(6.3)	13(3.4)
	문해~3년 이하	115(64.3)	42(23.5)	13(7.3)	9(5.0)
	4~6년	209(50.6)	127(30.9)	49(11.9)	26(6.3)
	7~9년	47(34.6)	47(34.6)	28(20.6)	14(10.3)
	10~12년	50(28.3)	55(31.1)	36(20.3)	36(20.3)
	13년 이상	16(19.8)	29(35.8)	21(25.9)	15(18.5)
건강 상태***	매우 건강	11(36.7)	11(36.7)	5(16.7)	3(10.0)
	건강	129(36.3)	117(33.0)	67(18.9)	42(11.8)
	보통	97(41.3)	76(32.3)	34(14.5)	28(11.9)
	건강하지 못함	339(59.2)	154(26.9)	50(8.7)	30(5.2)
	매우 건강하지 못함	120(68.2)	31(17.6)	15(8.5)	10(5.7)
주관적 경제 상태***	매우 어렵다	290(79.0)	52(14.2)	18(4.9)	7(1.9)
	조금 어려운 편이다	238(54.6)	131(30.1)	44(10.1)	23(5.3)
	보통이다	161(32.1)	191(38.1)	92(18.3)	58(11.6)
	여유 있는 편이다	6(9.8)	15(24.6)	17(27.9)	23(37.7)
	매우 여유 있다	1(33.3)	0	0	2(66.7)

* p〈.05, ** p〈.01, *** p〈.001

주관적 건강 상태에 따라 나누어 본 결과에 의하면 건강 상태가 양호할수록 가구 소득이 높은 것을 확인할 수 있다. 우선 매우 건강하다고 응답한 집단의 경우 100만 원 미만이 36.7%, 300만 원 이상 10.0%인 반면, 매우 건강하지 못하다고 응답한 집단의 경우 100만 원 미만 68.2%, 300만 원 이상 5.7%로 건강에 따라 가구 소득에 차이가 있음을 확인할 수 있었다.

주관적 경제 상태에 따라 나누어 본 결과 역시 경제 상황이 어렵다고 응답한 집단에 비해 여유 있다고 응답한 집단에서 가구 소득이 높은 것을 확인할 수 있었다.

2. 건강 분야

1) 자가 평가 건강 상태

(1) 전체

응답자들이 자신의 건강에 대해 어떻게 평가하는지 파악하기 위하여 '현재 선생님의 건강 상태가 어떻다고 생각하십니까?'라는 현재의 주관적 건강 상태와 '현재 선생님의 건강 상태가 비슷한 나이의 다른 (노인)분들과 비교하여 어떻다고 생각하십니까?'라는 동년배의 타인과 비교한 건강 상태에 대해 질문하였다. 현재의 주관적 건강 상태에 대한 질문에는 '매우 건강하다'에 88명(3.5%), '건강하다'에 601명(23.9%), '보통이다'에 450명(17.9%), '건강하지 못하다'에 1,052명(41.8%), '매우 건강하지 못하다'에 329명(13.1%)이 응답하여, 전체 응답자의 54.9%가 자신의 건강을 보통보다 나쁘다고 인식했다.

동년배의 타인과 비교한 건강 상태에 대한 질문에는 '더 건강하다'에 681명(27.0%), '비슷하다'에 845명(33.5%), '덜 건강하다'에 994명(39.4%)이 응답함으로써 자신을 동년배의 타인에 비해 건강이 나쁘다고 평가한 응답자의 비율이 가장 높았다.

〈표 31〉 자가 평가 건강 상태에 관한 빈도: 전체

전체	매우 건강	건강	보통	건강하지 못하다	매우 건강하지 못하다	합 계
주관적 건강 상태	88 (3.5)	601 (23.9)	450 (17.9)	1,052 (41.8)	329 (13.1)	2,520 (100.0)
	더 건강하다		비슷하다	덜 건강하다		합계
비슷한 나이의 다른 분들과 비교한 건강 상태	681 (27.0)		845 (33.5)	994 (39.4)		2,520 (100.0)

주관적 건강 상태를 인구학적 변수별로 살펴보았을 때, 성별, 연령, 지역, 학력, 주관적인 경제 상태에 따라 차이가 나타났다. 여성이 남성에 비해 그리고 연령대가 올라갈수록 자신이 건강하지 못하다고 응답하는 비율이 더 높았으며, 춘천 거주자와 비문해 집단이 자신을 가장 건강하지 못하다고 평가하는 것으로 나타났다. 주관적인 경제 상태가 어려울수록 또한 자신이 건강하지 못하다고 평가했다.

전체 응답자의 동년배 타인과 비교한 건강 상태는 성별, 연령, 학력, 주관적 경제 상태에 따라 차이가 나타났다. 여성이 남성보다 그리고 65~74세 집단이 자신의 건강을 동년배와 비교해서 부정적으로 평가했으며. 학력이 낮을수록, 주관적인 경제 상태를 부정적으로 평가한 응답자일수록 동년배와 비교해 자신을 덜 건강한 것으로 평가했다. 그러나 거주 지역에 따른 동년배의 타인과 비교한 건강 상태에는 차이가 없었다.

(2) 서울

서울 거주자들의 주관적 건강 상태에 대한 평가를 살펴보면 '매우 건강하다'에 54명(5.4%), '건강하다'에 216명(21.5%), '보통이다'에 192명(19.1%), '건강하지 못하다'에 416명(41.4%), '매우 건강하지 못하다'에 128명(12.7%)이 응답하여, 전체 응답자의 반 이상인 54.1%가 자신의 건강을 건강하지 못하거나 매우 건강하지 못하다고 인식했다.

동년배의 타인과 비교한 건강 상태에 대한 질문에는 '덜 건강하다'에 391명(38.9%)이 응답하여 가장 높은 비율을 보였으며, '비슷하다'에 319명(31.7%), '더 건강하다'에 296명(29.4%) 순으로 응답하였다.

〈표 32〉 자가 평가 건강 상태에 관한 빈도: 서울

전체	매우 건강	건강	보통	건강하지 못하다	매우 건강하지 못하다	합 계
주관적 건강 상태	54 (5.4)	216 (21.5)	192 (19.1)	416 (41.4)	128 (12.7)	1,006 (100.0)
	더 건강하다		비슷하다	덜 건강하다		합계
비슷한 나이의 다른 분들과 비교한 건강 상태	296 (29.4)		319 (31.7)	391 (38.9)		1,006 (100.0)

서울 거주 응답자들의 주관적 건강 상태에 대한 평가는 성별, 나이, 학력, 주관적 경제 상태에 따라 차이를 보였다. 여성이 남성보다, 나이가 많을수록 그리고 학력이 낮을수록, 주관적인 경제 상태가 어려울수록 현재의 건강 상태를 부정적으로 평가했으며, 동년배의 타인과 비교한 건강 상태는 나이를 제외한 다른 변수들에서 집단 간 유의미한 차이를 보였는데, 그 차이는 인구학적 변수들에 따른 주관적 건강 상태의 차이에서 나타난 것과 유사했다.

(3) 춘천

춘천 거주자들은 현재의 주관적 건강 상태를 묻는 질문에서 '매우 건강하다'에 34명(2.3%), '건강하다'에 385명(25.4%), '보통이다'에 258명(17.0%), '건강하지 못하다'에 636명(42.0%), '매우 건강하지 못하다'에 201명(13.3%)이 응답했다. 동년배의 타인과 비교한 건강 상태는 서울과 마찬가지로 '덜 건강하다'에 603명(39.8%)이 응답해 가장 높은 비율을 보였으며, '비슷하다'에 526명(34.7%), '더 건강하다'에 385명(25.4%) 순으로 응답했다.

〈표 33〉 자가 평가 건강 상태에 관한 빈도: 춘천

전체	매우 건강	건강	보통	건강하지 못하다	매우 건강하지 못하다	합 계
주관적 건강 상태	34 (2.3)	385 (25.4)	258 (17.0)	636 (42.0)	201 (13.3)	1,514 (100.0)
	더 건강하다		비슷하다	덜 건강하다		합계
비슷한 나이의 다른 분들과 비교한 건강 상태	385 (25.4)		526 (34.7)	603 (39.8)		1,514 (100.0)

춘천 거주자들의 주관적 건강 상태에 대한 응답을 살펴보면, 성별, 나이, 학력, 주관적 경제 상태에 따라 차이가 있었는데, 여성이 남성보다 그리고 나이가 많을수록 자신의 주관적 건강 상태를 부정적으로 평가하는 것으로 나타났다. 학력이 낮을수록 주관적 건강 상태가 나쁘다고 응답해서 비문해의 경우 현재의 주관적 건강 상태가 나쁘다고 응답한 비율이 가장 높았으며 주관적인 경제 상태는 서울의 응답자와 마찬가지로 경제 상태가 어려울수록 자신의 주관적 건강 상태가 나쁘다고 평가했다. 동년배의 타인과 비교한 건강 상태는 여성이 더 자신을 타인에 비해 건강이 나쁘다고 평가했으며, 이는 학력이 낮을수록, 주관적인 경제 상태가 어려울수록 부정적으로 평가되었다. 그러나 동년배의 타인과 비교한 건강 상태는 연령 집단별로 유의미한 차이를 보이지 않았다.

2) 건강 관련 삶의 질

(1) EuroQol, EQ-5D

① 전체

본 조사에서는 EuroQol 그룹이 개발한 EQ-5D를 사용하여 전반적인 건강 관련 삶의 질을 측정하였다. EQ-5D는 운동 능력(mobility), 자기 관리(self-care), 일상 활동(usual activities), 통증/불편감(pain/discomfort), 불안/우울(anxiety/depression) 등 5개 영역(domain)에 걸쳐 각 한 문항씩 5문항과, 지난 12개월 동안의 전반적인 건강 수준과 오늘의 건강 상태를 비교하는 한 문항 등 6문항으로 구성되어 있으며 모두 Likert 3점 척도로 응답하도록 되어 있다. 6개의 문항에 덧붙여 오늘의 건강 상태(삶의 질)를 단일 점수로 측정하기 위하여 양 끝에 각각 '상상할 수 있는 최고의 건강 상태' 및 '상상할 수 있는 최저의 건강 상태'라는 설명이 붙어 있는 길이 20cm의 눈금자(visual analog scale, VAS)에 '오늘 당신의 건강 상태'(0~100)를 표시하도록 했다.

운동 능력을 묻는 질문에 전체 응답자 중 1,607명(63.8%)이 '걷는 데 전혀 지장이 없다'에, 887명(35.2%)이 '걷는 데 꽤 지장이 있다'에, 26명(1.0%)이 '종일 누워 있어야 한다'에 응답했다. 자기 관리 영역은 '목욕을 하거나 옷을 입는 데 지장이 없다'에 대부분이 응답했으며(2,342명, 92.9%), '혼자 목욕을 하거나 옷을 입는 데 다소 지장이 있다'에 148명(5.9%) 그리고 '혼자 목욕을 하거나 옷을 입을 수가 없다'에는 단지 30명(1.2%)만이 응답함으로써 대부분의 응답자가 자기 관리 영역에 문제가 없음을 보여 주었다.

일상 활동 영역에서는 '일상 활동을 하는 데 지장이 없다'에 1,920명(76.2%)으로 가장 높은 응답 비율을 보였으며, '다소 지장이 있다'에 548명(21.8%), '일상 활동을 할 수가 없다'에 52명(2.1%)이 응답했다. 한편, 통증/불편감 영역에서는 전체 응답자 중 1,326명(52.6%)이 '다소 통증이나 불편감이 있다'에 응답함으로써 가장 높은 비율을 보였으며, 969명(38.5%)이 '통증이나 불편감이 없다'에 그리고 225(8.9%)가 '매우 심한 통증이나 불편감이 있다'에 응답했다. 불안/우울 영역은 '불안하거나 우울하지 않다'에 1,588명(63.0%), '다소 불안하거나 우울하다'에 800명(31.8%), '매우 심하게 불안하거나 우울하다'에 132명(5.2%)이 각각 응답했다. 지난 12개월과 비교한 오늘의 건강 상태는 '더 나쁨'에 1,314명(52.1%), '비슷함'에 1,057명(41.9%), '더 좋음'에 149명(5.9%)이 응답함으로써 전체 응답자의 반수 이상이 오늘의 건강 상태를 지난 12개월보다 나빠진 것으로 평가했다.

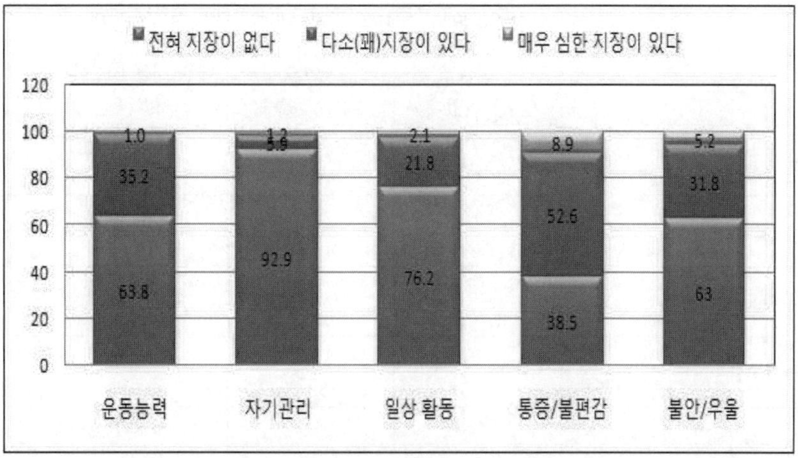

[그림 16] EuroQol 각 영역에서 오늘의 건강 상태에 대한 빈도: 전체

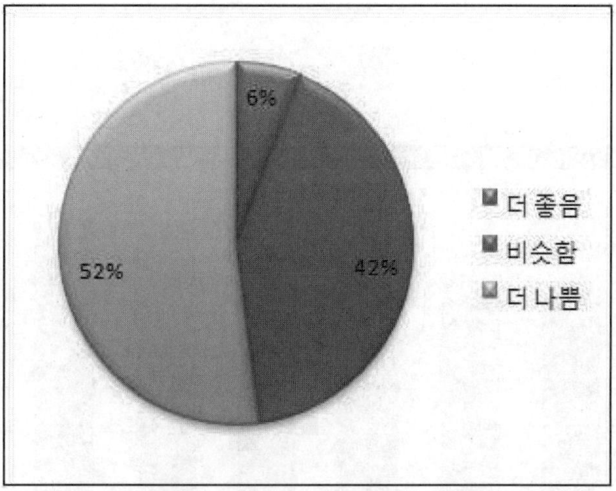

[그림 17] 지난 12개월과 비교한 오늘 건강 상태: 전체

〈표 34〉 EuroQol 각 영역에서 오늘의 건강 상태에 대한 빈도: 전체

전체	전혀 지장이 없다	다소(꽤) 지장이 있다	매우 심한 지장이 있다	합계
운동 능력	1,607 (63.8)	887 (35.2)	26 (1.0)	2,520 (100.0)
자기 관리	2,342 (92.9)	148 (5.9)	30 (1.2)	2,520 (100.0)
일상 활동	1,920 (76.2)	548 (21.8)	52 (2.1)	2,520 (100.0)
통증/불편감	969 (38.5)	1,326 (52.6)	225 (8.9)	2,520 (100.0)
불안/우울	1,588 (63.0)	800 (31.8)	132 (5.2)	2,520 (100.0)
	더 좋음	비슷함	더 나쁨	합계
지난 12개월과 비교한 오늘의 건강 상태	149 (5.9)	1,057 (41.9)	1,314 (52.1)	2,520 (100.0)

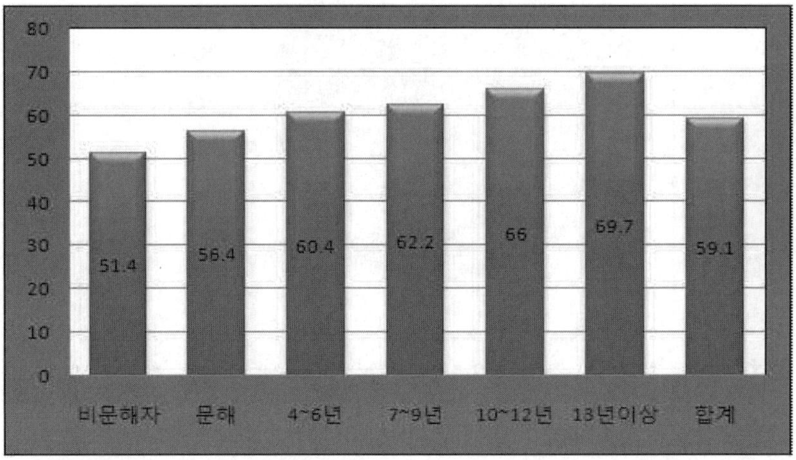

[그림 18] 학력에 따른 응답자의 오늘의 건강 상태(삶의 질)의 평균 비교: 전체

〈표 35〉 인구학적 특성에 따른 오늘의 건강 상태(삶의 질) 평균 비교: 전체

오늘의 건강 상태(삶의 질)

전체		평균(표준편차)
성	남성	64.2(18.9)
	여성	56.1(17.7)
	합계	59.2(18.6)
나이	45~64세	63.7(17.6)
	65~74세	58.3(18.8)
	75세 이상	55.7(18.2)
	합계	59.2(18.6)
지역	서울	59.0(19.1)
	춘천	59.3(18.2)
	합계	59.2(18.6)
학력	비문해	51.4(16.5)
	문해~3년 이하	56.4(19.3)
	4~6년	60.4(18.2)
	7~9년	62.2(17.3)
	10~12년	66.0(18.1)
	13년 이상	69.7(16.2)
	합계	59.1(18.6)

		평균(표준편차)
건강 상태	매우 건강	77.7(16.4)
	건강	73.0(13.6)
	보통	63.9(13.8)
	건강하지 못함	52.9(15.4)
	매우 건강하지 못함	42.5(18.4)
	합계	59.2(18.6)
주관적 경제 상태	매우 어렵다	52.3(18.3)
	조금 어려운 편이다	58.9(17.9)
	보통이다	63.4(17.8)
	여유 있는 편이다	67.6(16.2)
	매우 여유 있다	64.6(26.3)
	합계	59.2(18.6)

인구학적 특성에 따른 오늘의 건강 상태(삶의 질, VAS) 평균을 살펴보면, 성별, 나이, 학력, 건강 상태 그리고 주관적 경제 상태에 따라 평균에 차이가 있었다. 여성의 평균은 56.1로 남성의 64.2보다 낮아 주관적인 건강 상태와 마찬가지로 여성이 남성에 비해 자신의 건강에 대해 낮게 평가했다. 나이가 많을수록, 학력이 낮을수록, 주관적인 건강 상태가 나쁠수록 오늘의 건강 상태를 낮게 평가했다. 그러나 거주 지역에 따른 오늘의 건강 상태 (삶의 질) 평균은 차이가 없었다.

② 서울

서울 거주 응답자들은 운동 능력에 대해서 661명(65.7%)이 '걷는 데 전혀 지장이 없다'에, 337명(33.5%)이 '걷는 데 꽤 지장이 있다'에, 8명(0.8%)이 '종일 누워 있어야 한다'에 응답했다. 자기 관리 영역은 대부분이 '목욕을 하거나 옷을 입는 데 지장이 없다'에 응답 했으며(934명, 92.8%), '혼자 목욕을 하거나 옷을 입는 데 다소 지장이 있다'에 59명(5.9%) 그리고 '혼자 목욕을 하거나 옷을 입을 수가 없다'에는 단지 13명(1.3%)만이 응답함으로써 대부분의 응답자가 자기 관리 영역에 문제가 없음을 보여 주었다. 일상 활동 영역에 대해서는 '일상

활동을 하는 데 지장이 없다'와 '다소 지장이 있다'에 각각 810명(80.5%)과 179명(17.8%)이 응답했으며, '일상 활동을 할 수가 없다'에는 단지 17명(1.7%)이 응답했다. 한편, 통증/불편감 영역에서는 전체 응답자의 응답 비율과 달리 '다소 통증이나 불편감이 있다'에 487명(48.4%)과 '통증이나 불편감이 없다'에 428명(42.5%)이 응답함으로써 두 응답 비율 간의 차가 줄어들었으며, '매우 심한 통증이나 불편감이 있다'에 91명(9.1%)이 응답했다. 불안/우울 영역은 '불안하거나 우울하지 않다'에 638명(63.4%), '다소 불안하거나 우울하다'에 304명(30.2%), '매우 심하게 불안하거나 우울하다'에 64명(6.4%)이 각각 응답했다. 지난 12개월과 비교한 오늘의 건강 상태는 '더 나쁨'에 498명(49.5%), '비슷함'에 423명(42.1%), '더 좋음'에 85명(8.5%)이 응답함으로써 대략 서울 응답자의 반수가 오늘의 건강 상태를 지난 12개월보다 나빠진 것으로 평가했다.

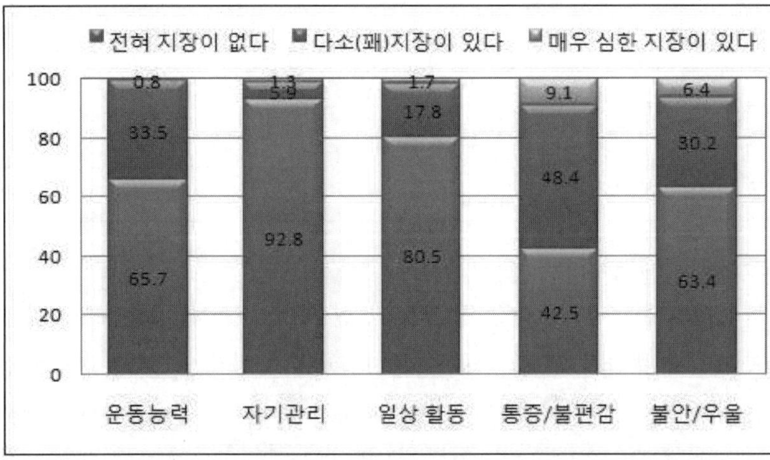

[그림 19] EuroQol, EQ-5D 각 영역에서 오늘의 건강 상태: 서울

서울 거주자의 오늘의 건강 상태(삶의 질) 평균을 인구학적 특성에 따라 살펴보면, 성별, 나이, 학력, 주관적 건강 상태, 및 주관적 경제 상태에 따라 차이가 있었다. 여성(55.8)이 남성(65.7)에 비해 오늘의 건강 상태(삶의 질)를 낮게 평가했으며, 나이가 많을수록, 학력이 낮을수록 그리고 주관적 건강 상태가 나쁠수록 오늘의 건강 상태를 낮게 평가했다. 특히 비문해(51.2)와 학력이 13년 이상인 응답자(69.8) 간의 오늘의 건강 상태 평균점수 차이는 18.6으로 그 격차가 컸으며, 주관적 건강 상태를 '매우 건강하다'(77.0)와 '매우 건강하지 못함'(42.4)에 응답한 사람들의 평균점수도 30점 이상(34.6)이나 되었다. 주관적인 경제 상태는 어려울수록 오늘의 건강 상태(삶의 질)가 낮아졌으나, 예외적으로 '매우 여유 있

다'(58.8)고 응답한 사람들은 '조금 어려운 편이다'(59.3)에 응답한 사람들보다도 평균점수가 더 낮았다.

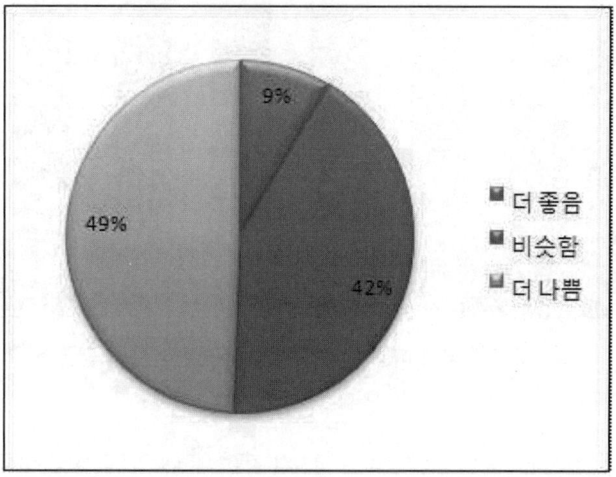

[그림 20] 지난 12개월과 비교한 오늘의 건강 상태: 서울

〈표 36〉 EQ-5D 각 영역에서 오늘의 건강 상태에 대한 빈도: 서울

서울	전혀 지장이 없다	다소(꽤) 지장이 있다	매우 심한 지장이 있다	합계
운동 능력	661 (65.7)	337 (33.5)	8 (0.8)	1,006 (100.0)
자기 관리	934 (92.8)	59 (5.9)	13 (1.3)	1,006 (100.0)
일상 활동	810 (80.5)	179 (17.8)	17 (1.7)	1,006 (100.0)
통증/불편감	428 (42.5)	487 (48.4)	91 (9.1)	1,006 (100.0)
불안/우울	638 (63.4)	304 (30.2)	64 (6.4)	1,006 (100.0)
	더 좋음	비슷함	더 나쁨	합계
지난 12개월과 비교한 오늘의 건강 상태	85 (8.5)	423 (42.1)	498 (49.5)	1,006 (100.0)

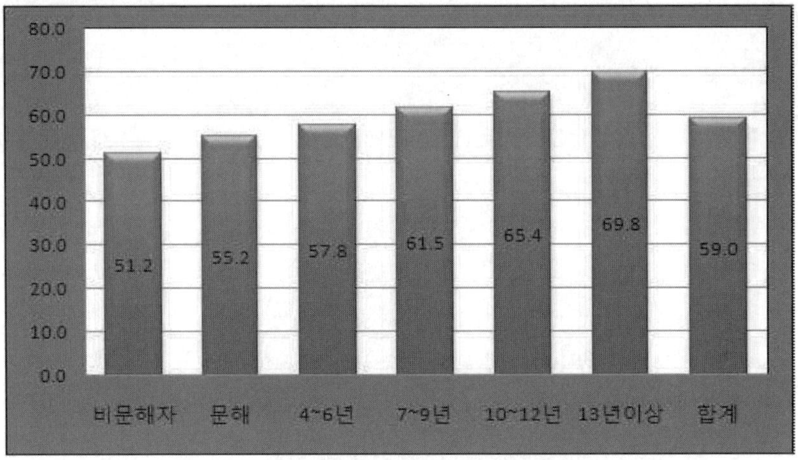

[그림 21] 학력에 따른 오늘의 건강 상태(삶의 질)의 평균 비교: 서울

〈표 37〉 인구학적 특성에 따른 오늘의 건강 상태(삶의 질) 평균 비교: 서울

오늘의 건강 상태(삶의 질)					
서울		평균(표준편차)			평균(표준편차)
성	남성	65.7(18.9)	건강 상태	매우 건강	77.0(17.1)
	여성	55.8(18.4)		건강	73.9(13.4)
	합계	59.0(19.1)		보통	62.6(13.7)
나이	45~64세	62.8(19.7)		건강하지 못함	52.4(16.4)
	65~74세	58.5(18.8)		매우 건강하지 못함	42.4(18.8)
	75세 이상	56.4(18.6)		합계	59.0(19.1)
	합계	59.0(19.1)			
학력	비문해	51.2(17.0)	주관적 경제 상태	매우 어렵다	52.0(17.9)
	문해~3년 이하	55.2(19.8)		조금 어려운 편이다	59.3(18.4)
	4~6년	57.8(19.7)		보통이다	63.8(19.1)
	7~9년	61.5(16.9)		여유 있는 편이다	68.2(15.1)
	10~12년	65.4(17.5)		매우 여유 있다	58.8(25.0)
	13년 이상	69.8(17.9)		합계	59.0(19.1)
	합계	59.0(19.1)			

③ 춘천

춘천 거주 응답자들의 EuroQol 오늘의 건강 상태에 대한 빈도를 살펴보면 운동 능력에 대해서 946명(62.5%)이 '걷는 데 전혀 지장이 없다'에, 550명(36.3%)이 '걷는 데 꽤 지장이 있다'에, 18명(1.2%)이 '종일 누워 있어야 한다'에 응답했다. 자기 관리 영역은 대부분이 '목욕을 하거나 옷을 입는 데 지장이 없다'에 응답했으며(1,408명, 93.0%), '혼자 목욕을 하거나

옷을 입는 데 다소 지장이 있다'에 89명(5.9%) 그리고 '혼자 목욕을 하거나 옷을 입을 수가 없다'에는 17명(1.1%)만이 응답함으로써 서울 거주자들과 마찬가지로 대부분의 응답자가 자기 관리 영역에 문제가 없음을 보여 주었다. 일상 활동 영역에 대해서는 '일상 활동을 하는 데 지장이 없다'와 '다소 지장이 있다'에 각각 1,110명(73.3%)과 369명(24.4%)이 응답했으며, '일상 활동을 할 수가 없다'에는 35명(2.3%)이 응답했다. 한편, 통증/불편감 영역에서는 서울 거주 응답자들의 비율과 다르게 '다소 통증이나 불편감이 있다'에 839명(55.4%), '통증이나 불편감이 없다'에 541명(35.7%), '매우 심한 통증이나 불편감이 있다'에 134명(8.9%)이 응답함으로써 춘천 거주 응답자들의 반 이상이 통증/불편감이 있는 것으로 나타났다. 불안/우울 영역은 '불안하거나 우울하지 않다'에 950명(62.8%), '다소 불안하거나 우울하다'에 496명(32.8%), '매우 심하게 불안하거나 우울하다'에 68명(4.5%)이 각각 응답했다. 지난 12개월과 비교한 오늘의 건강 상태는 '더 나쁨'에 816명(53.9%), '비슷함'에 634명(41.9%), '더 좋음'에 64명(4.2%)이 응답함으로써 춘천 거주 응답자들의 반 이상이 오늘의 건강 상태를 지난 12개월보다 나빠진 것으로 평가했다.

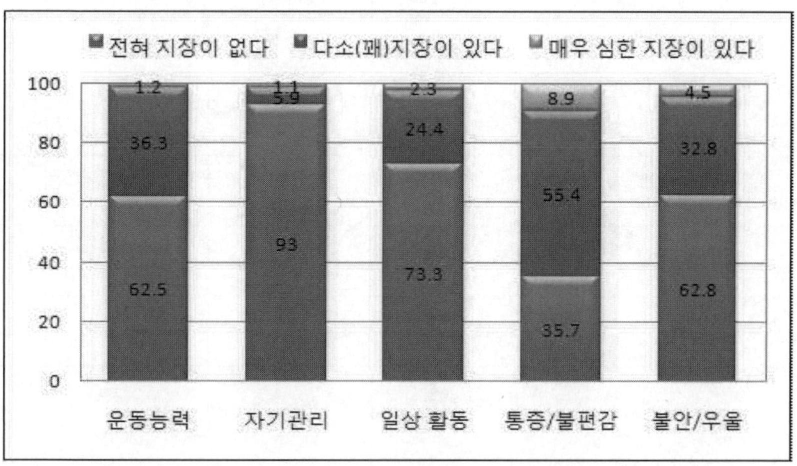

[그림 22] EuroQol, EQ-5D 각 영역에서 오늘의 건강 상태: 춘천

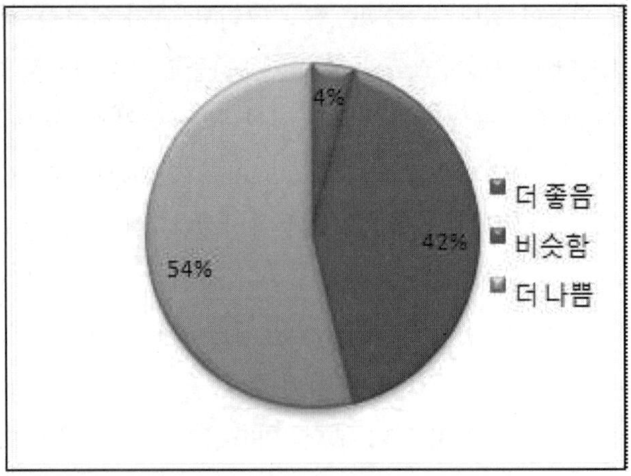

[그림 23] 지난 12개월과 비교한 오늘 건강 상태: 춘천

〈표 38〉 EuroQol 각 영역에서 오늘의 건강 상태에 대한 빈도: 춘천

전체	전혀 지장이 없다	다소(꽤) 지장이 있다	매우 심한 지장이 있다	합계
운동 능력	946 (62.5)	550 (36.3)	18 (1.2)	1,514 (100.0)
자기 관리	1,408 (93.0)	89 (5.9)	17 (1.1)	1,514 (100.0)
일상 활동	1,110 (73.3)	369 (24.4)	35 (2.3)	1,514 (100.0)
통증/불편감	541 (35.7)	839 (55.4)	134 (8.9)	1,514 (100.0)
불안/우울	950 (62.8)	496 (32.8)	68 (4.5)	1,514 (100.0)
	더 좋음	비슷함	더 나쁨	합계
지난 12개월과 비교한 오늘의 건강 상태	64 (4.2)	634 (41.9)	816 (53.9)	1,514 (100.0)

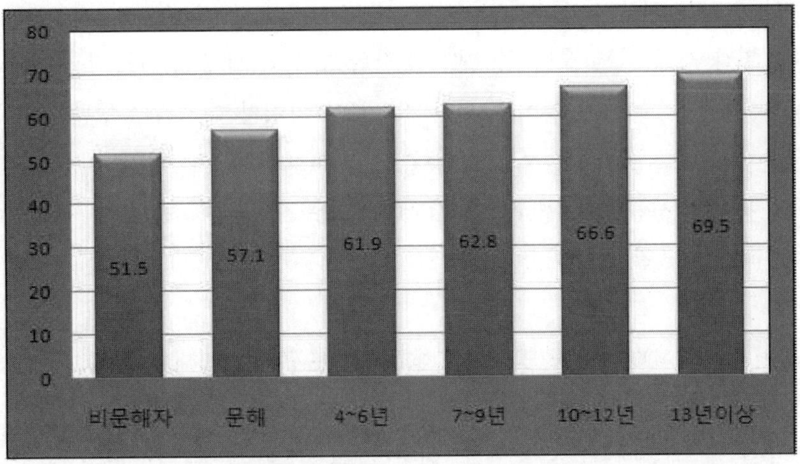

[그림 24] 학력에 따른 오늘의 건강 상태(삶의 질)의 평균 비교: 춘천

〈표 39〉 인구학적 특성에 따른 오늘의 건강 상태(삶의 질) 평균 비교: 춘천

오늘의 건강 상태(삶의 질)					
춘천		평균(표준편차)			평균(표준편차)
성	남성	63.4(18.8)	건강 상태	매우 건강	78.9(15.3)
	여성	56.3(17.1)		건강	72.4(13.7)
	합계	59.3(18.2)		보통	64.9(13.9)
나이	45~64세	64.2(16.4)		건강하지 못함	53.2(14.7)
	65~74세	58.1(18.7)		매우 건강하지 못함	42.6(18.2)
	75세 이상	55.1(18.0)		합계	59.3(18.2)
	합계	59.3(18.2)			
학력	비문해	51.5(16.3)	주관적 경제 상태	매우 어렵다	52.6(18.6)
	문해~3년 이하	57.1(19.0)		조금 어려운 편이다	58.7(17.6)
	4~6년	61.9(17.1)		보통이다	63.1(17.0)
	7~9년	62.8(17.7)		여유 있는 편이다	67.2(16.9)
	10~12년	66.6(18.6)		매우 여유 있다	89.3(16.8)
	13년 이상	69.5(14.2)		합계	59.3(18.2)
	합계	59.2(18.2)			

인구학적 특성에 따른 오늘의 건강 상태(삶의 질) 평균을 비교하면 성별, 나이, 학력, 주관적 건강 상태, 주관적 경제 상태에 따라 평균에 차이가 있었다. 춘천 거주 응답자들 역시 여성(56.3)이 남성(63.4)에 비해 오늘의 건강 상태를 낮게 평가했으며, 나이가 많을수록, 학력이 낮을수록, 주관적 건강 상태가 나쁠수록 그리고 주관적 경제 상태가 어려울수록 오늘의 건강 상태(삶의 질) 평균이 낮았다. 그러나 비문해(51.5)와 학력이 13년 이상인 응답자

(69.5) 간의 오늘의 건강 상태 평균점수 차이는 18.0점으로 그 격차가 서울보다 약간 적었다. 주관적 건강 상태 따른 응답 중 매우 건강함(78.9)과 매우 건강하지 못함(42.6)에 응답한 사람들의 평균점수는 36.3점이나 되어 서울보다 차이가 더 났다. 주관적인 경제 상태에 따른 평균은 어렵다고 응답할수록 오늘의 건강 상태(삶의 질)가 낮았는데, 이 역시 '매우 여유 있다'에 응답한 사람들의 평균점수(89.3)와 '매우 어렵다'에 응답한 사람들의 평균점수(52.6)의 차이가 36.7점이나 되었다.

(2) K-ADL 및 K-IADL(한국판 일상생활 활동 및 도구적 일상생활 활동)

① 전체

현재까지 신체 기능에 대한 측정은 외국의 일상생활 활동(Activities of Daily Living-ADLs)과 도구적 일상생활 활동(Instrumental Activities of Daily Living-IADLs)을 연구자가 임의로 번역하거나 실정에 맞게 편역하여 사용해 왔다. 그러나 같은 설문지라 하더라도 해당 사회의 문화적 특성을 감안해야 하며, 사전 조사 후 신뢰도 및 타당도 검토를 마쳐야 한다. 이러한 이유로 본 연구는 국내에서 우리나라 노인 가운데 기능 장애가 있는 사람들의 자료를 수집하고 수차례 사전 조사와 전문가 회의, 국어학자의 자문 등을 통해 검증된 한국판 일상생활 활동(K-ADL)과 도구적 일상생활 활동(K-IADL)을 이용하여 응답자들의 수행 능력을 측정했다.

한국판 일상생활 활동(K-ADL)은 옷 입기, 세수하기, 목욕하기, 식사하기, 바닥에서 의자로 이동, 화장실 이용, 대소변 조절 등 7가지 항목으로 구성되어 있고, 응답 유형은 '혼자 한다', '일부 도움이 필요하다', '전적으로 타인에 의존한다'로 세 가지이다. 전체 응답자의 최근 1주일간의 일상생활 활동 각 항목에 대한 빈도를 살펴보면 7가지 항목 모두 '혼자 한다'에 응답자 비율이 94% 이상으로 높게 나타났다. '전적으로 타인에게 의존한다'에 응답한 사람

〈표 40〉 최근 1주일간의 일상생활 활동(K-ADL)에 대한 빈도: 전체

전체	혼자 한다	일부 도움이 필요하다	전적으로 타인에 의존한다	합계
옷 입기	2,478(98.3)	32(1.3)	10(0.4)	2,520(100.0)
세수하기	2,489(98.8)	23(0.9)	8(0.3)	2,520(100.0)
목욕하기	2,375(94.3)	107(4.3)	38(1.5)	2,520(100.0)
식사하기	2,504(99.4)	11(0.4)	5(0.2)	2,520(100.0)
바닥에서 의자로 이동	2,455(97.4)	50(2.0)	15(0.6)	2,520(100.0)
화장실 이용	2,496(99.1)	19(0.8)	5(0.2)	2,520(100.0)
대소변 조절	2,474(98.2)	41(1.6)	5(0.2)	2,520(100.0)

들의 비율이 2%보다 낮은 것으로 미루어 볼 때 전체 응답자 중 대부분이 일상생활 활동을 독립적으로 수행하고 있음을 알 수 있다.

〈표 41〉 최근 1주일간의 도구적 일상생활 활동(K-IADL)에 대한 빈도: 전체

전체	혼자 한다	일부 도움이 필요하다	전적으로 타인에 의존한다	하지 않는다		합계
				할 수 있으나 안 한다	해 본 적이 없다	
몸단장	2,470(98.0)	39(1.6)	11(0.4)	X	X	2,520(100.0)
집안 일	1,955(77.6)	193(7.7)	72(2.9)	220(8.7)	80(3.2)	2,520(100.0)
식사 준비	1,713(68.0)	296(11.8)	68(2.7)	308(12.2)	135(5.4)	2,520(100.0)
빨래하기	1,709(67.8)	170(6.8)	78(3.1)	345(13.7)	218(8.7)	2,520(100.0)
근거리 외출	2,348(93.2)	129(5.1)	43(1.7)	X	X	2,520(100.0)
교통수단 이용	2,180(86.5)	257(10.2)	73(2.9)	10(0.6)		2,520(100.0)
물건 사기(쇼핑)	2,181(86.6)	210(8.3)	81(3.2)	48(1.9)		2,520(100.0)
금전 관리	2,011(79.8)	375(14.9)	70(2.8)	44(1.8)	20(0.8)	2,520(100.0)
전화 사용	2,281(90.5)	152(6.0)	78(3.1)	9(0.4)		2,520(100.0)
약 챙겨 먹기	2,485(98.6)	23(0.9)	12(0.5)	X	X	2,520(100.0)

한국판 도구적 일상생활 활동(K-IADL)은 몸단장, 집안 일, 식사 준비, 빨래하기, 근거리 외출, 교통수단 이용, 물건 사기(쇼핑), 금전 관리, 전화 사용, 약 챙겨 먹기 등 10가지 항목으로 구성되어 있다. 약 챙겨 먹기(2,485명, 98.6%), 몸단장(2,470명, 98.0%), 근거리 외출(2,348명, 93.2%), 전화 사용(2,281명, 90.5%)은 '혼자 한다'에 응답한 비율이 모두 90% 이상이며, '혼자 한다'의 응답률이 가장 낮은 항목부터 살펴보면 빨래하기(1,709명, 67.8%), 식사 준비(1,713명, 68.0%), 집안일(1,955명, 77.6%), 금전 관리(2,011명, 79.8%), 교통수단 이용(2,180명, 86.5%), 물건 사기(쇼핑)(2,181명, 86.6%) 순이다. 빨래하기, 식사 준비, 집안일과 같은 도구적 일상생활 활동은 신체적으로 건강하지 않으면 수행하기 어려울 뿐만 아니라 남성의 경우 가정 내에서 한국 사회의 전통적 역할 분담 때문에 할 수 있음에도 하지 않는 경우가 많아 '혼자 한다'에 응답 비율이 낮은 것으로 해석된다.

② 서울

서울 거주 응답자의 최근 1주일간의 일상생활 활동(K-ADL) 각 항목에 대한 빈도를 살펴보면 7가지 항목 중 목욕하기(93.6%)를 제외하고 '혼자 한다'에 응답 비율이 95% 이상으로 높게 나타났다. '전적으로 타인에게 의존한다'에 응답한 사람들의 비율은 역시 목욕하기에 18명(1.8%)이 응답한 것을 제외하고 모두 1% 미만으로 대부분의 서울 거주 응답자들이 일상생활 활동을 독립적으로 수행하고 있음을 알 수 있다.

〈표 42〉 최근 1주일간의 일상생활 활동(K-ADL)에 대한 빈도: 서울

서울	혼자 한다	일부 도움이 필요하다	전적으로 타인에 의존한다	합계
옷 입기	989(98.3)	13(1.3)	4(0.4)	1,006(100.0)
세수하기	995(98.9)	6(0.6)	5(0.5)	1,006(100.0)
목욕하기	942(93.6)	46(4.6)	18(1.8)	1,006(100.0)
식사하기	999(99.3)	4(0.4)	3(0.3)	1,006(100.0)
바닥에서 의자로 이동	969(96.3)	30(3.0)	7(0.7)	1,006(100.0)
화장실 이용	996(99.0)	7(0.7)	3(0.3)	1,006(100.0)
대소변 조절	984(97.8)	20(2.0)	2(0.2)	1,006(100.0)

〈표 43〉 최근 1주일간의 도구적 일상생활 활동(K-IADL)에 대한 빈도: 서울

서울	혼자 한다	일부 도움이 필요하다	전적으로 타인에 의존한다	하지 않는다		합계
				할 수 있으나 안 한다	해 본 적이 없다	
몸단장	983(97.7)	19(1.9)	4(0.4)	X	X	1,006(100.0)
집안 일	788(78.3)	73(7.3)	22(2.2)	87(8.7)	36(3.6)	1,006(100.0)
식사 준비	694(69.0)	104(10.3)	27(2.7)	124(12.3)	57(5.7)	1,006(100.0)
빨래하기	693(68.9)	66(6.6)	28(2.8)	135(13.4)	84(8.4)	1,006(100.0)
근거리 외출	924(91.9)	65(6.5)	17(1.7)	X	X	1,006(100.0)
교통수단 이용	850(84.5)	121(12.0)	30(3.0)	5(0.5)		1,006(100.0)
물건 사기(쇼핑)	864(85.9)	93(9.2)	31(3.1)	18(1.8)		1,006(100.0)
금전 관리	823(81.8)	118(11.7)	24(2.4)	31(3.1)	10(1.0)	1,006(100.0)
전화사용	942(93.6)	51(5.1)	12(1.2)	1(0.1)		1,006(100.0)
약 챙겨 먹기	995(98.9)	9(0.9)	2(0.2)	X	X	1,006(100.0)

서울 거주 응답자들의 한국판 도구적 일상생활 활동(K-IADL) 10가지 항목 중 약 챙겨 먹기(995명, 98.9%), 몸단장(983명, 97.7%), 전화 사용(942명, 93.6%), 근거리 외출(924명, 91.9%) 항목에 90% 이상이 '혼자 한다'로 응답했다. '혼자 한다'의 응답률이 가장 낮은 항목부터 살펴보면 빨래하기(693명, 68.9%), 식사 준비(694명, 69.0%), 집안일(788명, 78.3%), 금전 관리(823명, 81.8%), 교통수단 이용(850명, 84.5%), 물건 사기 쇼핑(864명, 85.9%) 순이다. 식사 준비의 경우 '일부 도움이 필요하다'에 104명(10.3%), '전적으로 타인에게 의존한다'에 27명(2.7%)이 응답했으며, '할 수 있으나 안 한다'에 124명(12.3%)이나 응답했고, '해 본 적이 없다'에도 57명(5.7%)이 응답했다. 빨래하기의 경우도 '할 수 있으나 안 한다'에 135명(13.4%), '해 본 적이 없다'에 84명(8.4%)이 응답해 '일부 도움이 필요하다'(66명, 6.6%)와 '전적으로 타인에게 의존한다'(28명, 2.8%)보다 현저히 높은 응답 비율을 보였다.

③ 춘천

춘천 거주 응답자의 최근 1주일간의 일상생활 활동(K-ADL) 각 항목에 대한 빈도를 살펴보면 7가지 항목 중 서울과 마찬가지로 목욕하기(94.7%)를 제외하고 '혼자 한다'에 응답 비율이 98% 이상으로 높게 나타났다. 이렇게 목욕하기가 '혼자 한다'의 응답 비율이 다른 항목들에 비해서 낮은 이유는 일상생활 활동 항목들이 장애의 중증도가 다르며 일상생활 기능 소실은 목욕, 옷 입기, 세수하기, 화장실 이용, 바닥에서 의자로 이동, 대소변 가리기, 식사하기 순으로 진행하는 것이 일반적이기 때문이다. '전적으로 타인에게 의존한다'에 응답한 사람들의 비율 역시 목욕하기에 20명(1.3%)이 응답한 것을 제외하고 모두 0.5% 이하로 대부분의 춘천 거주 응답자들이 일상생활 활동을 독립적으로 수행하고 있음을 보여 주었다.

한국판 도구적 일상생활 활동(K-IADL) 10가지 항목 중 춘천 거주 응답자들은 약 챙겨 먹기(1,490명, 98.4%), 몸단장(1,487명, 98.2%), 근거리 외출(1,424명, 94.1%) 항목만이 '혼자

〈표 44〉 응답자의 최근 1주일간의 일상생활 활동(K-ADL) 지표에 대한 빈도: 춘천

춘천	혼자 한다	일부 도움이 필요하다	전적으로 타인에 의존한다	합계
옷 입기	1,489(98.4)	19(1.3)	6(0.4)	1,514(100.0)
세수하기	1,494(98.7)	17(1.1)	3(0.2)	1,514(100.0)
목욕하기	1,433(94.7)	61(4.0)	20(1.3)	1,514(100.0)
식사하기	1,505(99.4)	7(0.5)	2(0.1)	1,514(100.0)
바닥에서 의자로 이동	1,486(98.2)	20(1.3)	8(0.5)	1,514(100.0)
화장실 이용	1,500(99.1)	12(0.8)	2(0.1)	1,514(100.0)
대소변 조절	1,490(98.4)	21(1.4)	3(0.2)	1,514(100.0)

〈표 45〉 최근 1주일간의 도구적 일상생활 활동(K-IADL)에 대한 빈도: 춘천

서울	혼자 한다	일부 도움이 필요하다	전적으로 타인에 의존한다	하지 않는다		합계
				할 수 있으나 안 한다	해 본 적이 없다	
몸단장	1,487(98.2)	20(1.3)	7(0.5)	X	X	1,514(100.0)
집안 일	1,167(77.1)	120(7.9)	50(3.3)	133(8.8)	44(2.9)	1,514(100.0)
식사 준비	1,019(67.3)	192(12.7)	41(2.7)	184(12.2)	78(5.2)	1,514(100.0)
빨래하기	1,016(67.1)	104(6.9)	50(3.3)	210(13.9)	134(8.9)	1,514(100.0)
근거리 외출	1,424(94.1)	64(4.2)	26(1.7)	X	X	1,514(100.0)
교통수단 이용	1,330(87.9)	136(9.0)	43(2.8)	5(0.3)		1,514(100.0)
물건 사기(쇼핑)	1,317(87.0)	117(7.7)	50(3.3)	30(2.0)		1,514(100.0)
금전 관리	1,188(78.5)	257(17.0)	46(3.0)	13(0.9)	10(0.7)	1,514(100.0)
전화 사용	1,339(88.4)	101(6.7)	66(4.4)	8(0.5)		1,514(100.0)
약 챙겨 먹기	1,490(98.4)	14(0.9)	10(0.7)	X	X	1,514(100.0)

한다'에 90% 이상 응답했다. 서울과 달리 전화 사용 항목에 '혼자 한다'라고 응답한 사람들의 비율은 88.4%로 90%를 넘지 못했다. '혼자 한다'의 응답률이 가장 낮은 항목부터 살펴보면 빨래하기(1,016명, 67.1%), 식사 준비(1,019명, 67.3%), 집안 일(1,167명, 77.1%), 금전 관리(1,188명, 78.5%), 교통수단 이용(1,330명, 87.9%) 순이다. 식사 준비의 경우 '일부 도움이 필요하다'에 192명(12.7%), '전적으로 타인에게 의존한다'에 41명(2.7%)이 응답했으며, '할 수 있으나 안 한다'에 184명(12.2%)나 응답했고, '해 본 적이 없다'에도 78명(5.2%)이 응답했다. 빨래하기의 경우는 '할 수 있으나 안 한다'에 210명(13.9%), '해 본 적이 없다'에 134명(8.9%)이 응답해 '일부 도움이 필요하다'(104명, 6.9%)와 '전적으로 타인에게 의존한다'(50명, 3.3%)보다 매우 높은 응답 비율을 보였다.

3) 만성 질환 유병 상태

(1) 전체

대다수의 포괄적 노인 건강 설문에서는 만성 퇴행성 질환의 이환 상태를 조사한다. 본 조사에서는 국내외 노인 건강 설문에서 조사하는 다빈도 만성 퇴행성 질환에 관한 의사 진단 여부를 질문했는데 이는 주관적으로 평가한 질병 이환 여부에 비해 상대적으로 정확하다는 이점이 있다.

의사로부터 진단받은 만성 퇴행성 질환 중 비율이 가장 높은 질환은 고혈압(857명, 34.7%)으로 전체 응답자의 10명 중 3명이 고혈압 환자로 정의될 수 있다. 그 다음으로 높은 질환은 관절염(643명, 31.6%), 요통 · 신경통(532명, 24.2%), 백내장 · 녹내장(378명, 15.5%)으로 한국인에게 유병률이 높은 것으로 알려진 위궤양 · 십이지장궤양(356명, 15.0%)보다 유병률이 더 높았으며, 그 다음이 골절(358명, 14.4%), 심장병(315명, 12.9%), 당뇨병(320명, 12.8%), 골다공증(296명, 12.5%)의 순이다. 파킨슨병, 암, 간경변 · 간염, 우울증, 뇌졸중 등은 앞서 언급한 다른 질환들에 비해서 상대적으로 발생빈도가 낮은 것으로 나타났다.

전체 응답자 중 의사로부터 '진단을 받고 치료 중이다'에 응답한 비율은 고혈압이 31.0%(764명)로 나타났으며, 이는 고혈압이 완치가 어려우며, 치료를 받지 않으면 뇌졸중 등 더 심각한 질환을 야기할 수 있기 때문인 것으로 이해된다. 그 다음으로 높은 비율을 보여 주는 '치료 중' 질환은 관절염(454명, 21.6%)이었으며, 이 경우 '질환이 있지만 치료받지 않았다'에 응답자가 154명(7.3%)에나 달했다. 이와 유사한 응답 유형을 보여 주는 질환으로 요통 · 신경통은 304명(13.8%)이 '치료 중'이라고 응답했으며, 이 질환 역시 '질환이 있지만 치료받지 않았다'에 응답한 사람이 194명(8.8%)에 달했다. 이러한 현상은 관절염이나 요통 · 신경통 등은 오랜 시간에 걸쳐 질환이 발병할 뿐만 아니라, 진단 이후 꾸준한 치료가 요구되며 장기간에 걸친 치료에도 불구하고 완치되기 쉽지 않은 질환이라는 특성을 반영하는 것으로 보인다.

〈표 46〉 만성 질환 유병 상태에 대한 빈도: 전체

<table>
<tr><th rowspan="2">전체</th><th colspan="3">있다</th><th rowspan="2">없다</th><th rowspan="2">합계</th></tr>
<tr><th>완치</th><th>치료 중</th><th>치료받지 않음</th></tr>
<tr><td rowspan="2">관절염</td><td colspan="3">643(30.6)</td><td rowspan="2">1,457(69.4)</td><td rowspan="2">2,100(100.0)</td></tr>
<tr><td>35(1.7)</td><td>454(21.6)</td><td>154(7.3)</td></tr>
<tr><td rowspan="2">고혈압</td><td colspan="3">857(34.7)</td><td rowspan="2">1,609(65.3)</td><td rowspan="2">2,466(100.0)</td></tr>
<tr><td>7(0.3)</td><td>764(31.0)</td><td>86(3.5)</td></tr>
<tr><td rowspan="2">뇌졸중</td><td colspan="3">150(6.0)</td><td rowspan="2">2,332(94.0)</td><td rowspan="2">2,482(100.0)</td></tr>
<tr><td>33(1.3)</td><td>110(4.4)</td><td>7(0.3)</td></tr>
<tr><td rowspan="2">당뇨병</td><td colspan="3">320(12.8)</td><td rowspan="2">2,170(87.2)</td><td rowspan="2">2,490(100.0)</td></tr>
<tr><td>19(0.8)</td><td>265(10.6)</td><td>36(1.5)</td></tr>
<tr><td rowspan="2">심장병</td><td colspan="3">315(12.9)</td><td rowspan="2">2,118(87.1)</td><td rowspan="2">2,433(100.0)</td></tr>
<tr><td>25(1.0)</td><td>230(9.5)</td><td>60(2.5)</td></tr>
<tr><td rowspan="2">간경변 · 간염</td><td colspan="3">98(3.9)</td><td rowspan="2">2,387(96.1)</td><td rowspan="2">2,485(100.0)</td></tr>
<tr><td>28(1.1)</td><td>38(1.5)</td><td>32(1.3)</td></tr>
<tr><td rowspan="2">위궤양 · 십이지장궤양</td><td colspan="3">356(15.0)</td><td rowspan="2">2,023(85.0)</td><td rowspan="2">2,379(100.0)</td></tr>
<tr><td>97(4.1)</td><td>221(9.3)</td><td>38(1.6)</td></tr>
<tr><td rowspan="2">천식 · 만성기관지염</td><td colspan="3">196(8.0)</td><td rowspan="2">2,251(92.0)</td><td rowspan="2">2,447(100.0)</td></tr>
<tr><td>41(1.7)</td><td>110(4.5)</td><td>45(1.8)</td></tr>
<tr><td rowspan="2">골절</td><td colspan="3">358(14.4)</td><td rowspan="2">2,130(85.6)</td><td rowspan="2">2,488(100.0)</td></tr>
<tr><td>322(12.9)</td><td>29(1.2)</td><td>7(0.3)</td></tr>
<tr><td rowspan="2">백내장 · 녹내장</td><td colspan="3">378(15.5)</td><td rowspan="2">2,066(84.5)</td><td rowspan="2">2,444(100.0)</td></tr>
<tr><td>186(7.6)</td><td>86(3.5)</td><td>106(4.3)</td></tr>
<tr><td rowspan="2">암</td><td colspan="3">99(3.9)</td><td rowspan="2">2,413(96.1)</td><td rowspan="2">2,512(100.0)</td></tr>
<tr><td>56(2.2)</td><td>40(1.6)</td><td>3(0.1)</td></tr>
<tr><td rowspan="2">우울증</td><td colspan="3">138(5.5)</td><td rowspan="2">2,347(94.5)</td><td rowspan="2">2,485(100.0)</td></tr>
<tr><td>20(0.8)</td><td>50(2.0)</td><td>68(2.7)</td></tr>
<tr><td rowspan="2">파킨슨병</td><td colspan="3">17(0.7)</td><td rowspan="2">2,498(99.3)</td><td rowspan="2">2,515(100.0)</td></tr>
<tr><td>10(0.4)</td><td>2(0.1)</td><td>5(0.2)</td></tr>
<tr><td rowspan="2">요통 · 신경통</td><td colspan="3">532(24.2)</td><td rowspan="2">1,669(75.8)</td><td rowspan="2">2,201(100.0)</td></tr>
<tr><td>34(1.5)</td><td>304(13.8)</td><td>194(8.8)</td></tr>
<tr><td rowspan="2">골다공증</td><td colspan="3">296(12.5)</td><td rowspan="2">2,067(87.5)</td><td rowspan="2">2,363(100.0)</td></tr>
<tr><td>13(0.6)</td><td>168(7.1)</td><td>115(4.9)</td></tr>
<tr><td rowspan="2">전립선 비대증(남자)</td><td colspan="3">64(6.8)</td><td rowspan="2">870(93.2)</td><td rowspan="2">934(100.0)</td></tr>
<tr><td>14(1.5)</td><td>34(3.6)</td><td>16(1.7)</td></tr>
<tr><td rowspan="2">기타</td><td colspan="3">515(21.9)</td><td rowspan="2">1,838(78.1)</td><td rowspan="2">2,353(100.0)</td></tr>
<tr><td>123(5.2)</td><td>305(13.0)</td><td>87(3.7)</td></tr>
</table>

그러나 발생 빈도가 높은 질환 중에서 골절의 경우 '질환이 있지만 완치되었다'에 응답한 사람이 322명(12.9%), 반대로 '질환이 있지만 치료받지 않았다'는 7명(0.3%)으로 골절 후 치

료를 받고 완치된 비율이 다른 질병보다 높았다. 백내장 · 녹내장은 '질환이 있지만 완치되었다'에(186명, 7.6%), '있어서 치료중이다'에 86명(3.5%) 그리고 '있지만 치료받지 않았다'에 106명(4.3%)이 응답함으로써 완치율도 높은 편이지만 진단 후 치료도 제대로 되지 않고 있는 것으로 나타났다.

(2) 서울

의사로부터 진단받은 만성 퇴행성 질환 중 비율이 가장 높은 질환은 고혈압(382명, 39.1%)으로 서울 거주 응답자의 10명 중 4명 정도가 고혈압 환자에 해당한다. 그 다음으로 유병률이 높은 질환은 관절염(319명, 36.5%)과 요통 · 신경통(326명, 36.5%)이었다. 백내장 · 녹내장(193명, 19.9%)이 그 뒤를 따랐으며, 위궤양 · 십이지장궤양(181명, 19.0%), 골다공증(154명, 16.8%), 심장병(156명, 16.4%), 당뇨병(155명, 15.6%), 골절(140명, 14.1%)의 순이다. 서울 거주 응답자들 중 파킨슨병, 암, 간경변 · 간염, 뇌졸중 등은 앞서 언급한 다른 질환들에 비해서 상대적으로 발생 빈도가 낮은 것으로 나타났다.

서울 거주 응답자 중 의사로부터 '진단을 받고 치료 중이다'에 응답한 비율은 역시 고혈압이 33.7%(330명)로 높았으며, 그 다음으로 높은 비율을 보여 주는 '치료 중' 질환은 관절염(220명, 25.2%)이었고, 요통 · 신경통에 167명(18.7%)이 '치료 중'이라고 응답했다. 한편 골절의 경우 '있지만 완치되었다'에 응답한 사람이 120명(12.1%), 반대로 '질환이 있지만 치료받지 않았다'는 5명(0.5%)이 응답함으로써 골절 후 치료를 받고 완치된 비율이 높은 것으로 나타났다. 이와 비슷한 질환 중에 백내장, 녹내장은 '질환이 있지만 완치되었다'(77명, 8.0%)에 응답함으로써, 완치율이 다른 질환들에 비해 높았다.

남성들의 전립성 비대증 유병률은 11.3%로 전체 응답자의 발생 비율(6.8%)에 비해 4.5% 높았다. 서울 거주 응답자들은 요통, 신경통(137명, 15.3%), 관절염(84명, 9.6%), 골다공증(65명, 7.1%), 우울증(59명, 6.0%), 백내장, 녹내장(63명, 6.5%), 고혈압(48명, 4.9%)이 다른 질병에 비해 높은 비율로 '있지만 치료받지 않았다'에 응답함으로써 질병을 의사에게 진단받은 후 제대로 치료하지 않은 비율이 높아 향후 건강 상태에 영향을 미칠 것으로 생각된다.

〈표 47〉 응답자의 만성 질환 유병 상태에 대한 빈도: 서울

전체	있다			없다	합계
	완치	치료 중	치료받지 않음		
관절염	319(36.5)			554(63.5)	873(100.0)
	15(1.7)	220(25.2)	84(9.6)		
고혈압	382(39.1)			596(60.9)	978(100.0)
	4(0.4)	330(33.7)	48(4.9)		
뇌졸중	68(6.9)			921(93.1)	989(100.0)
	19(1.9)	44(4.5)	5(0.5)		
당뇨병	155(15.6)			836(84.4)	991(100.0)
	14(1.4)	123(12.4)	18(1.8)		
심장병	156(16.4)			795(83.6)	951(100.0)
	18(1.9)	106(11.2)	32(3.4)		
간경변 · 간염	54(5.5)			931(94.5)	985(100.0)
	17(1.7)	16(1.6)	21(2.1)		
위궤양 · 십이지장궤양	181(19.0)			771(81.0)	952(100.0)
	45(4.7)	102(10.7)	34(3.6)		
천식 · 만성기관지염	114(11.7)			860(88.3)	974(100.0)
	23(2.4)	54(5.5)	37(3.8)		
골절	140(14.1)			856(85.9)	996(100.0)
	120(12.1)	15(1.5)	5(0.5)		
백내장 · 녹내장	193(19.9)			775(80.1)	968(100.0)
	77(8.0)	53(5.5)	63(6.5)		
암	43(4.3)			960(95.7)	1,003(100.0)
	30(3.0)	12(1.2)	1(0.1)		
우울증	101(10.2)			885(89.8)	986(100.0)
	15(1.5)	27(2.7)	59(6.0)		
파킨슨병	12(1.2)			992(98.8)	1,004(100.0)
	8(0.8)	1(0.1)	3(0.3)		
요통 · 신경통	326(36.5)			568(63.5)	894(100.0)
	22(2.5)	167(18.7)	137(15.3)		
골다공증	154(16.8)			765(83.2)	919(100.0)
	9(1.0)	80(8.7)	65(7.1)		
전립선 비대증(남자)	36(11.3)			282(88.7)	318(100.0)
	4(1.3)	18(5.7)	14(4.4)		
기타	219(23.1)			729(76.9)	948(100.0)
	48(5.1)	121(12.8)	50(5.3)		

(3) 춘천

춘천 거주 응답자의 의사로부터 진단받은 만성 퇴행성 질환 중 유병률이 가장 높은 질환은 고혈압(475명, 31.9%)으로 서울 거주 응답자의 유병률에 비해서 낮았다. 그 다음으로 유병률이 높은 질환은 서울과 마찬가지로 관절염(324명, 26.4%), 요통 · 신경통(206명, 15.8%)

순이었으나, 이 질환들의 유병률 또한 서울에 비해 현저히 낮았다. 그 뒤를 골절(218명, 14.6%), 백내장·녹내장(185명, 12.5%), 위궤양·십이지장궤양(175명, 12.3%), 당뇨병(165명, 11.0%), 심장병(159명, 10.7%), 골다공증(142명, 9.8%)이 따른다. 이 질환들은 모두 서울보다 현저히 낮은 유병률을 보여 주고 있으며, 특이한 점은 춘천의 골절 발생 빈도 순위는 서울 매우보다 높았다. 파킨슨병, 간경변·간염, 암, 우울증, 뇌졸중 등은 서울과 마찬가

〈표 48〉 응답자의 만성 질환 유병 상태에 대한 빈도: 춘천

춘천	있다			없다	합계
	완치	치료 중	치료받지 않음		
관절염	324(26.4)			903(73.6)	1,227(100.0)
	20(1.6)	234(19.1)	70(5.7)		
고혈압	475(31.9)			1,013(68.1)	1,488(100.0)
	3(0.2)	434(29.2)	38(2.6)		
뇌졸중	82(5.5)			1,411(94.5)	1,493(100.0)
	14(0.9)	66(4.4)	2(0.1)		
당뇨병	165(11.0)			1,334(89.0)	1,499(100.0)
	5(0.3)	142(9.5)	18(1.2)		
심장병	159(10.7)			1,323(89.3)	1,482(100.0)
	7(0.5)	124(8.4)	28(1.9)		
간경변·간염	44(2.9)			1,456(97.1)	1,500(100.0)
	11(0.7)	22(1.5)	11(0.7)		
위궤양·십이지장궤양	175(12.3)			1,252(87.7)	1,427(100.0)
	52(3.6)	119(8.3)	4(0.3)		
천식·만성기관지염	82(5.6)			1,391(94.4)	1,473(100.0)
	18(1.2)	56(3.8)	8(0.5)		
골절	218(14.6)			1,274(85.4)	1,492(100.0)
	202(13.5)	14(0.9)	2(0.1)		
백내장·녹내장	185(12.5)			1,291(87.5)	1,476(100.0)
	109(7.4)	33(2.2)	43(2.9)		
암	56(3.7)			1,453(96.3)	1,509(100.0)
	26(1.7)	28(1.9)	2(0.1)		
우울증	37(2.5)			1,462(97.5)	1,499(100.0)
	5(0.3)	23(1.5)	9(0.6)		
파킨슨병	5(0.3)			1,506(99.7)	1,511(100.0)
	2(0.1)	1(0.1)	2(0.1)		
요통·신경통	206(15.8)			1,101(84.2)	1,307(100.0)
	12(0.9)	137(10.5)	57(4.4)		
골다공증	142(9.8)			1,302(90.2)	1,444(100.0)
	4(0.3)	88(6.1)	50(3.5)		
전립선 비대증(남자)	28(4.5)			588(95.5)	616(100.0)
	10(1.6)	16(2.6)	2(0.3)		
기타	296(21.1)			1,109(78.9)	1,405(100.0)
	75(5.3)	184(13.1)	37(2.6)		

지로 앞서 언급한 다른 질환들에 비해서 상대적으로 발생빈도가 낮은 것으로 나타났다.

춘천 거주 응답자 중 의사로부터 '진단을 받고 치료중이다'에 응답한 비율은 역시 고혈압이 29.2%(434명)로 높았으며, 그 다음으로 높은 비율을 보여 주는 '치료 중' 질환은 관절염(234명, 19.1%)이었고, 요통 · 신경통에 137명(10.5%)이 '치료 중'이라고 응답했다. 한편 골절의 경우 질환이 '있지만 완치되었다'에 응답한 사람이 202명(13.5%), 반대로 '질환이 있지만 치료받지 않았다'는 2명(0.1%)이 응답한 것처럼 골절 후 치료를 받고 완치된 비율이 높았다. 다음으로 완치율이 높은 질환은 백내장 · 녹내장으로 '질환이 있지만 완치되었다'에 109명(7.4%)이 응답했다.

춘천 거주 응답자 중 남성들의 전립성 비대증 유병률은 4.5%로 서울 응답자의 발생 비율(11.3%)에 비해 반 이하로 낮았다. 관절염(70명, 5.7%), 요통 · 신경통(57명, 4.4%), 골다공증(50명, 3.5%), 고혈압(38명, 2.6%), 백내장 · 녹내장(43명, 2.5%), 우울증(9명, 0.6%) 등의 질병이 '있지만 치료받지 않았다'에 응답한 비율이 서울에 비해서는 낮았지만 치료가 제대로 이루어지지 않고 있음을 보여 줌으로써 역시 앞으로의 건강 상태에 영향을 미칠 것으로 예측 된다.

4) 신체 치수

(1) 키

① 전체

전체 응답자의 키 평균을 인구학적 특성에 따라 살펴보면, 성별, 나이, 학력, 주관적 건강상태, 및 주관적 경제 상태에 따라 차이가 있었다. 남성(166.0cm)이 여성(153.2cm)에 비해 키가 컸으며, 나이가 젊을수록 키가 커서 45~64세의 평균 키는 159.8cm로 75세 이상의 평균 키 155.3cm보다 4.5cm가 컸다. 학력이 낮을수록 그리고 주관적 건강 상태가 나쁠수록 평균 키가 작았다. 특히 비문해(152.1cm)와 학력이 13년 이상(165.6cm)인 응답자 간의 평균 키의 차이는 13.5cm로 그 격차가 컸다. 학력 간 격차가 큰 이유는 낮은 학력일수록 높은 연령의 응답자들로 구성되어 있고, 높은 연령의 응답자들이 키가 작기 때문인 것으로 보인다. 그러나 주관적 건강 상태를 '매우 건강하다'(161.8cm)와 '매우 건강하지 못함'(156.6cm)에 응답한 사람들의 평균 키는 차이는 5.2cm 로 학력 간 평균 키 차이보다는 작았다. 주관적인 경제 상태를 '매우 어렵다'(156.2cm)에 응답한 사람들의 평균 키가 가장 작았으며 평균 키가 가장 컸던 '매우 여유 있다'(160.6cm)에 응답한 사람들의 평균 키에 비해 4.4cm 작았다. 그러나 지역에 따른 평균 키의 차이는 없었다.

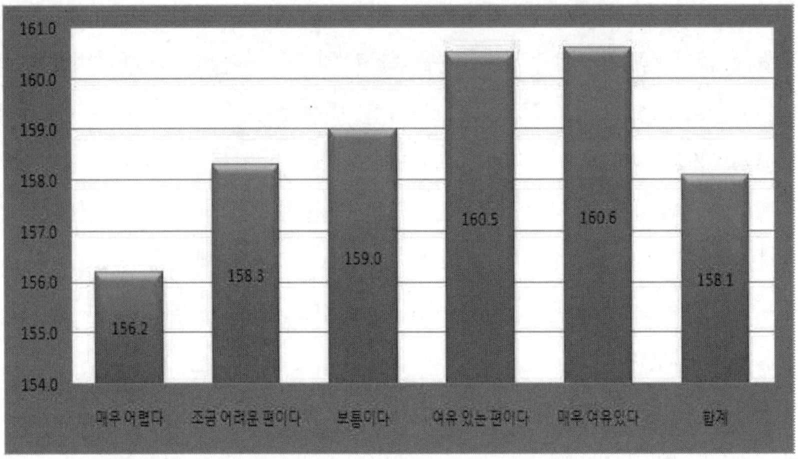

[그림 25] 주관적 경제 상태에 따른 키 평균 비교: 전체

〈표 49〉 인구학적 특성에 따른 키 평균 비교: 전체

단위: cm

전체		평균(표준편차)
성	남성	166.0(6.2)
	여성	153.2(6.3)
	합계	158.1(8.8)
나이	45~64세	159.8(8.1)
	65~74세	158.3(8.5)
	75세 이상	155.3(9.7)
	합계	158.1(8.8)
지역	서울	158.2(8.0)
	춘천	158.0(9.3)
	합계	158.1(8.8)
학력	비문해	152.1(7.5)
	문해~3년 이하	155.8(8.7)
	4~6년	158.8(7.8)
	7~9년	160.9(7.6)
	10~12년	163.0(7.6)
	13년 이상	165.6(6.9)
	합계	158.1(8.8)

		평균(표준편차)
건강 상태	매우 건강	161.8(8.3)
	건강	160.9(8.3)
	보통	158.9(8.6)
	건강하지 못함	156.2(8.3)
	매우 건강하지 못함	156.6(10.2)
	합계	158.1(8.8)
주관적 경제 상태	매우 어렵다	156.2(8.9)
	조금 어려운 편이다	158.3(8.7)
	보통이다	159.0(8.6)
	여유 있는 편이다	160.5(8.8)
	매우 여유 있다	160.6(11.4)
	합계	158.1(8.8)

② 서울

서울 거주 응답자의 키 평균을 인구학적 특성에 따라 통계적으로 유의미한 차이가 있는지 살펴보았다. 성별, 나이, 학력, 주관적 건강 상태, 및 주관적 경제 상태에 따라 평균 키에 차이가 있었는데 예상대로 남성(166.2cm)이 여성(154.3cm)에 비해 키가 컸다. 나이가 젊을수

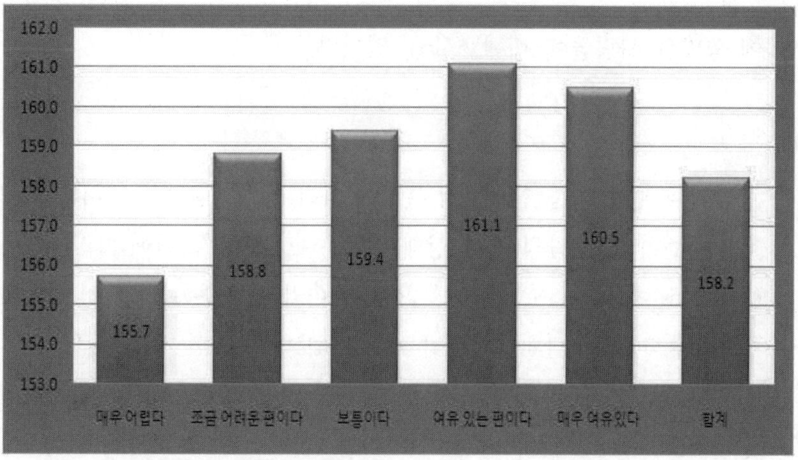

[그림 26] 주관적 경제 상태에 따른 키 평균 비교: 서울

〈표 50〉 인구학적 특성에 따른 키 평균 비교: 서울

단위: cm

서울		평균(표준편차)
성	남성	166.2(5.6)
	여성	154.3(5.8)
	합계	158.2(8.0)
나이	45~64세	159.4(7.9)
	65~74세	158.6(7.7)
	75세 이상	156.2(8.5)
	합계	158.2(8.0)
학력	비문해	153.2(6.7)
	문해~3년 이하	154.9(7.5)
	4~6년	157.9(7.3)
	7~9년	159.3(7.0)
	10~12년	162.2(7.6)
	13년 이상	165.1(6.3)
	합계	158.2(8.0)
건강 상태	매우 건강	161.5(9.4)
	건강	161.1(7.3)
	보통	158.9(7.6)
	건강하지 못함	156.4(7.5)
	매우 건강하지 못함	156.5(9.0)
	합계	158.2(8.0)
주관적 경제 상태	매우 어렵다	155.7(8.1)
	조금 어려운 편이다	158.8(7.3)
	보통이다	159.4(7.8)
	여유 있는 편이다	161.1(9.1)
	매우 여유 있다	160.5(12.3)
	합계	158.2(8.0)

록 키가 커서 45~64세의 평균 키는 159.4cm로 75세 이상의 평균 키 156.2cm보다 3.2cm가 컸다. 학력이 낮을수록 그리고 주관적 건강 상태가 나쁠수록 평균 키가 낮았다. 특히 비문해(153.2cm)와 학력이 13년 이상(165.1cm)인 응답자 간의 평균 키 차이는 11.9cm로 그 격차가 컸다. 그러나 주관적 건강 상태를 '매우 건강하다'(161.5cm)와 '건강하지 못함 '(156.4cm)에 응답한 사람들의 평균 키 차이는 5.1cm로 학력 간 평균 키 차이보다는 작았다. 주관적인 경제 상태를 부정적으로 평가할수록 평균 키가 작았는데 '매우 어렵다'(155.7cm)고

응답한 사람들의 평균 키가 가장 작았으며, 이는 평균 키가 가장 컸던 '여유 있는 편이다'(161.1cm)에 응답한 사람들에 비해 5.4cm 작았다.

③ 춘천

춘천 거주 응답자의 평균 키를 인구학적 특성에 따라 통계적으로 유의미한 차이가 있는지 살펴보면 성별, 나이, 학력, 주관적 건강 상태, 및 주관적 경제 상태에 따라 평균 키 차이가 있었다. 남성(165.9cm)이 여성(152.3cm)에 비해, 나이가 젊을수록 키가 컸으며, 45~64세의 평균 키는 160.1cm로 75세 이상의 평균 키 154.7cm보다 5.4cm 가 컸다. 학력이 낮을수록 그리고 주관적 경제 상태가 어려울수록 평균 키는 작았다. 특히 비문해(151.6cm)와 학력이 13년 이상인 응답자(166.1cm) 간의 평균 키 차이는 14.5cm로 그 격차가 컸다. 그러나 주관적 건강 상태를 '매우 건강하다'(162.3cm)와 '건강하지 못함'(156.2cm)에 응답한 사람들의 평균 키 차이는 6.1cm로 학력 간 평균 키 차이보다는 작았다. 주관적인 경제 상태를 '매우 어렵다'에 응답한 사람들의 평균 키는 156.5cm, '조금 어려운 편이다'는 157.9cm, '보통이다'는 158.8cm, '여유 있는 편이다'는 160.0cm, '매우 여유 있다'에 응답한 사람들의 평균 키는 161.0cm로 점점 커졌으며 '매우 어렵다'와 평균 키가 가장 컸던 '매우 여유 있다'에 응답한 사람들의 평균 키 차이는 4.5cm이었다.

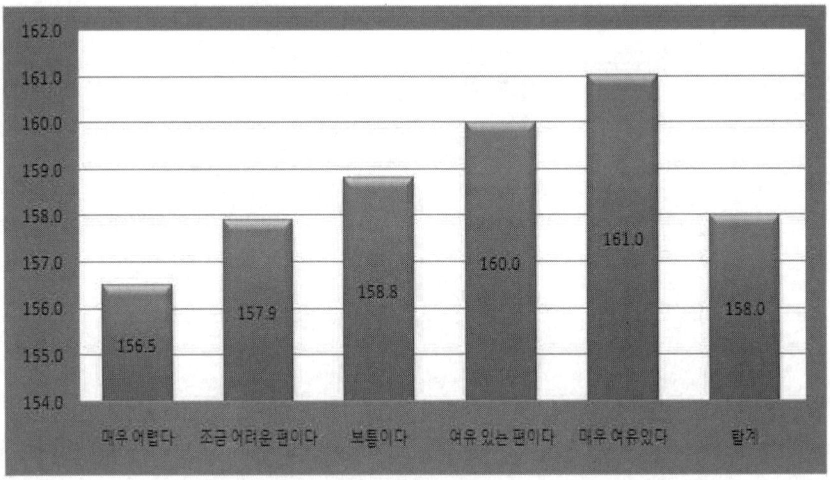

[그림 27] 주관적 경제 상태에 따른 키 평균 비교: 춘천

〈표 51〉 응답자의 인구학적 특성에 따른 키 평균 비교: 춘천

단위: m

춘천		평균(표준편차)
성	남성	165.9(6.5)
	여성	152.3(6.5)
	합계	158.0(9.3)
나이	45~64세	160.1(8.2)
	65~74세	158.1(9.0)
	75세 이상	154.7(10.6)
	합계	158.0(9.3)
학력	비문해	151.6(7.8)
	문해~3년 이하	156.4(9.4)
	4~6년	159.4(8.1)
	7~9년	162.4(7.8)
	10~12년	163.8(7.5)
	13년 이상	166.1(7.6)
	합계	158.0(9.3)

		평균(표준편차)
건강 상태	매우 건강	162.3(6.5)
	건강	160.7(8.8)
	보통	158.8(9.3)
	건강하지 못함	156.2(8.8)
	매우 건강하지 못함	156.7(11.0)
	합계	158.0(9.3)
주관적 경제 상태	매우 어렵다	156.5(9.5)
	조금 어려운 편이다	157.9(9.4)
	보통이다	
	여유 있는 편이다	158.8(9.1)
	매우 여유 있다	160.0(8.6)
	합계	161.0(8.2)
		158.0(9.3)

(2) 몸무게

① 전체

전체 응답자의 평균 체중을 인구학적 특성에 따라 살펴보면, 성별, 나이, 학력, 주관적 건강 상태 및 주관적 경제 상태에 따라 차이가 있었다. 그러나 거주 지역에 따른 몸무게 차이는 없는 것으로 나타났다. 남성(63.0kg)이 여성(55.1kg)에 비해 몸무게가 더 많이 나갔으며, 나이가 젊을수록 몸무게가 많이 나가서 45~64세의 평균 몸무게는 60.3kg으로 75세 이상의 평균 몸무게 54.9kg보다 5.4kg이 더 무거웠다. 이것은 나이가 들수록 근육이 손실되고, 골밀도가 낮아져 몸무게가 줄어드는 것을 반영한다고 볼 수 있다. 학력이 낮을수록 그리고 주관적 건강 상태가 나쁠수록 평균 몸무게는 가벼웠다. 특히 비문해(53.6kg) 집단과 학력이 13년 이상(63.6kg)인 응답자들 간의 평균 몸무게의 차이는 10.0kg으로 그 격차가 컸다. 그러나 주관적 건강 상태를 '매우 건강하다'(61.6kg)와 '매우 건강하지 못함'(56.3kg)에 응답한 사람들의 평균 몸무게 평균 차이는 5.3kg으로 가장 높은 학력과 가장 낮은 학력 간 평균 몸무게 차이보다는 작았다. 주관적인 경제 상태를 '매우 어렵다'에 응답한 사람들의 평균 몸무게는 56.3kg으로 가장 가벼웠으며, '조금 어려운 편이다'는 58.0kg, '보통이다'는 59.1kg, '여유 있는 편이다'는 60.6kg으로 점점 무거워지다가, '매우 여유 있다'에 응답한 사람들의 평균 몸무게는 가장 무거워 61.6kg에 달했으며, '매우 어렵다'에 응답한 사람들의 평균 몸무게에 비해 5.3kg이 더 무거웠다.

〈표 52〉 인구학적 특성에 따른 몸무게 평균 비교: 전체

단위: Kg

전체		평균(표준편차)
성	남성	63.0(9.1)
	여성	55.1(9.0)
	합계	58.1(9.8)
나이	45~64세	60.3(9.4)
	65~74세	58.3(9.5)
	75세 이상	54.9(10.3)
	합계	58.1(9.8)
지역	서울	57.9(9.4)
	춘천	58.2(10.1)
	합계	58.1(9.8)
학력	비문해	53.6(9.5)
	문해~3년 이하	57.1(10.3)
	4~6년	58.3(8.9)
	7~9년	60.3(8.9)
	10~12년	61.7(9.0)
	13년 이상	63.6(9.6)
	합계	58.1(9.8)

		평균(표준편차)
건강 상태	매우 건강	61.6(9.4)
	건강	60.2(9.2)
	보통	58.6(9.4)
	건강하지 못함	56.8(9.9)
	매우 건강하지 못함	56.3(10.4)
	합계	58.1(9.8)
주관적 경제 상태	매우 어렵다	56.3(9.8)
	조금 어려운 편이다	58.0(9.7)
	보통이다	59.1(9.8)
	여유 있는 편이다	60.6(9.4)
	매우 여유 있다	61.6(11.4)
	합계	58.1(9.8)

② 서울

서울 거주 응답자의 평균 몸무게를 인구학적 특성에 따라 살펴보았다. 성별, 나이, 학력, 주관적 건강 상태, 및 주관적 경제 상태에 따라 평균 몸무게는 차이가 있었다. 남성(62.6kg)이 여성(55.6kg)에 비해 몸무게가 더 많이 나갔으며, 연령이 높은 집단이 몸무게가 덜 나가서 75세 이상 집단의 평균 몸무게는 55.8kg으로 45~64세 집단의 평균 몸무게 59.5kg보다 3.7kg 이 더 가벼웠다. 학력이 낮을수록 그리고 주관적 건강 상태가 나쁠수록 평균 몸무게는 가벼웠다. 특히 비문해 집단의 평균 몸무게는 53.1kg, 문해~3년 이하는 57.1kg, 4~6년은 58.2kg, 7~9년은 58.9kg, 10~12년은 60.0kg, 학력이 가장 높은 집단인 13년 이상인 응답자들의 평균 몸무게는 63.2kg으로 가장 낮은 학력과 가장 높은 학력 간의 평균 몸무게 차이는 10.1kg으로 그 격차가 컸다. 이 역시 비문해의 평균 몸무게가 가장 낮은 이유는 학력이 낮아질수록 나이가 많은 사람들로 구성되어 있기 때문인 것으로 보인다. 그러나 주관적 건강 상태를 '매우 건강하다'(61.2kg)와 '건강하지 못함'(56.8kg)에 응답한 사람들의 평균 몸무게 차이는 4.4kg으로 학력 간 평균 몸무게보다는 작았다. 주관적인 경제 상태를 '매우 어렵다'고 응답한 사람들의 평균 몸무게는 55.7kg으로 가장 가벼웠으며, 주관적 경제 상태가 나아짐에 따라 몸무게도 늘어나는데 '조금 어려운 편이다'에 응답한 사람들의 평균 몸무게는 57.9kg, '보통이다'는 59.4kg, '여유 있는 편이다'는 60.2kg, '매우 여유 있다'는 61.8kg로 가장

무거웠으며, '매우 어렵다'와 '매우 여유 있다'의 평균 몸무게 차이는 6.1kg이었다.

〈표 53〉 인구학적 특성에 따른 몸무게 평균 비교: 서울

단위: Kg

서울		평균(표준편차)
성	남성	62.6(8.4)
	여성	55.6(9.1)
	합계	57.9(9.4)
나이	45~64세	59.5(9.0)
	65~74세	58.2(9.0)
	75세 이상	55.8(10.3)
	합계	57.9(9.4)
학력	비문해	53.1(8.7)
	문해~3년 이하	57.1(10.2)
	4~6년	58.2(9.1)
	7~9년	58.9(8.8)
	10~12년	60.0(8.4)
	13년 이상	63.2(8.9)
	합계	57.9(9.4)

		평균(표준편차)
건강 상태	매우 건강	61.2(9.5)
	건강	59.8(8.6)
	보통	57.7(9.1)
	건강하지 못함	56.8(9.3)
	매우 건강하지 못함	57.0(10.6)
	합계	57.9(9.4)
주관적 경제 상태	매우 어렵다	55.7(10.0)
	조금 어려운 편이다	57.9(8.8)
	보통이다	59.4(9.0)
	여유 있는 편이다	60.2(9.3)
	매우 여유 있다	61.8(12.6)
	합계	57.9(9.4)

③ 춘천

춘천 거주 응답자의 평균 몸무게를 인구학적 특성에 따라 살펴보았을 때, 성별, 나이, 학력, 주관적 건강 상태, 및 주관적 경제 상태에 따라 평균 몸무게에 차이가 있었다. 남성(63.2kg)이 여성(54.6kg)에 비해 몸무게가 더 많이 나갔으며, 연령이 높은 집단 일수록 몸무게가 덜 나가서 75세 이상 집단의 평균 몸무게는 54.2kg으로 45~64세 집단의 평균 몸무게 60.7kg 보다 6.5kg이나 더 가벼웠다. 학력이 낮을수록 그리고 주관적 건강 상태가 나쁠수록 평균 몸무게는 가벼웠다. 특히 비문해 집단의 평균 몸무게는 53.8kg, 문해~3년 이하는 57.2kg, 학력이 4~6년인 집단의 평균 몸무게는 58.4kg, 7~9년은 61.6kg, 10~12년은 63.3kg, 학력이 가장 높은 집단인 13년 이상인 응답자들의 평균 몸무게는 64.0kg으로 가장 낮은 학력과 높은 학력 간의 평균 몸무게 차이는 10.2kg으로 학력 수준에 따른 평균 몸무게의 격차가 컸다. 이 역시 학력이 낮아질수록 나이가 많은 사람들로 구성되어 있음을 반영하는 것으로 보인다. 그러나 주관적 건강 상태를 '매우 건강하다'(61.9kg)와 '매우 건강하지 못함'(55.8kg)에 응답한 사람들의 평균 몸무게 차이는 6.1kg으로 학력 간 평균 몸무게보다는 작았다. 주관적인 경제 상태를 '매우 어렵다'고 응답한 사람들의 평균 몸무게는 56.8kg로 가장 가벼웠으며, 서울 거주 응답자들과 마찬가지로 주관적 경제 상태가 나아짐에 따라 평균 몸무게도 늘어나는 경향이 있는데 '조금 어려운 편이다'에 응답한 사람들의 평균 몸무게는

58.1kg, '보통이다'는 58.9kg, '여유 있는 편이다'는 60.8kg로 가장 무거웠다. 그러나 '매우 여유 있다'에 응답한 사람들의 평균 몸무게는 60.7kg으로 '여유 있는 편이다'의 평균 몸무게보다 약간 가벼워졌다. '매우 어려운 편이다'와 '여유 있는 편이다'의 평균 몸무게 차이는 3.9kg이었다.

〈표 54〉 인구학적 특성에 따른 몸무게 평균 비교: 춘천

단위: Kg

춘천		평균(표준편차)
성	남성	63.2(9.4)
	여성	54.6(9.0)
	합계	58.2(10.1)
나이	45~64세	60.7(9.5)
	65~74세	58.4(9.9)
	75세 이상	54.2(10.2)
	합계	58.2(10.1)
학력	비문해	53.8(9.9)
	문해~3년 이하	57.2(10.3)
	4~6년	58.4(8.9)
	7~9년	61.6(8.8)
	10~12년	63.3(9.3)
	13년 이상	64.0(10.5)
	합계	58.2(10.1)

		평균(표준편차)
건강 상태	매우 건강	61.9(9.2)
	건강	60.5(9.6)
	보통	59.3(9.6)
	건강하지 못함	56.8(10.3)
	매우 건강하지 못함	55.8(10.2)
	합계	58.2(10.1)
주관적 경제 상태	매우 어렵다	56.8(9.6)
	조금 어려운 편이다	58.1(10.2)
	보통이다	58.9(10.3)
	여유 있는 편이다	60.8(9.5)
	매우 여유 있다	60.7(4.2)
	합계	58.2(10.1)

5) 생활 습관

(1) 전체

본 연구에서는 생활 습관이 현재뿐만 아니라 미래의 건강을 결정하는 중요한 요인임을 인식하고 생활 습관에 관련된 네 가지 영역, 즉 식이, 운동, 흡연, 음주에 관련된 질문을 했다.

먼저 식이에 관련된 질문으로 '하루 식사를 규칙적으로 하십니까?'라는 질문에 '아니오'라고 대답한 응답자는 601명(23.9%)으로 전체 응답자의 네 명 중 한 명꼴로 상당수 응답자가 규칙적인 식사를 하지 않는 것으로 보고했다. '하루에 보통 몇 끼를 드십니까?'라는 질문에는 '3끼'라고 대답한 응답자가 2,102명(83.4%)으로 대부분이 세끼를 먹는다고 대답했으나, '2끼'와 '1끼'에 대답한 응답자도 각각 384명(15.2%)과 12명(0.5%)에 달해 전체 응답자의 15.7%가 2끼 이하의 식사를 하고 있는 것으로 나타났다. 이는 현재뿐만 아니라 향후 건강에 심각한 영향을 미칠 것으로 예상된다. 반면에 건강을 위해 평소에 운동을 하는 사람은 전체 응답자의 33.5%(845명)에 지나지 않아 세 명 중 한 명만이 규칙적인 운동을 하는 것으로 나

타났으며, '한 달에 1~3번'에 22명(2.6%), '주 1~2회'에 97명(11.5%)이 각각 응답했다. 실질적으로 운동의 효과가 있는 것으로 보고되고 있는 주 3회 이상은 '주 3~4회'와 '거의 매일'에 응답한 사람들을 모두 포함해서 728명(85.9%)이었다. 흡연 경험에 관한 질문으로 '선생님께서는 지금까지 담배를 통틀어 10갑 이상 피웠습니까?'에 '예'라고 응답한 사람은 996명(39.5%)이었으며, 현제 흡연을 하고 있는 사람은 484명에 달해 전체 응답자(2,519명) 중 19.2%에 달했다. 음주 경험에 관련한 질문으로 '지금까지 술을 드실 때 한 번에 맥주 한두 잔 정도보다 많이 드신 적이 있습니까?'에 '예'라고 대답한 응답자는 1,284명(51.0%)으로 반 이상이었다. 현재 음주 여부에는 953명(74.2%)아 응답해서 전체 응답자(2,520명)의 37.8%가 현재도 술을 마시고 있는 것으로 나타났다.

〈표 55〉 생활 습관에 관한 빈도: 전체

	아니오	예	합계	1끼	2끼	3끼	4끼+	합계
규칙적인 식사	601 (23.9)	1,919 (76.2)	2,520 (100.0)	12 (0.5)	384 (15.2)	2,102 (83.4)	22 (0.9)	2,520 (100.0)
	아니오	예	합계	한 달에 1~3번	주 1~2회	주 3~4회	거의 매일	합계
운동 여부	1,675 (66.5)	845 (33.5)	2,520 (100.0)	22 (2.6)	97 (11.5)	179 (21.1)	549 (64.8)	847 (100.0)
		아니오	예	합계		아니오	예	합계
지금까지 담배를 10갑 이상 피웠습니까?		1,523 (60.5)	996 (39.5)	2,519 (100.0)	현재 흡연 여부	516 (51.6)	484 (48.4)	1,000 (100.0)
		아니오	예	합계		아니오	예	합계
지금까지 한 번에 맥주 한두 잔보다 많이 드신 적이 있습니까?		1,236 (49.1)	1,284 (51.0)	2,520 (100.0)	현재 음주 여부	332 (25.8)	953 (74.2)	1,285 (100.0)

전체 응답자의 규칙적인 식사 여부를 인구학적 특성에 따라 살펴보았을 때 흥미로운 결과가 발견되었다. 남성 중에서 규칙적인 식사를 하는 비율이 여성 중에서 규칙적인 식사를 하는 비율에 비해 높았으며, 학력에 따른 차이도 발견되었는데 13년 이상의 학력을 가진 응답자들이 규칙적인 식사를 하는 비율이 가장 높았다. 주관적인 건강 상태는 건강할수록 규칙적인 식사를 하는 비율이 높았다. 주관적인 경제 상태는 여유가 있을수록 규칙적인 식사를 하는 것으로 나타났다. 그러나 나이와 지역에 따른 규칙적인 식사 여부의 차이는 발견되지 않았다. 1끼 혹은 2끼를 먹는 사람들은 여성이 남성에 비해 많았으며, 3끼 혹은 4끼 이상을 먹

는 사람은 남성이 여성에 비해 많았다. 연령 집단에 따라 하루에 먹는 끼니 수가 유의미하게 차이가 있었으며, 지역에 따라서도 차이가 있었다. 춘천 거주 응답자들 중 하루 3끼를 먹는 사람들의 비율이 서울 거주 응답자들보다 높았다. 주관적 건강 상태와 경제 상태에 따라 하루 먹는 끼니 수에 차이를 보였다. 그러나 학력에 따른 차이는 나타나지 않았다. 운동 여부는 남성과 여성이 차이를 보였는데 남성이 여성에 비해 운동하는 비율이 높았다. 연령 집단별로는 65~74세 집단이 가장 높은 비율을 보였으며, 75세 이상 집단이 가장 낮은 비율을 보였다. 학력에 따른 운동 여부 결과는 매우 흥미로운데 학력이 가장 낮은 집단인 비문해가 가장 낮은 비율의 운동 여부를 보였으며, 학력이 올라감에 따라 '평소 운동한다'에 대답한 비율도 같이 올라가 학력이 가장 높은 집단인 13년 이상이 운동하는 비율이 가장 높았다. 지역적으로는 서울 거주자들이 춘천 거주자들보다 평소 운동하는 비율이 더 높았으며, 주관적 건강 상태에 따라 운동하는 비율에 차이가 있었는데 자신의 건강을 긍정적으로 평가할수록 규칙적으로 운동하는 비율이 높아졌다. 따라서 자신의 건강을 '매우 건강하지 못함'으로 평가한 집단이 가장 운동하는 비율이 낮았다. 주관적인 경제 상태에 따라서도 평소 운동하는 비율이 달랐는데, 주관적인 경제 상태를 높게 평가할수록 운동을 하는 비율이 높았으며, '매우 어렵다'고 평가한 집단이 '평소 운동한다'에 응답한 비율이 가장 낮았다. 운동의 빈도도 성별, 나이, 지역, 학력, 주관적 건강 상태, 주관적 경제 상태에 따라 다르게 나타났다.

흡연 경험 여부는 남성이 여성보다 많았으며 연령이 올라감에 따라 흡연 경험이 많아졌다. 춘천에 거주하는 사람이 서울 거주자보다 흡연 경험이 많았으며, 학력이 높아질수록 흡연 경험이 많아졌다. 이는 학력이 낮은 층에 여성 노인들이 집중되어 있기 때문인 것으로 풀이된다. 주관적 건강 상태와 주관적 경제 상태에 따라 흡연 경험에 차이가 있는 것으로 나타났다. 흡연 경험이 있는 응답자들을 대상으로 현재 흡연 여부를 질문했을 때 여성이 남성보다 높았으며, 연령이 많아질수록 현재 흡연하는 비율이 낮아졌으며, 학력이 높을수록 현재 흡연율이 낮아졌다. 그러나 흥미로운 결과는 거주 지역과 주관적인 건강 상태 따른 현재 흡연율에 차이 없었다는 점이다.

음주 경험은 남성이 여성보다 나이가 젊을수록 학력이 높을수록 많았으며, 춘천 거주자가 서울 거주자에 비해 음주 경험이 많았다. 주관적인 건강 상태에 따른 음주 경험이 낮았으며, 주관적인 경제 상태에 따른 음주 경험 여부의 차이는 발견되지 않았다. 현재 음주 여부는 남성이 여성보다 그리고 나이가 젊을수록 학력이 높을수록 춘천이 서울에 비해 그 비율이 높았다. 주관적인 건강 상태에 따른 현재 음주 여부에는 차이가 있었으나 주관적인 경제 상태에 따른 현재 음주 여부는 차이가 없었다.

(2) 서울

서울 거주 응답자들을 대상으로 '하루 식사를 규칙적으로 하십니까?'라고 질문했을 때 '아니오'라고 대답한 응답자는 241명(24.0%)으로 전체 응답자의 네 명 중 한 명꼴로 상당수 응답자가 규칙적인 식사를 하지 않는 것으로 보고했다. '하루에 보통 몇 끼를 드십니까?'라는 질문에는 '3끼'라고 대답한 응답자가 766명(76.6%)으로 대부분이 세끼를 먹는다고 대답했으나, '2끼'와 '1끼'에 대답한 응답자도 각각 3명(0.3%)과 230명(22.9%)에 달해 서울 거주 응답자의 23.2%가 2끼 이하의 식사를 하고 있는 것으로 나타났다. 이는 같은 질문에 대한 전체 응답자들 중의 비율보다 현저히 높은 수치이며, 서울 거주자들의 현재뿐만 아니라 향후 건강에 심각한 영향을 미칠 것으로 예상된다. 반면에 건강을 위해 평소에 운동을 하는 사람은 전체 응답자의 39.9%(401명) 으로 열 명 중 네 명이 규칙적인 운동을 하는 것으로 나타났으며, 실질적으로 운동의 효과가 있는 것으로 보고되고 있는 주 3회 이상은 '주 3~4회'와 '거의 매일'에 응답한 사람들을 모두 포함해서 341명(85.5%)이었다. 흡연 경험에 관한 질문으로 '선생님께서는 지금까지 담배를 통틀어 10갑 이상 피웠습니까?'에 '예'라고 응답한 사람은 352명(35.0%)이었으며, 현재 흡연을 하고 있는 사람은 161명으로 서울 응답자(1,006명) 중 16.0%에 달했다. 음주 경험에 관련한 질문으로 '지금까지 술을 드실 때 한 번에 맥주 한두 잔 정도보다 많이 드신 적이 있습니까?'에 '예'라고 한 응답자는 415명(41.3%)이었다. 현재 음주 여부에는 309명(74.5%)이 응답해서 서울 거주 응답자(1,006명)의 30.7%가 현재도 술을 마시고 있는 것으로 나타났다.

〈표 56〉 응답자의 생활 습관에 대한 빈도: 서울

	아니오	예	합계	1끼	2끼	3끼	4끼+	합계
규칙적인 식사	241 (24.0)	765 (76.0)	1006 (100.0)	3 (0.3)	230 (22.9)	766 (76.1)	7 (0.7)	1006 (100.0)
	아니오	예	합계	월 1~3회	주 1~2회	주 3~4회	거의 매일	합계
운동 여부	605 (60.1)	401 (39.9)	1006 (100.0)	14 (3.5)	44 (1.0)	87 (21.8)	254 (63.7)	399 (100.0)
		아니오	예	합계		아니오	예	합계
지금까지 담배를 10갑 이상 피웠습니까?		654 (65.0)	352 (35.0)	1006 (100.0)	현재 흡연 여부	191 (54.3)	161 (45.7)	352 (100.0)
		아니오	예	합계		아니오	예	합계
지금까지 한 번에 맥주 한두 잔보다 많이 드신 적이 있습니까?		591 (58.8)	415 (41.3)	1006 (100.0)	현재 음주 여부	106 (25.5)	309 (74.5)	415 (100.0)

서울 응답자의 규칙적인 식사 여부를 인구학적 특성에 따라 살펴보면, 남성의 규칙적인 식사 비율이 여성의 규칙적인 식사 비율보다 높았으며, 주관적인 건강 상태는 건강할수록 규칙적인 식사를 하는 비율이 높았다. 그러나 나이와 학력에 따른 규칙적인 식사 여부의 차이는 발견되지 않았다. 1끼 혹은 2끼를 먹는 사람들은 여성이 남성에 비해 많았으며, 3끼 혹은 4끼 이상을 먹는 사람은 남성이 여성에 비해 많았다. 주관적 건강 상태와 경제 상태에 따라 하루 먹는 끼니 수에 차이를 보였다. 그러나 나이와 학력에 따른 차이는 나타나지 않았다.

운동 여부는 남성과 여성이 차이를 보였는데 남성이 여성에 비해 운동하는 비율이 높았다. 학력에 따른 운동 여부 결과는 학력이 가장 낮은 집단인 비문해가 가장 낮은 비율의 운동 여부를 보였으며, 학력이 올라감에 따라 '평소 운동한다'에 대답한 비율도 같이 올라갔다. 주관적 건강 상태와 주관적인 경제 상태에 따라 운동 하는 비율에도 차이가 나타났다.

흡연 경험 여부는 남성이 여성보다 많았으며 학력이 높아질수록 흡연 경험이 많아졌다. 이는 학력이 낮은 층에 흡연을 한 경험이 없는 여성들이 집중되어 있기 때문인 것으로 풀이된다. 주관적 건강 상태에 따라 흡연 경험에 차이가 있는 것으로 나타났으나 나이와 주관적인 경제 상태에 따른 흡연 경험은 차이가 없었다. 흥미로운 결과는 흡연 경험이 있는 응답자를 대상으로 현재 흡연 여부를 조사했을 때 여성이 남성보다 높았으며, 성별을 제외한 나머지 변인들 중에서 현재 흡연 여부에 유의미한 차이를 보인 것은 주관적인 경제 상태가 유일하다.

음주 경험은 남성이 여성보다 나이가 젊을수록 그리고 학력이 높을수록 많았다. 주관적인 건강 상태에 따라 음주 경험에 차이가 있었으며, 나이와 주관적인 경제 상태에 따른 음주 경험 여부의 차이는 발견되지 않았다. 현재 음주 여부는 남성이 여성보다 학력이 높을수록 그 비율이 높았다. 주관적인 건강 상태에 따른 현재 음주 여부에는 차이가 있었으나 나이와 주관적인 경제 상태에 따른 현재 음주 여부는 차이가 없었다.

(3) 춘천

춘천 거주 응답자들을 대상으로 '하루 식사를 규칙적으로 하십니까?'라고 질문했을 때 '아니오'라고 대답한 응답자는 360명(23.8%)으로 전체 응답자 중 상당수가 규칙적인 식사를 하지 않았다. '하루에 보통 몇 끼를 드십니까?'라는 질문에는 '3끼'라고 대답한 응답자가 1,336명(88.2%)으로 서울에 비해 3끼 식사를 하고 있는 사람들의 비율이 높았다. 반면에 건강을 위해 평소에 운동을 하는 사람은 춘천 거주 응답자의 29.6%(448명)로 서울에 비해 그 비율이 낮았으며, 실질적으로 운동의 효과가 있는 것으로 보고되고 있는 주 3회 이상은 '주 3~4회'와 '거의 매일'에 응답한 사람들을 모두 포함해서 387명(86.4%)으로 규칙적인 운동을 하고 있는 사람들은 대부분 일주일에 3회 이상을 운동하고 있었다. 흡연 경험에 관한 질문으로 '선생님께서는 지금까지 담배를 통틀어 10갑 이상 피웠습니까?'에 '예'라고 응답한 사람은 644명(42.6%)이었으며, 현재 흡연을 하고 있는 사람은 323명으로 전체 춘천 응답자(1,513명) 중 21.3%에 달했다. 음주 경험에 관련한 질문으로 '지금까지 술을 드실 때 한 번에 맥주 한두 잔 정도보다 많이 드신 적이 있습니까?'에 '예'라고 한 응답자는 870명(57.5%)으로 반 이상이었다. 음주 경험이 있는 응답자들을 대상으로 현재 음주 여부를 조사한 결과 643명(73.9%)이 응답해서 춘천 거주 응답자(1,514명)의 42.5%가 현재도 술을 마시고 있는 것으로 나타났다.

〈표 57〉 응답자의 생활 습관에 대한 빈도: 춘천

	아니오	예	합계	1끼	2끼	3끼	4끼+	합계
규칙적인 식사	360 (23.8)	1,154 (76.2)	1,514 (100.0)	9 (0.6)	154 (10.2)	1,336 (88.2)	15 (1.0)	1,514 (100.0)
	아니오	예	합계	월 1~3회	주 1~2회	주 3~4회	거의 매일	합계
운동 여부	1,066 (70.4)	448 (29.6)	1,514 (100.0)	8 (1.8)	53 (11.8)	92 (20.5)	295 (65.9)	448 (100.0)
		아니오	예	합계		아니오	예	합계
지금까지 담배를 10갑 이상 피웠습니까?		869 (57.4)	644 (42.6)	1,513 (100.0)	현재 흡연 여부	325 (50.2)	323 (49.9)	648 (100.0)
		아니오	예	합계		아니오	예	합계
지금까지 한 번에 맥주 한두 잔보다 많이 드신 적이 있습니까?		644 (42.5)	870 (57.5)	1,514 (100.0)	현재 음주 여부	227 (26.1)	643 (73.9)	870 (100.0)

춘천 거주 응답자들의 규칙적인 식사 여부를 인구학적 특성에 따라 살펴보면, 남성의 규칙적인 식사 비율이 여성의 규칙적인 식사 비율보다 높았으며, 서울 거주 응답자들의 결과와 달리 학력에 따른 규칙적인 식사 여부에 차이가 있었다. 그러나 나이와 주관적인 건강 상태에 따른 규칙적인 식사 여부의 차이는 발견되지 않았다.

운동 여부는 남성이 여성에 비해 운동하는 비율이 높았다. 학력에 따른 운동 여부 결과는 학력이 가장 낮은 집단인 비문해가 가장 낮은 비율의 운동 여부를 보였으며, 학력이 올라감에 따라 '평소 운동한다'에 대답한 비율도 같이 올라갔다. 주관적 건강 상태가 좋을수록 평소 운동에 '예'라고 응답한 비율이 높았으며, 주관적인 경제 상태에 따라서도 운동 여부에 차이가 있었다.

흡연 경험 여부는 남성이 여성보다 많았으며 나이가 많아질수록 그리고 학력이 높아질수록 흡연 경험이 많아졌다. 주관적 건강 상태에 따라 흡연 경험에 차이가 있는 것으로 나타났으나 주관적인 경제 상태에 따른 흡연 경험에 차이는 보이지 않았다. 흥미로운 결과는 흡연 경험이 있는 응답자를 대상으로 현재 흡연 여부를 조사했을 때 서울 거주 응답자들을 대상으로 했을 때와 달리 성별의 차이가 나타나지 않았으며 나이와 주관적인 경제 상태에 따른 현재 흡연 여부에 차이가 있었다. 주관적인 건강 상태와 학력에 따른 차이는 없었다.

음주 경험은 남성이 여성보다 많았으며 학력, 주관적인 건강 상태에 따라 차이가 있었다. 그러나 서울 거주 응답자들을 대상으로 했을 때와 마찬가지로 나이와 주관적인 경제 상태에 따른 음주 경험 여부의 차이는 발견되지 않았다. 현재 음주 여부는 남성이 여성보다 학력이 높을수록 그리고 주관적인 건강 상태가 좋을수록 그 비율이 높았다. 그러나 주관적인 경제 상태에 따른 현재 음주 여부는 차이가 없었다.

3. 심리학적 특성

1) 정서 경험

본 연구에서는 노인들이 부적인 정서와 정적인 정서를 경험하는 정도를 측정하기 위해 PANAS(Watson, Clark, & Tellegen, 1988)를 번역하여 사용하였으며, 이 척도의 보고된 신뢰도는 정적 정서(PA)의 경우 .86에서 .90, 부적 정서(NA)인 경우 .84에서 .87이었다. 본 연구에서는 참가자들에게 20가지의 정서를 얼마나 자주 경험하는지를 5점 Likert 척도 상에 표현하게 하였는데, 총 20개 문항들 중 10가지는 정적인 정서를, 나머지 10개는 부적인 정서를 측정하는 문항이다. 각 문항에서 높은 점수는 각각 높은 정적/부적 정서성을 나타낸다. 다른 문헌들에서 얻어진 결과와 마찬가지로 본 연구에서도 정서의 두 차원은 독립인 것으로 간주되고 분석되었다.

(1) 전체

전체 조사 대상자에게 긍정적인 정서 상태를 느끼는 정도를 1점에서 5점 척도 상에 답하게 한 결과, 평균점수는 2.5점으로 나타났다. 정적 정서성에 대한 분석 결과 얻어진 평균과 표준편차는 다음의 표에 제시되어 있다.

〈표 58〉 정적 정서성(PA)에서의 평균과 표준편차: 전체

평균(표준편차)			평균(표준편차)		
성	남성	2.6(.7)	건강 상태	매우 건강	3.1(.7)
	여성	2.5(.7)		건강	2.7(.7)
	전체	2.5(.7)		보통	2.6(.7)
나이	45~64세	2.6(.7)		건강하지 못함	2.4(.7)
	65~74세	2.5(.7)		매우 건강하지 못함	2.4(.6)
	75세 이상	2.5(.7)		전체	2.5(.7)
	전체	2.5(.7)			
학력	비문해	2.3(.7)	주관적 경제 상태	매우 어렵다	2.5(.7)
	문해~3년 이하	2.6(.7)		조금 어려운 편이다	2.5(.7)
	4~6년	2.5(.7)		보통이다	2.6(.7)
	7~9년	2.6(.7)		여유 있는 편이다	2.9(.8)
	10~12년	2.7(.7)		매우 여유 있다	2.8(.7)
	13년 이상	2.8(.7)		전체	2.5(.7)
	전체	2.5(.7)			

다음으로 전체 조사 대상자들이 부정적인 정서 상태를 경험하는 정도를 1점에서 5점 척도 상에 답하게 한 결과, 평균은 2.2로 나타났다. 전체 연구 참여자들의 정서성에서의 평균을 비교해 보면, 정적 정서를 부적 정서에 비해서 조금 더 자주 경험하는 것으로 나타났다. 부적 정서성에 대한 분석 결과 얻어진 평균과 표준편차는 〈표 59〉에 제시되어 있다.

〈표 59〉 부적 정서성(NA)에서의 평균과 표준편차: 전체

평균(표준편차)			평균(표준편차)		
성	남성	1.9(.8)	건강 상태	매우 건강	1.7(.8)
	여성	2.3(.8)		건강	1.9(.7)
	전체	2.2(.8)		보통	2.0(.7)
나이	45~64세	2.1(.8)		건강하지 못함	2.3(.8)
	65~74세	2.2(.8)		매우 건강하지 못함	2.8(.9)
	75세 이상	2.3(.8)		전체	2.2(.8)
	전체	2.2(.8)			
학력	비문해	2.4(.8)	주관적 경제 상태	매우 어렵다	2.6(.9)
	문해~3년 이하	2.3(.8)		조금 어려운 편이다	2.2(.8)
	4~6년	2.1(.8)		보통이다	1.9(.7)
	7~9년	2.1(.8)		여유 있는 편이다	2.0(.8)
	10~12년	1.9(.8)		매우 여유 있다	2.1(.8)
	13년 이상	1.9(.7)		전체	2.2(.8)
	전체	2.2(.8)			

그 다음 성별에 따라 정서성에서 차이가 나타나는지 살펴보기 위하여 평균 차이에 대한 t-검증을 실시하였다. 전체 연구 대상자들에 대한 분석 결과를 살펴보면, 여성의 경우 남성보다 부정적인 정서 상태를 더 자주 경험하고 긍정적인 정서는 남성들에 비해서 적게 경험하는 경향성이 유의미한 것으로 나타났다. 즉, 여성들이 남성들보다 정서적인 측면에서 더 불행하게 느끼는 것으로 나타났다. 분석 결과는 〈표 60〉에 제시되어 있다.

〈표 60〉 정서성에서의 성별에 따른 평균 차이에 대한 분석 결과: 전체

전체		평균(표준편차)	F	t	df	유의도
정적 정서성	남성	2.58(.70)	.01	2.15	2,517	.032
	여성	2.51(.70)				
부적 정서성	남성	1.95(.75)	20.37	-10.74	2,517	.000
	여성	2.30(.84)				

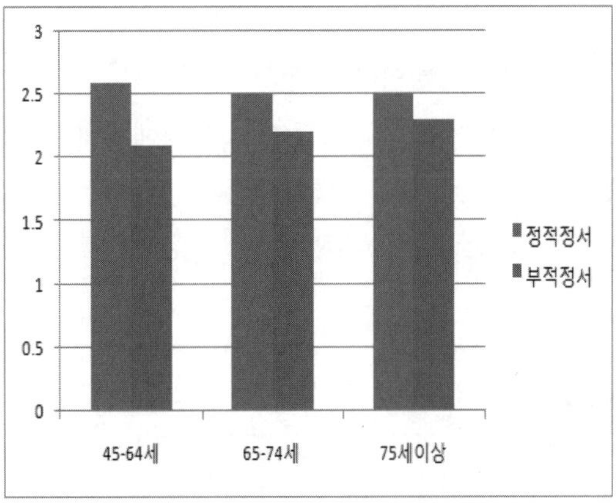

[그림 28] 연령에 따른 정서 경험: 전체

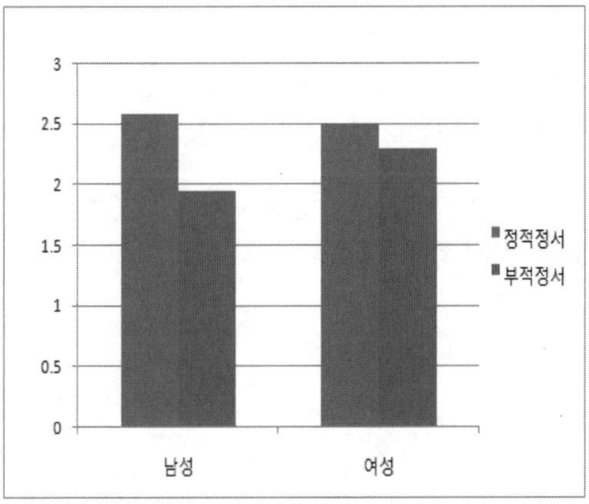

[그림 29] 성별에 따른 정서 경험: 전체

(2) 서울

서울 지역 조사 대상자에게 긍정적인 정서 상태를 느끼는 정도를 1점에서 5점 척도 상에 답하게 한 결과, 평균점수는 2.6점, 표준 편차는 .7로 나타났다. 정적 정서성에 대한 분석 결과 얻어진 평균과 표준편차는 다음의 표에 제시되어 있다.

〈표 61〉 정적 정서성에서의 평균과 표준편차: 서울

평균(표준편차)			평균(표준편차)		
성	남성	2.6(.7)	건강 상태	매우 건강	3.1(.8)
	여성	2.6(.7)		건강	2.7(.7)
	전체	2.6(.7)		보통	2.5(.7)
나이	45~64세	2.6(.7)		건강하지 못함	2.5(.7)
	65~74세	2.6(.7)		매우 건강하지 못함	2.6(.6)
	75세 이상	2.5(.7)		전체	2.6(.7)
	전체	2.6(.7)			
학력	비문해	2.4(.7)	주관적 경제 상태	매우 어렵다	2.5(.7)
	문해~3년 이하	2.7(.7)		조금 어려운 편이다	2.6(.7)
	4~6년	2.5(.7)		보통이다	2.6(.7)
	7~9년	2.6(.7)		여유 있는 편이다	3.0(.9)
	10~12년	2.7(.8)		매우 여유 있다	2.8(.8)
	13년 이상	2.8(.8)		전체	2.6(.7)
	전체	2.6(.7)			

다음으로 서울 지역에 거주하는 조사 대상자들이 부정적인 정서 상태를 경험하는 정도를 1점에서 5점 척도 상에 답하게 한 결과, 평균은 2.3점이었고 표준편차는 .9였다. 서울 지역 연구 참여자들의 정서성에서의 평균을 비교해 보면, 정적 정서를 부적 정서에 비해서 조금 더 자주 경험하는 것으로 나타났다. 부적 정서성에 대한 분석 결과 얻어진 평균과 표준편차는 아래 표에 제시되어 있다.

〈표 62〉 부적 정서성에서의 평균과 표준편차: 서울

평균(표준편차)			평균(표준편차)		
성	남성	2.0(.8)	건강 상태	매우 건강	1.8(.9)
	여성	2.4(.9)		건강	1.9(.7)
	전체	2.3(.9)		보통	2.0(.7)
나이	45~64세	2.2(.8)		건강하지 못함	2.5(.8)
	65~74세	2.2(.9)		매우 건강하지 못함	2.8(.9)
	75세 이상	2.4(.9)		전체	2.3(.9)
	전체	2.3(.9)			
학력	비문해	2.6(.8)	주관적 경제 상태	매우 어렵다	2.7(.9)
	문해~3년 이하	2.4(.8)		조금 어려운 편이다	2.3(.8)
	4~6년	2.2(.9)		보통이다	1.9(.7)
	7~9년	2.2(.9)		여유 있는 편이다	1.9(.8)
	10~12년	2.0(.8)		매우 여유 있다	2.2(.9)
	13년 이상	1.9(.8)		전체	2.3(.9)
	전체	2.3(.9)			

다음으로 서울 거주 연구 참가자들에 대한 분석에서 성별에 따라 정서성에서 차이가 나타나는지 살펴보기 위하여 평균 차이에 대한 t-검증을 실시하였다. 그 결과 서울 지역 여성의 경우 남성보다 부정적인 정서 상태를 더 자주 경험하는 경향성이 유의미한 것으로 나타났다. 분석 결과는 다음 표에 제시되어 있다.

〈표 63〉 정서성에서의 성별에 따른 차이: 서울

서울		평균(표준편차)	F	t	df	유의도
정적 정서성	남성	2.63(.70)	2.16	1.52	1,003	.129
	여성	2.56(.73)				
부적 정서성	남성	2.03(.81)	3.16	-5.98	1,003	.000
	여성	2.37(.86)				

(3) 춘천

춘천에 거주하고 있는 조사 대상자에게 긍정적인 정서 상태를 느끼는 정도를 1점에서 5점 척도 상에 답하게 한 결과, 평균점수는 2.5점, 표준 편차는 .7로 나타났다. 정적 정서성에 대한 분석 결과 얻어진 평균과 표준편차는 다음 표에 제시되어 있다.

〈표 64〉 정적 정서성에서의 평균과 표준편차: 춘천

평균(표준편차)		
성	남성	2.5(.7)
	여성	2.3(.8)
	전체	2.5(.7)
나이	45~64세	2.6(.6)
	65~74세	2.5(.7)
	75세 이상	2.4(.7)
	전체	2.5(.7)
학력	비문해	2.3(.7)
	문해~3년 이하	2.6(.6)
	4~6년	2.5(.7)
	7~9년	2.6(.7)
	10~12년	2.7(.7)
	13년 이상	2.8(.7)
	전체	2.5(.7)

평균(표준편차)		
건강 상태	매우 건강	3.0(.6)
	건강	2.7(.7)
	보통	2.6(.7)
	건강하지 못함	2.4(.6)
	매우 건강하지 못함	2.3(.7)
	전체	2.5(.7)
주관적 경제 상태	매우 어렵다	2.4(.7)
	조금 어려운 편이다	2.4(.7)
	보통이다	2.6(.7)
	여유 있는 편이다	2.1(.8)
	매우 여유 있다	2.9(.8)
	전체	2.5(.7)

한편 춘천 지역 조사 대상자에게 부정적인 정서 상태를 느끼는 정도를 1점에서 5점 척도

상에 답하게 한 결과, 평균점수는 2.1점, 표준 편차는 .8로 나타났다. 부적 정서성에 대한 분석 결과 얻어진 평균과 표준편차는 다음 표에 제시되어 있다.

〈표 65〉 부적 정서성에서의 평균과 표준편차: 춘천

평균(표준편차)			평균(표준편차)		
성	남성	1.9(.7)	건강 상태	매우 건강	1.7(.5)
	여성	2.3(.8)		건강	1.8(.7)
	전체	2.1(.8)		보통	2.0(.7)
나이	45~64세	2.0(.8)		건강하지 못함	2.2(.8)
	65~74세	2.1(.8)		매우 건강하지 못함	2.7(.9)
	75세 이상	2.2(.8)		전체	2.1(.8)
	전체	2.1(.8)			
학력	비문해	2.4(.8)	주관적 경제 상태	매우 어렵다	2.4(.8)
	문해~3년 이하	2.2(.8)		조금 어려운 편이다	2.1(.8)
	4~6년	2.1(.8)		보통이다	1.9(.7)
	7~9년	1.9(.8)		여유 있는 편이다	2.0(.8)
	10~12년	1.9(.7)		매우 여유 있다	1.6(.6)
	13년 이상	1.8(.7)		전체	2.1(.8)
	전체	2.1(.8)			

다음으로 춘천 거주 연구 참가자들에 대한 분석에서 성별에 따라 정서성에서 차이가 나타나는지 살펴보기 위하여 평균 차이에 대한 t-검증을 실시하였다. 그 결과 춘천 지역 여성의 경우 남성보다 부정적인 정서 상태를 더 자주 경험하는 것으로 나타났다[정적 정서성 정적 정서성 $t(1,1512)=1.82$, p=n.s.; 부적 정서성 $t(1,1512)=16.27$, $p<.001$].

(4) 정서성에서의 지역 간 차이에 대한 분석

정적 및 부적 정서성에서 거주 지역에 따른 차이가 나타날 가능성을 살펴보기 위하여 t검증을 실시하였다. 예상대로 서울 지역 거주자들은 춘천 지역 거주자들에 비해서 부정적인 정서 경험을 더 자주 하는 것으로 나타났다[$t(1,2517)=1.64$, $p<.05$]. 또한 서울에 사는 사람들은 춘천 거주자들에 비해서 정적 정서를 경험하는 빈도도 더 높은 것으로 나타났다[$t(1,2517)=16.26$, $p<.001$].

(5) 정서성에서의 집단별 차이에 대한 추가 분석

먼저 연령 집단에 따라 정서성에서 차이가 나타날 가능성을 살펴보기 위하여 변량 분석을 실시한 결과, 예상대로 유의미한 차이가 나타났다[정적 정서성 $F(2,2516)=7.29$, $p<.001$; 부

적 정서성 F(2,2516)=6.76, p〈.001]. 연령에 따른 정서성에서의 차이가 정적 정서와 부적 정서 모두에서 유의미하였으므로 Post Hoc 분석(Tukey HSD)을 실시하였다. 그 결과 예상대로 45~64세 집단과 75세 이상 집단 간에 유의한 차이를 확인하였다. 또한 서울 지역 거주자들의 경우에는 연령 증가에 따라 부적 정서를 경험하는 경향성이 유의미하게 높아지는 데 비해서〔F(2,2516)=3.69, p〈.05〕, 춘천 지역 거주자들의 경우에는 정적 정서를 경험하는 빈도가 유의미하게 낮아지는 흥미로운 결과가 얻어졌다(F=6,310, p=.002). 또한 예상대로 건강과 정서성 간의 관련성이 확인되었는데, 매우 건강하다고 응답한 사람들의 정적 정서성은 높고 부적 정서성은 낮았다. 한편 정서성에서의 경제적인 상태에 따른 집단별 차이는 유의미하지 않은 것으로 나타났다.

2) 욕구 만족

노인기에 접어들게 되면 사람들은 이전 발달 단계에서와 구별되는 욕구들을 가지게 된다. 많은 연구들이 인간의 발달 단계별 특징들을 밝히고자 하였고, 노인기에 나타나는 특성을 다양한 측면에서 제시하고 있다. 그 연구들 가운데 본 연구에서는 Maslow가 제안한 '욕구 만족 5단계 이론'에 근거하여 각 단계별 4개 항목들을 자체 제작하여, 한국 노인들이 경험하는 욕구 만족 수준을 측정하고자 하였다.

기본적인 생리적 욕구로 1) 건강검진 등의 의료 서비스, 2) 성생활, 3) 할 일을 가지는 것, 4) 용돈에 대한 욕구를 들 수 있다. 두 번째, 안전의 욕구로 5) 독자적인 주거 공간, 6) 노인복지 시설(노인정 등), 7) 노인 여가 시설(운동, 문화), 8) 노인우대제도(교통 시설 등)에 대한 욕구를 들 수 있다. 세 번째, 소속 및 사랑의 욕구로 9) 배우자, 10) 자식 또는 손자/손녀, 11) 친구(동성이나 이성 친구), 12) 친척이나 친목단체의 소속 및 관계에 대한 욕구를 들 수 있을 것이다. 넷째, 자존감의 욕구로 13) 가족 내에서의 권위, 14) 사회적인 지위(인정), 15) 친구나 친척의 인정, 16) 자기 자신의 인정 등을 들 수 있으며, 다섯째, 자아실현의 욕구로 17) 취미생활(등산, 낚시 등), 18) 사회봉사 활동, 19) 새로운 것의 학습, 20) 삶에 대한 성취감 등을 들 수 있다.

이상의 욕구들을 5개 영역으로 구분하여, 성별, 나이, 거주 지역, 학력, 건강 상태 지각 수준 및 경제 상태에 대한 주관적 평가 수준별로 비교해 보고자 한다.

(1) 전체

전체 표집에 대한 평균들은 다음 표에 제시하였다. 표에서 '성별' 차이를 살펴보면, 안전 욕구를 제외한 4개 영역 모두에서 남성들이 여성들보다 만족 수준이 높았다. '연령대'에 근거한 욕구만족 수준은 자아실현 욕구를 제외하고 연령대별로 상이하였다. 생리적 욕구, 소속감 욕구 및 자존심의 욕구는 장년층이 가장 높았고, 연령의 증가와 더불어 감소하였다. 다만 안전의 욕구는 연령 증가와 더불어 상대적으로 높은 만족 수준을 나타냈는데, 이는 노년

〈표 66〉 집단 특성별 욕구 만족 수준의 평균(표준편차) 및 차이 분석: 전체

전체 표집		욕구 단계별 만족 수준 평가				
		생리적 욕구	안전 욕구	소속감 욕구	자존감 욕구	자아실현 욕구
성	남성	3.2 (.6)	3.1 (.6)	3.6 (.7)	3.5 (.7)	2.9 (.7)
	여성	3.2 (.6)	3.1 (.6)	3.3 (.6)	3.3 (.6)	2.7 (.7)
	합계	3.2 (.6)	3.1 (.6)	3.4 (.7)	3.4 (.6)	2.7 (.7)
	F	16.2***	2.4	112.0***	43.4***	53.4***
나이	45~64세	3.2 (.6)a	2.9 (.6)b	3.5 (.7)a	3.5 (.6)a	2.8 (.7)
	65~74세	3.2 (.6)b	3.1 (.6)a	3.4 (.7)b	3.4 (.7)b	2.7 (.7)
	75세 이상	3.0 (.6)c	3.1 (.6)a	3.3 (.7)c	3.3 (.6)c	2.7 (.7)
	합계	3.1 (.6)	3.1 (.6)	3.4 (.7)	3.4 (.6)	2.7 (.7)
	F	11.4***	12.6***	17.8***	19.5***	1.7
지역	서울	3.1 (.6)	3.1 (.6)	3.3 (.7)	3.3 (.7)	2.6 (.8)
	춘천	3.1 (.6)	3.1 (.6)	3.5 (.6)	3.5 (.6)	2.8 (.6)
	합계	3.1 (.6)	3.1 (.6)	3.4 (.7)	3.4 (.6)	2.7 (.7)
	F	3.3+	.0	39.2***	64.0***	46.1***
학력	비문해	2.9 (.5)d	3.1 (.6)	3.2 (.6)e	3.2 (.6)d	2.6 (.6)d
	문해~3년 이하	3.0 (.6)cd	3.0 (.6)	3.3 (.7)d	3.3 (.7)	2.7 (.7)cd
	4~6년	3.1 (.6)c	3.1 (.6)	3.4 (.6)c	3.4 (.6)c	2.7 (.7)cd
	7~9년	3.2 (.6)b	3.1 (.6)	3.5 (.6)bc	3.5 (.6)bc	2.8 (.7)c
	10~12년	3.2 (.6)b	3.1 (.6)	3.6 (.7)b	3.6 (.7)b	2.9 (.8)b
	13년 이상	3.4 (.6)a	3.1 (.6)	3.7 (.7)a	3.7 (.7)a	3.2 (.8)a
	합계	3.1 (.6)	3.1 (.6)	3.4 (.7)	3.4 (.6)	2.7 (.7)
	F	22.9***	1.5	37.8***	29.2***	24.5***
건강 상태	매우 건강	3.4 (.7)a	3.1 (.7)a	3.6 (.8)ab	3.7 (.8)a	3.1 (.9)a
	건강	3.3 (.6)a	3.1 (.6)ab	3.6 (.6)a	3.6 (.6)a	2.9 (.7)b
	보통	3.2 (.6)b	3.1 (.6)ab	3.5 (.6)b	3.5 (.6)b	2.8 (.7)b
	건강하지 못함	2.9 (.5)c	3.1 (.6)ab	3.3 (.6)c	3.3 (.6)c	2.6 (.7)c
	매우 건강하지 못함	2.8 (.6)d	3.0 (.6)b	3.1 (.7)d	3.1 (.7)d	2.5 (.7)d
	합계	3.1 (.6)	3.1 (.6)	3.4 (.7)	3.4 (.6)	2.7 (.7)
	F	61.2***	2.2+	46.9***	51.7***	34.3***
주관적 경제 상태	매우 어렵다	2.7 (.5)d	2.9 (.7)c	3.0 (.7)d	3.1 (.7)d	2.5 (.7)d
	조금 어려운 편이다	3.0 (.5)c	3.1 (.6)bc	3.4 (.6)c	3.4 (.6)c	2.7 (.6)c
	보통이다	3.3 (.5)b	3.2 (.5)ab	3.6 (.6)bc	3.6 (.6)b	2.9 (.7)bc
	여유 있는 편이다	3.7 (.6)a	3.3 (.6)a	3.9 (.6)a	3.9 (.6)a	3.1 (.7)ab
	매우 여유 있다	3.6 (.7)a	3.1 (.8)bc	3.8 (.7)ab	3.8 (.9)a	3.2 (1.0)a
	합계	3.1 (.6)	3.1 (.6)	3.4 (.7)	3.4 (.6)	2.7 (.7)
	F	155.3***	23.9***	106.8***	90.9***	53.3***

층들이 주로 활용하는 시설 등에 관한 질문 내용에 기인한다고 볼 수 있다. 자아실현 욕구는 연령대별로 차이가 없었다. '지역별'로는 소속감, 자존감 및 자아실현 욕구 만족 수준에서 춘천 지역이 서울 지역보다 모두 높았다. '학력별'로는 안전의 욕구를 제외한 4개 욕구 만족 수준에서 차이를 보였는데, 전반적으로 학력이 높을수록 만족 수준은 상대적으로 높았다. '건강 상태'별로 살펴본 욕구 만족 수준은 안전 욕구를 제외하고, 건강 상태가 양호할수록 욕구 만족 수준도 증가하였다. '주관적인 경제 상태' 별로 살펴본 욕구 만족 수준도 경제적으로 여유 있다고 할수록 욕구 만족 수준이 증가하였다.

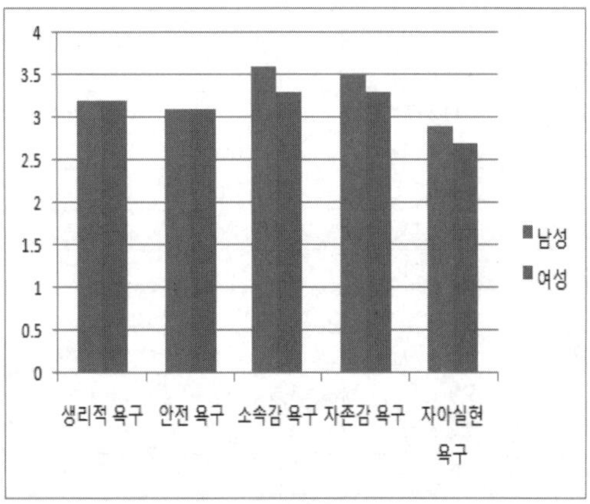

[그림 30] 성별에 따른 욕구 만족: 전체

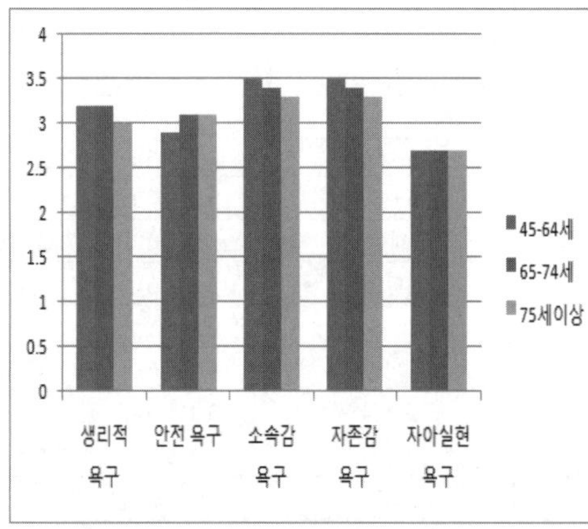

[그림 31] 연령에 따른 욕구 만족: 전체

(2) 서울

서울 지역에 대한 평균들은 다음 표에 제시하였다. 표를 보면 전체 표집을 대상으로 한 결과와 서울 지역 표집을 대상으로 한 분석 결과들이 전체적으로 유사한 양상을 보이고 있다. 다만 서울 지역 표집을 대상으로 한 분석 결과가 전체 표집을 대상으로 한 결과와 다른 영역을 중심으로 살펴보면, 연령대에 따른 생리적 욕구 만족 수준의 차이가 서울 표집에서는 나타나지 않았다. 그리고 주거 공간 및 노인 관련 시설이나 제도의 활용에 관한 안전 욕구의 만족 수준이 건강 상태에 따라 전체 표집의 패턴보다 평균 간의 차이가 커서 통계적으로도 유의한 차이가 나타났다. 즉, 건강 상태가 나쁠수록 안전 욕구에 대한 만족 수준이 낮았다.

〈표 67〉 집단 특성별 욕구 만족 수준의 평균(표준편차) 및 차이 분석: 서울

구 분		욕구 단계별 만족 수준 평가				
		생리적 욕구	안전 욕구	소속감 욕구	자존감 욕구	자아실현 욕구
성	남성	3.2 (.7)	3.1 (.6)	3.5 (.7)	3.4 (.7)	2.8 (.8)
	여성	3.0 (.6)	3.1 (.7)	3.2 (.7)	3.2 (.7)	2.5 (.8)
	합계	3.1 (.6)	3.1 (.6)	3.3 (.7)	3.3 (.7)	2.6 (.8)
	F	14.2***	.0	44.9***	11.7***	28.0***
나이	45~64세	3.1 (.6)	2.9 (.7)b	3.4 (.7)a	3.3 (.6)a	2.6 (.8)
	65~74세	3.1 (.6)	3.1 (.6)a	3.3 (.7)a	3.3 (.7)ab	2.6 (.8)
	75세 이상	3.0 (.6)	3.1 (.6)a	3.2 (.7)b	3.2 (.7)b	2.6 (.8)
	합계	3.1 (.6)	3.1 (.6)	3.3 (.7)	3.3 (.7)	2.6 (.8)
	F	1.8	8.6***	7.8***	3.1*	.4
학력	비문해	2.9 (.6)d	3.1 (.6)	2.9 (.6)d	3.1 (.8)c	2.6 (.7)c
	문해~3년 이하	2.9 (.6)cd	2.9 (.7)	3.1 (.8)d	2.9 (.6)c	2.4 (.7)b
	4~6년	3.1 (.6)bc	3.1 (.6)	3.3 (.7)c	3.3 (.6)b	2.6 (.7)b
	7~9년	3.2 (.6)b	3.1 (.7)	3.5 (.6)b	3.4 (.7)b	2.7 (.8)b
	10~12년	3.2 (.6)b	3.2 (.6)	3.5 (.7)b	3.4 (.7)b	2.7 (.8)b
	13년 이상	3.5 (.7)a	3.1 (.7)	3.7 (.7)a	3.7 (.7)a	3.2 (.7)a
	합계	3.1 (.6)	3.1 (.6)	3.3 (.7)	3.3 (.7)	2.6 (.8)
	F	15.7***	2.2+	25.7***	19.2***	16.8***
건강 상태	매우 건강	3.5 (.6)a	3.1 (.7)ab	3.5 (.9)a	3.7 (.8)a	3.1 (.9)a
	건강	3.3 (.6)a	3.1 (.7)ab	3.6 (.7)a	3.5 (.7)a	2.9 (.7)b
	보통	3.2 (.6)b	3.2 (.6)a	3.4 (.7)a	3.4 (.6)b	2.7 (.7)b
	건강하지 못함	2.9 (.6)c	3.0 (.6)ab	3.2 (.7)b	3.2 (.6)c	2.5 (.7)c
	매우 건강하지 못함	2.8 (.6)c	2.9 (.7)b	2.9 (.7)c	2.9 (.8)d	2.3 (.8)d
	합계	3.1 (.6)	3.1 (.6)	3.3 (.7)	3.3 (.7)	2.6 (.8)
	F	33.3***	2.4*	23.7***	25.9***	23.0***
주관적 경제 상태	매우 어렵다	2.7 (.5)d	2.9 (.7)b	2.9 (.7)d	2.9 (.8)d	2.3 (.7)c
	조금 어려운 편이다	3.0 (.6)c	3.1 (.6)b	3.3 (.6)c	3.2 (.6)c	2.6 (.7)b
	보통이다	3.3 (.5)b	3.2 (.6)ab	3.6 (.6)bc	3.5 (.6)b	2.8 (.8)ab
	여유 있는 편이다	3.8 (.7)a	3.4 (.6)a	3.9 (.6)a	4.0 (.6)a	2.9 (.8)a
	매우 여유 있다	3.5 (.8)b	3.1 (.9)b	3.8 (.6)ab	3.6 (.8)b	2.9 (.9)ab
	합계	3.1 (.6)	3.1 (.6)	3.3 (.7)	3.3 (.7)	2.6 (.8)
	F	78.9***	9.3***	63.8***	48.8***	24.9***

(3) 춘천

춘천 지역에 대한 평균들은 다음 표에 제시하였다. 표를 보면, 전체 표집을 대상으로 한 결과와 춘천 지역 표집을 대상으로 한 분석 결과들이 전체적으로 일치하는 양상을 보이고 있다. 다만 춘천 지역 표집을 대상으로 한 분석 결과가 전체 표집을 대상으로 한 결과와 다른 영역을 살펴보면, 성별에 따른 생리적 욕구 만족 수준의 차이가 춘천 표집에서는 나타나지 않았을 뿐이었다.

〈표 68〉 집단 특성별 욕구 만족 수준의 평균(표준편차) 및 차이 분석: 춘천

구 분		욕구 단계별 만족 수준 평가				
		생리적 욕구	안전 욕구	소속감 욕구	자존감 욕구	자아실현 욕구
성	남성	3.2 (.6)	3.1 (.6)	3.6 (.6)	3.6 (.6)	2.9 (.7)
	여성	3.1 (.5)	3.1 (.6)	3.4 (.6)	3.4 (.5)	2.8 (.6)
	합계	3.1 (.6)	3.1 (.6)	3.5 (.6)	3.5 (.6)	2.8 (.6)
	F	3.5+	3.6+	58.2***	25.3***	19.3***
나이	45~64세	3.2 (.6)a	3.0 (.5)b	3.5 (.7)a	3.6 (.5)a	2.9 (.6)
	65~74세	3.1 (.6)b	3.1 (.6)a	3.5 (.6)a	3.5 (.7)b	2.8 (.6)
	75세 이상	3.0 (.5)b	3.1 (.6)a	3.4 (.6)b	3.3 (.6)c	2.8 (.6)
	합계	3.1 (.6)	3.1 (.6)	3.5 (.6)	3.5 (.6)	2.8 (.6)
	F	11.6***	5.1**	8.4***	17.3***	1.8
학력	비문해	3.0 (.5)c	3.1 (.6)	3.2 (.6)d	3.3 (.5)d	2.7 (.5)c
	문해~3년 이하	3.0 (.6)c	3.1 (.6)	3.4 (.6)c	3.4 (.6)cd	2.7 (.6)c
	4~6년	3.1 (.6)bc	3.1 (.5)	3.5 (.6)bc	3.5 (.5)bc	2.8 (.6)c
	7~9년	3.2 (.6)ab	3.0 (.6)	3.6 (.6)ab	3.6 (.6)b	2.8 (.6)c
	10~12년	3.3 (.6)a	3.0 (.6)	3.7 (.7)ab	3.7 (.6)a	3.0 (.7)b
	13년 이상	3.3 (.6)a	3.1 (.5)	3.7 (.6)a	3.8 (.8)a	3.2 (.8)a
	합계	3.1 (.6)	3.1 (.6)	3.5 (.6)	3.5 (.6)	2.8 (.6)
	F	9.9***	1.7	20.5***	17.7***	13.6***
건강 상태	매우 건강	3.3 (.7)a	3.1 (.6)	3.7 (.7)a	3.8 (.7)a	3.0 (.9)a
	건강	3.3 (.6)a	3.1 (.6)	3.7 (.6)a	3.7 (.6)ab	2.9 (.7)a
	보통	3.2 (.5)a	3.1 (.5)	3.5 (.6)ab	3.6 (.6)b	2.9 (.6)a
	건강하지 못함	3.0 (.5)b	3.1 (.6)	3.4 (.6)b	3.4 (.5)c	2.7 (.6)b
	매우 건강하지 못함	2.8 (.6)c	3.0 (.6)	3.2 (.7)c	3.2 (.6)d	2.6 (.6)b
	합계	3.1 (.6)	3.1 (.6)	3.5 (.6)	3.5 (.6)	2.8 (.6)
	F	29.5***	.7	24.7***	28.3***	13.5***
주관적 경제 상태	매우 어렵다	2.8 (.5)d	2.9 (.6)a	3.2 (.7)b	3.2 (.6)c	2.6 (.6)c
	조금 어려운 편이다	3.11 (.5)cd	3.1 (.5)a	3.5 (.6)ba	3.4 (.5)bc	2.8 (.6)bc
	보통이다	3.3 (.5)bc	3.2 (.5)a	3.6 (.5)a	3.6 (.5)bc	2.9 (.6)bc
	여유 있는 편이다	3.6 (.5)b	3.3 (.6)a	3.8 (.5)a	3.9 (.5)b	3.1 (.5)b
	매우 여유 있다	4.0 (.4)a	3.3 (.4)a	3.8 (1.1)a	4.7 (.6)a	4.4 (.5)a
	합계	3.1 (.6)	3.1 (.6)	3.5 (.6)	3.5 (.6)	2.8 (.6)
	F	77.3***	15.0***	44.4***	44.5***	31.1***

본 연구에서 Maslow가 제시한 5개 단계별 욕구 수준들을 성별, 연령대별, 지역별, 학력별, 건강 상태별 및 주관적 경제 상태라는 집단별 특징들로 구분하여 알아보았다. 그 결과 남성들이 여성들보다 욕구 만족 수준이 높으며, 연령대가 낮을수록, 학력이 높을수록, 건강이나 경제 상태 수준이 양호할수록 5개 영역별 욕구 만족 수준이 높았다. 또한 지역별 구분에서는 춘천 지역이 서울 지역보다 욕구 만족 수준이 높았다. 다만, 각 욕구 만족 수준들이 평균('그저 그렇다'라는 3점)을 약간 상회하는 수준이고, 특히 자아실현의 욕구 만족의 경우

에는 평균 이하의 만족 수준(M=2.6)에 머물고 있었다. 이는 한국 노인들의 삶에 대한 성취감 실현에 대한 불만 수준이 높음을 반증하므로, 차후 개인의 가치 향상 노력을 포함한 관련 프로그램 개발에 집중해야 할 필요가 있음을 시사한다.

3) 애착 유형

애착이라는 것은 기본적으로 주위에 있는 다른 사람들을 믿고 의지해도 되는지에 대해 개인이 주위사람에 대해 갖게 되는 심리적인 태도, 믿음, 정서라고 할 수 있다. 따라서 개인의 발달 단계에 따라 중요시 여기게 되는 대상이 달라질 것이므로, 성장함에 따라 애착의 대상 또한 달라질 것이고, 이에 부여하는 의미 또한 달라질 것이다.

본 연구에서 사용한 애착 유형은 Hazan과 Shaver(1987, 1990)가 성인들의 애착 유형을 측정하기 위해 만든 자기보고식 애착 유형 척도를 활용하여 측정하였다. 성인의 애착 유형을 측정하기 위한 다양한 척도가 있으나, 본 연구의 응답자들이 노인들인 관계로 단순한 구조로 되어 있는 Hazan과 Shaver(1987, 1990)의 측정 도구를 사용하였다. 한국에서는 김선희, 오경자, 박중규 및 이은정(2001)이 이 척도를 활용하여 대학생들의 애착 유형을 구분해 본 적이 있다. 응답자들에게 애착 유형에 대한 세 질문을 주고 각 유형이 자신을 얼마나 잘 나타내는지를 Likert형 5점 척도에 체크하게 하였다. 그 다음 세 유형 중에서 자신을 가장 잘 나타내는 것이 어떤 유형인지를 선택하게 하였다. 세 가지 애착 유형에 대한 기술문은 다음과 같다.

· 안정적 애착 유형: 나는 비교적 다른 사람과 쉽게 가까워진다. 그리고 다른 사람들에게 편하게 의존하고 다른 사람들도 나에게 의존하는 것을 편안해 한다. 또 누군가와 너무 가까워지는 것에 대해서도 걱정하지 않는다.

· 회피적 애착 유형: 나는 다른 사람들과 가까워지는 것을 불편해한다. 다른 사람들을 전적으로 신뢰하는 것이 어렵다. 그리고 누군가와 너무 가까워지는 것이 불편하다. 배우자나 친구가 내가 느끼는 것보다 더 친밀해지길 원하게 되면 두려워진다.

· 불안양가적 애착 유형: 나는 종종 배우자(또는 가까운 사람들)가 나를 진정으로 사랑하지 않는 것은 아닌가 하는 걱정을 한다. 또 배우자(또는 가까운 사람들)가 나를 떠날지도 모른다는 것을 걱정한다. 나는 주위 사람들이 내가 원하는 것만큼 나와 가까워지는 것을 꺼리는 것 같다.

이상의 3개 애착 유형들에 대한 평가를 성별, 나이, 거주 지역, 학력, 건강 상태 지각 수준 및 경제 상태에 대한 주관적 평가 수준별로 비교해 보고자 한다.

(1) 전체

전체 표집에서 애착 유형에 대한 평가 평균들은 다음 표에 제시하였다. 표를 보면 비교적

〈표 69〉 집단 특성별 애착 유형의 평균(표준편차) 및 차이 분석: 전체

전체		애착 유형별 평가		
		안정 애착	회피 애착	불안양가적 애착
성	남성	3.5 (1.1)	2.5 (1.1)	1.9 (.9)
	여성	3.5 (1.1)	2.6 (1.1)	2.1 (.9)
	합계	3.5 (1.1)	2.5 (1.1)	2.0 (.9)
	F	3.5+	8.6**	6.3*
나이	45~64세	3.4 (1.1)	2.5 (1.1)	1.9 (.9)b
	65~74세	3.5 (1.1)	2.6 (1.1)	2.1 (.9)a
	75세 이상	3.5 (1.0)	2.5 (1.0)	2.1 (.9)a
	합계	3.5 (1.1)	2.5 (1.1)	2.0 (.9)
	F	1.3	.6	5.3**
지역	서울	3.4 (1.1)	2.6 (1.0)	2.1 (.91)
	춘천	3.5 (1.1)	2.5 (1.1)	2.0 (.89)
	합계	3.5 (1.1)	2.5 (1.1)	2.0 (.90)
	F	7.9**	3.9*	4.05*
학력	비문해	3.5 (1.0)	2.5 (1.0)	2.2 (.9)a
	문해~3년 이하	3.5 (1.1)	2.6 (1.1)	2.2 (.9)a
	4~6년	3.5 (1.1)	2.5 (1.1)	2.0 (.9)b
	7~9년	3.6 (1.1)	2.5 (1.1)	1.9 (.8)b
	10~12년	3.5 (1.1)	2.5 (1.1)	1.9 (.9)b
	13년 이상	3.4 (1.2)	2.5 (1.1)	1.9 (.9)b
	합계	3.5 (1.1)	2.5 (1.1)	2.0 (.9)
	F	.9	.4	8.1***
건강 상태	매우 건강	3.8 (1.2)a	2.3 (1.2)c	1.8 (.9)c
	건강	3.6 (1.1)b	2.4 (1.1)bc	1.9 (.8)bc
	보통	3.5 (1.1)bc	2.5 (1.1)ab	1.9 (.9)ab
	건강하지 못함	3.4 (1.1)c	2.6 (1.1)a	2.1 (.9)a
	매우 건강하지 못함	3.5 (1.1)bc	2.7 (1.1)a	2.1 (1.0)a
	합계	3.5 (1.1)	2.5 (1.1)	2.0 (.9)
	F	6.0***	5.9***	8.8***
주관적 경제 상태	매우 어렵다	3.4 (1.1)	2.6 (1.1)	2.2 (.9)a
	조금 어려운 편이다	3.5 (1.0)	2.5 (1.0)	2.1 (.9)a
	보통이다	3.5 (1.1)	2.5 (1.0)	1.9 (.8)a
	여유 있는 편이다	3.5 (1.2)	2.6 (1.2)	2.0 (.8)a
	매우 여유 있다	3.4 (1.5)	2.7 (1.4)	2.0 (1.1)a
	합계	3.5 (1.1)	2.5 (1.1)	2.0 (.9)
	F	.6	1.7	12.9***

다른 사람과 쉽게 가까워지며, 그로 인하여 불편함을 느끼지는 않는 안정적 애착에서는 '성별'에 따른 차이가 없다. 다만 다른 사람들과 가까워지는 것을 불편해 하는 회피 애착과 가까운 사람들이 자신을 진정으로 좋아하지 않는 지에 대하여 걱정이 많은 불안양가적 애착 경향 모두에서 여성들이 남성들에 비하여 더 높았다. '연령대별' 기준으로 비교해 본 결과, 연령대가 높을수록 불안양가적 애착 성향이 증가하였다. '지역별'로는 춘천 지역이 안정적 애착 성향은 높았으나, 회피적 애착 및 불안양가적 애착 성향에서는 낮았다. '학력별' 기준을 근거로 비교해 보면 학력 수준이 낮을수록 불안양가적 애착 성향이 높았다. '건강 상태'를 기준으로 살펴보면 건강할수록 안정적 애착은 높았고, 회피나 불안양가적 애착 성향은 낮았다.

(2) 서울

서울 지역 표집에서 애착 유형별 평가 평균들은 다음 표에 제시하였다. 표를 보면 회피 애착에 대한 평가에서 여성들이 남성들보다 높아 '성별' 차이를 보여 주고 있다. 즉, 서울 지역 여성들은 남성들에 비하여 다른 사람들과 가까워지는 것을 불편해 하는 경향이 높음을 알 수 있다. 그러나 '연령대'에 따른 각 애착 유형들 간의 차이는 보이질 않았다. 한편 학력별 구분과 건강 상태 및 경제 상태에 따른 애착 유형들 간의 변화 패턴은 전체 표집을 대상으로 연구한 결과와 유사하였다.

〈표 70〉 집단 특성별 애착 유형의 평균(표준편차) 및 차이 분석: 서울

전체		애착 유형별 평가		
		안정 애착	회피 애착	불안양가적 애착
성	남성	3.5 (1.0)	2.5 (.9)	2.0 (.9)
	여성	3.4 (1.1)	2.6 (1.1)	2.1 (.9)
	합계	3.4 (1.1)	2.6 (1.0)	2.1 (.9)
	F	1.9	5.7*	.9
나이	45~64세	3.4 (1.1)	2.5 (1.0)	2.0 (.9)
	65~74세	3.4 (1.1)	2.6 (1.0)	2.1 (.9)
	75세 이상	3.4 (1.0)	2.6 (1.0)	2.2 (.9)
	합계	3.4 (1.1)	2.6 (1.0)	2.1 (.9)
	F	.1	1.5	1.9
학력	비문해	3.5 (.9)	2.5 (.9)	2.2 (.9)a
	문해~3년 이하	3.4 (1.1)	2.7 (1.1)	2.3 (.9)a
	4~6년	3.3 (1.1)	2.6 (1.1)	2.1 (.9)ab
	7~9년	3.6 (1.0)	2.6 (1.0)	1.9 (.8)b
	10~12년	3.4 (1.1)	2.5 (1.0)	1.9 (.9)b
	13년 이상	3.4 (1.1)	2.5 (1.0)	1.9 (.9)b
	합계	3.4 (1.1)	2.6 (1.0)	2.1 (.9)
	F	1.4	1.0	3.8**

건강 상태	매우 건강	3.8 (1.1)a	2.3 (1.2)b	1.8 (.9)b
	건강	3.6 (1.1)ab	2.4 (.9)b	1.9 (.9)ab
	보통	3.4 (1.1)bc	2.5 (1.0)ab	2.0 (.9)ab
	건강하지 못함	3.3 (1.1)c	2.7 (1.0)a	2.2 (.9)a
	매우 건강하지 못함	3.4 (1.1)bc	2.7 (1.1)a	2.1 (.9)a
	합계	3.4 (1.1)	2.6 (1.0)	2.1 (.9)
	F	4.6***	5.7***	3.7**
주관적 경제 상태	매우 어렵다	3.3 (1.1)	2.7 (1.1)	2.2 (.9)a
	조금 어려운 편이다	3.5 (1.0)	2.6 (.9)	2.3 (.9)a
	보통이다	3.4 (1.1)	2.5 (1.0)	1.9 (.8)a
	여유 있는 편이다	3.7 (1.2)	2.5 (1.1)	1.9 (.8)a
	매우 여유 있다	3.3 (1.4)	2.8 (1.2)	2.2 (1.1)a
	합계	3.4 (1.1)	2.6 (1.0)	2.1 (.9)
	F	1.8	1.6	7.5***

(3) 춘천

춘천 지역 표집에서 애착 유형에 대한 평가 평균들은 다음 표에 제시하였다. 표를 보면, 불안양가적 애착에 대한 평가에서 여성들이 남성들보다 높아 '성별' 차이를 보여 주고 있다. 즉, 춘천 지역 여성들은 남성들에 비하여 가까운 사람들이 자신을 진정으로 좋아하지 않는지에 대하여 걱정이 많은 불안양가적 애착 경향이 높음을 알 수 있다.

〈표 71〉 집단 특성별 애착 유형의 평균(표준편차) 및 차이 분석: 춘천

전체		애착 유형별 평가		
		안정 애착	회피 애착	불안양가적 애착
성	남성	3.6 (1.1)	2.4 (1.1)	1.9 (.9)
	여성	3.5 (1.1)	2.5 (1.1)	2.1 (.9)
	합계	3.5 (1.1)	2.5 (1.1)	2.0 (.9)
	F	.9	2.8+	5.0*
나이	45~64세	3.5 (1.2)	2.5 (1.1)	1.9 (.8)b
	65~74세	3.6 (1.1)	2.5 (1.1)	2.0 (.9)a
	75세 이상	3.6 (.9)	2.5 (1.0)	2.1 (.9)a
	합계	3.5 (1.1)	2.5 (1.1)	2.0 (.9)
	F	1.79	.5	3.7*
학력	비문해	3.5 (1.1)	2.5 (1.1)	2.2 (.9)a
	문해~3년 이하	3.6 (1.1)	2.5 (1.1)	2.1 (.9)a
	4~6년	3.6 (1.1)	2.5 (1.1)	1.9 (.9)ab
	7~9년	3.6 (1.1)	2.4 (1.1)	1.9 (.8)b
	10~12년	3.5 (1.2)	2.5 (1.2)	1.9 (.9)b
	13년 이상	3.4 (1.2)	2.6 (1.2)	1.9 (.8)b
	합계	3.5 (1.1)	2.5 (1.1)	2.0 (.9)
	F	.7	.4	5.3***

건강 상태	매우 건강	3.8 (1.3)	2.2 (1.2)	1.7 (.7)c
	건강	3.6 (1.1)	2.4 (1.1)	1.9 (.8)bc
	보통	3.6 (1.1)	2.5 (1.1)	1.9 (.9)ab
	건강하지 못함	3.5 (1.1)	2.5 (1.1)	2.1 (.9)ab
	매우 건강하지 못함	3.5 (1.1)	2.6 (1.2)	2.2 (1.0)a
	합계	3.5 (1.1)	2.5 (1.1)	2.0 (.9)
	F	2.1+	2.1+	5.7***
주관적 경제 상태	매우 어렵다	3.5 (1.1)	2.5 (1.1)	2.2 (.9)a
	조금 어려운 편이다	3.5 (1.1)	2.5 (1.1)	2.1 (.9)a
	보통이다	3.6 (1.1)	2.4 (1.1)	1.9 (.8)a
	여유 있는 편이다	3.4 (1.1)	2.6 (1.2)	2.1 (.9)a
	매우 여유 있다	3.7 (2.3)	2.3 (2.3)	1.0 (.0)b
	합계	3.5 (1.1)	2.5 (1.1)	2.0 (.9)
	F	.3	.9	7.9***

그러나 건강 상태 수준에 따른 비교결과에서, 전체 표집에서와 달리 불안양가적 애착 성향에서만 차이를 보였다. 즉, 건강 상태가 양호하다고 할수록 불안양가적 애착 수준이 낮았다. 한편, 연령대별, 학력별 구분 및 주관적 경제 상태에 따른 애착 유형들 간의 변화 패턴은 전체 표집을 대상으로 한 결과와 유사하였다.

본 연구에서는 Hazan과 Shaver(1987, 1990)가 성인들의 애착 유형을 측정하기 위해 만든 자기보고식 애착 유형 척도를 활용하여 측정하였다. 이들이 제시한 3개의 애착 유형에 대한 평가를 성별, 연령대별, 지역별, 학력별, 건강 상태별 및 주관적 경제 상태라는 집단별 특징들로 구분하여 알아보았다. 그 결과 자기 자신의 대인관계적 특성을 안정적인 애착 유형이라고 평가하는 경향이 서울 지역보다 춘천 지역에서 더 높았으며, 건강 상태가 양호할수록 더 높았다. 회피적 애착의 경우, 남성보다 여성이, 춘천보다 서울이, 그리고 건강 상태가 나쁘다고 평가할수록 그 수준이 높았다. 마지막으로 불안양가적 애착의 경우에는 남성보다 여성이, 연령대가 높을수록, 학력이 낮을수록, 건강 상태가 나쁠수록 더 높은 평가를 하였다. 다만 불안양가적 애착의 경우에는 일부 집단 특징들 간에서 차이를 보였지만, 중간 이하인 평균 2.0('대체로 아니다'가 2점) 수준이어서 응답자들의 대부분이 '(배우자를 포함한)가까운 사람들이 자신을 진정으로 좋아하는지 아니면 그렇지 않은지 등에 대하여 우려하는' 수준이 그리 높지는 않은 것으로 보인다.

본 연구 결과는 대부분의 애착 관련 연구들이 유아나 아동 및 대학생과 성인들을 대상으로 이뤄지는 흐름에서 노인 세대를 대상으로 그 영역을 확장하였다는 점에서 또 다른 의미를 찾아볼 수 있다.

4) 주관적 안녕감

PGCMS(Philadelphia Geriatric Center for Morale Scale)는 Lawton(1975, 1983)이 개발한 검사로, 성인기 주관적 안녕감을 측정하는 척도로 정서적 안정성, 노화에 대한 적응, 외로움/삶의 만족 등 세 가지의 하위 요인으로 구성되어 있다. 정서적 안정성은 연령 증가에 따라 부적 정서를 자주 느끼고 걱정이나 괴로움을 많이 느끼는지에 대해 측정한 후 역 채점을 하여 점수를 환산한다(예: 올해는 사소한 일들로 괴로움이 더 많았다, 나는 때때로 걱정이 많아 잠을 못 이루곤 한다, 나는 슬퍼할 일들이 많다, 나는 이전보다 화를 더 많이 낸다 등 6문항). 노화에 대한 적응은 노화에 따라 나타나는 신체적, 심리적 변화에 잘 적응하는지에 대해 측정하고(예: 내가 나이가 들수록 상황이 점점 악화된다, 나는 작년과 마찬가지로 기운이 넘친다. 나이가 들어갈수록 점점 더 쓸모없는 사람이 된다 등 5문항), 삶의 만족 요인에서는 주변 사람들과 자주 만나며 즐겁게 잘 살고 있는지의 여부(예: 나는 내 친구들과 친척들을 충분히 만난다, 외롭다는 생각이 든다, 현재의 내 인생에 대해 만족한다 등 6문항)에 대해 측정한다. 총 17문항으로 구성되어 있다. 세 하위 요인의 점수를 합친 것이 전체 주관적 안녕감 점수가 된다. 삶의 만족 또는 주관적 안녕감을 측정하는 타 척도에 비해 노화에 따른 변화에 적응하는 정도나 일상생활에서 느끼는 정서를 측정하고 있으므로 노년기의 주관적 안녕감을 측정하기에 적합한 척도로 평가받고 있다.

(1) 전체

본 연구 결과, PGCMS를 통해 측정한 전체 주관적 안녕감 점수는 평균이 2.95(표준편차 .75)였고, 하위 척도의 평균은 정서적 안정성 평균이 3.30(표준편차 .87), 노화에 대한 적응 평균은 2.48(표준편차.83), 삶의 만족 평균은 3.08(표준편차 .86)로 나타났다. 서울과 춘천 간 차이를 비교한 결과, 유의미한 차이는 없었다. 연구 참여자 전체에 대한 성별, 연령, 학력, 건강, 주관적 경제 상태에 따른 주관적 안녕감의 평균 및 표준편차를 〈표 73〉에 제시하였다.

성별에 따른 주관적 안녕감의 차이가 나타났는데, 남성이 여성에 비해 정서적 안정성, 노화에 대한 적응, 삶의 만족이 높아 전체적으로 주관적 안녕감이 더 높은 것으로 나타났다(〈표 73〉 참조). 이와 같은 특성은 춘천과 서울이 동일했다. 남성이 여성에 비해 주관적 안녕감이 높은 특성은 우리나라에서 실시된 노인 연구에서 일관되게 나타나는 결과이다(유경, 민경환, 2005a, b). 남성은 여성에 비해 정서적 안정성도 높았고, 삶의 만족도와 노화에 대한 적응도 높은 수준으로 나타났다.

〈표 72〉 집단별 주관적 안녕감의 차이: 전체

평균(표준편차)		
성	남성	3.15(.71)
	여성	2.85(.75)
	전체	2.95(.75)
나이	45~64세	3.14(.74)
	65~74세	2.93(.76)
	75세 이상	2.78(.70)
	전체	2.95(.75)
학력	비문해	2.59(.76)
	문해~3년 이하	2.80(.74)
	4~6년	3.01(.71)
	7~9년	3.10(.73)
	10~12년	3.28(.75)
	13년 이상	3.48(.68)
	전체	2.95(.75)

평균(표준편차)		
건강 상태	매우 건강	3.63(.77)
	건강	3.37(.70)
	보통	3.17(.63)
	건강하지 못함	2.75(.64)
	매우 건강하지 못함	2.35(.63)
	전체	2.95(.75)
주관적 경제 상태	매우 어렵다	2.45(.64)
	조금 어려운 편이다	2.93(.65)
	보통이다	3.28(.67)
	여유 있는 편이다	3.57(.70)
	매우 여유 있다	3.45(.97)
	전체	2.95(.75)

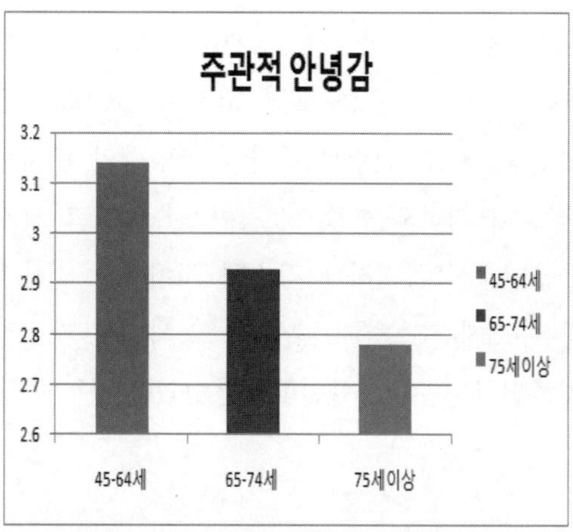

[그림 32] 연령에 따른 주관적 안녕감: 전체

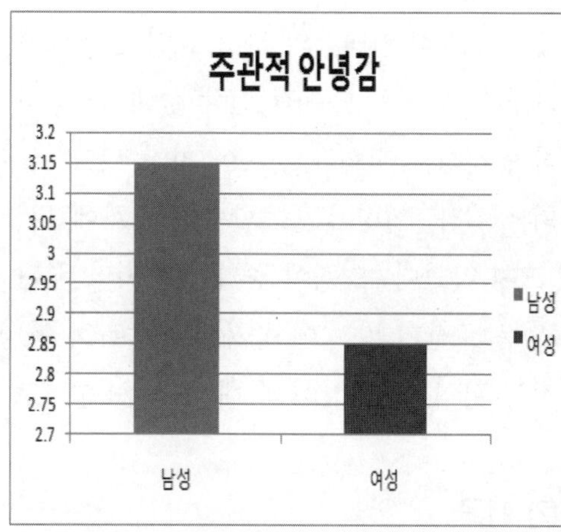

[그림 33] 성별에 따른 주관적 안녕감: 전체

〈표 73〉 성별에 따른 주관적 안녕감 차이: 전체

	남성(N=953) 평균(표준편차)	여성(N=1,565) 평균(표준편차)	t
정서적 안정성	3.54(.82)	3.16(.86)	11.11***
노화에 대한 적응	2.60(.84)	2.40(.81)	5.83***
삶의 만족	3.31(.82)	2.94(.86)	10.79***
주관적 안녕감(전체)	3.15(.71)	2.83(.75)	10.56***

*** p〈.001

〈표 74〉 인구사회학적 특성과 주관적 안녕감 상관관계: 전체

	경제 상태	주관적 건강 상태	학력	연령
정서적 안정성	.34***	.38***	.27***	-.08***
노화에 대한 적응	.43***	.47***	.35***	-.23***
삶의 만족	.47***	.41***	.34***	-.15***
주관적 안녕감(전체)	.47***	.48***	.37***	-.17***

*** p〈.001

연구 참여자들의 경제 상태, 건강, 연령, 학력과 주관적 안녕감 간의 상관관계를 살펴보았다. 그 결과 경제 상태가 좋을수록(r=.34, p〈.001), 건강 상태가 좋을수록(r=.43, p〈.001), 학력이 높을수록(r=.47, p〈.001) 주관적 안녕감이 높은 것으로 나타났다. 연령이 증가할수록 주관적 안녕감은 낮아지는 것으로 나타났다(r=.37, p〈.001). 주관적 경제 상태는 주관적 안녕감의 하위 요인 중 삶의 만족과 가장 높은 상관을 보였으며(r=.47, p〈.001), 주관적 건강 상태는 주관적 안녕감의 하위 요인 중 노화에 대한 적응과 가장 높은 상관(r=.47, p〈.001)을 나타냈다. 학력은 주관적 건강 상태 중 삶의 만족과 높은 상관을 보였고(r=.34, p〈.001) 정서적 안정성은 학력과 상관이 가장 낮았다(r=.27, p〈.001). 연령과 주관적 안녕감의 관계를 살펴본 결과, 연령이 증가할수록 노화에 대한 적응이 저하되는 것으로 나타났으나 그 크기는 크지 않았다. 연령이 증가함에 따라 주관적 안녕감이 급격하게 감소할 것이라는 일반적인 믿음과 달리, 연령이 증가해도 주관적 안녕감은 크게 감소하지 않으며, 그 차이도 정서적 안정성〈삶의 만족〈노화에 대한 적응 순서로 저하된다는 것을 확인할 수 있었다.

(2) 서울

연구 참가자 중 서울 참가자들에 대한 각 집단별 주관적 안녕감의 평균 및 표준 편차를 아래 표에 제시하였다. 여성보다 남성이 주관적 안녕감이 높은 것으로 나타났다[t(1,2516)=16.66, p〈.001]. 또한 연령 증가에 따른 주관적 안녕감의 저하가 확인되었지만 급격한 감소가 나타나는 것은 아니었다. 학력이 높을수록, 건강 상태가 좋을수록 주관적 안녕감의 평균이 높았으나, 경제적 상태의 경우는 일관된 패턴이 관찰되지는 않았다.

〈표 75〉 집단별 주관적 안녕감의 차이: 서울

평균(표준편차)		
성	남성	3.18(.71)
	여성	2.85(.77)
	전체	2.96(.76)
나이	45~64세	3.08(.75)
	65~74세	2.98(.77)
	75세 이상	2.97(.74)
	전체	2.96(.76)
학력	비문해	2.54(.61)
	문해~3년 이하	2.70(.69)
	4~6년	2.98(.74)
	7~9년	3.07(.73)
	10~12년	3.24(.77)
	13년 이상	3.50(.69)
	전체	2.96(.76)

평균(표준편차)		
건강 상태	매우 건강	3.63(.80)
	건강	3.42(.70)
	보통	3.21(.63)
	건강하지 못함	2.71(.64)
	매우 건강하지 못함	2.35(.62)
	전체	2.96(.76)
주관적 경제 상태	매우 어렵다	2.43(.64)
	조금 어려운 편이다	2.93(.63)
	보통이다	3.33(.67)
	여유 있는 편이다	3.78(.63)
	매우 여유 있다	3.26(.90)
	전체	2.96(.76)

(3) 춘천

연구 참가자 중 춘천 지역 참가자들에 대한 각 집단별 주관적 안녕감의 평균 및 표준 편차를 아래 표에 제시하였다. 여성보다 남성이 주관적 안녕감이 높은 것으로 나타났다 [t(1,1512)=18.29, $p < .001$]. 또한 연령 증가에 따른 주관적 안녕감의 저하가 확인되었지만 급격한 감소가 나타나는 것은 아니었다. 학력이 높을수록, 건강 상태가 좋을수록, 경제 상태가

〈표 76〉 집단별 주관적 안녕감의 차이: 춘천

평균(표준편차)		
성	남성	3.13(.72)
	여성	2.82(.73)
	전체	2.95(.74)
나이	45~64세	3.18(.73)
	65~74세	2.89(.74)
	75세 이상	2.77(.67)
	전체	2.95(.74)
학력	비문해	2.61(.66)
	문해~3년 이하	2.86(.69)
	4~6년	3.03(.70)
	7~9년	3.12(.73)
	10~12년	3.32(.73)
	13년 이상	3.46(.67)
	전체	2.95(.74)

평균(표준편차)		
건강 상태	매우 건강	3.63(.74)
	건강	3.34(.69)
	보통	3.15(.64)
	건강하지 못함	2.78(.64)
	매우 건강하지 못함	2.35(.64)
	전체	2.95(.74)
주관적 경제 상태	매우 어렵다	2.46(.65)
	조금 어려운 편이다	2.92(.66)
	보통이다	3.24(.67)
	여유 있는 편이다	3.43(.72)
	매우 여유 있다	4.24(1.02)
	전체	2.95(.74)

좋을수록 주관적 안녕감의 평균이 높은 것으로 확인되었다.

5) 인지 기능

Mini-Mental State Examination(MMSE; Folstein et al., 1975)은 전 세계적으로 가장 널리 사용되고 있는 간편 인지 기능 평가도구이자 치매 선별 도구로서 시간 지남력(5점), 장소 지남력(5점), 기억 등록(3점), 주의집중과 계산(5점), 기억 회상(3점), 언어(8점) 및 시공간 구성(1점)을 평가하는 항목들로 이루어져 있다(총점 30점). 우리나라에서도 한국판 MMSE (K-MMSE; 강연욱 등, 1997)가 개발되어 임상과 지역고령사회에서 이미 널리 사용되고 왔고 K-MMSE의 신뢰도와 타당도 및 규준이 선행 연구들(강연욱 등, 1997; 강연욱과 나덕렬, 2003)에서 보고된 바 있다. 그러나 현재 사용되고 있는 K-MMSE의 규준은 규준을 구성하고 있는 인원수가 충분히 많지 않고 특히 우리나라 노인들의 많은 부분을 차지하는 무학/비문해 노인들을 충분히 포함하고 있지 않다는 제한을 지닌다. 이와 같은 제한점을 보완하기 위해서 본 조사에서는 대도시와 중소도시 및 농촌 지역에서 표집된 45세 이상 90세 미만의 2,506명에게 K-MMSE를 실시하였고 Christensen 등(1991)의 기준을 적용하여 이들 중 신경학적이거나 정신과적인 문제를 지니지 않고 건강하다고 판단되는 1,582명(남자 616명, 여자 966명; 평균 나이: 67.22±9.74세, 평균 교육: 5.71±4.97년)의 검사 결과로 규준을 산출하였다.

회귀 분석 결과 나이, 성별 및 교육 수준이 K-MMSE 점수에 유의미한 영향을 미친다는 사실이 확인되었고, 그 영향력은 교육 수준(B=.37, t=14.81, p〈.001), 나이(B=-.23, t=-10.00, p〈.001), 성별(B=-.13, t=-5.35, p〈.001)의 순서임이 밝혀졌으며 세 변인은 K-MMSE 총점의 30.2%를 설명하는 것으로 확인되었다. 또한 나이, 성별 및 교육 수준을 통제하였을 때 K-MMSE 점수에 있어 서울과 춘천의 지역 차이는 발견되지 않았다. 따라서 이 결과는 K-MMSE 점수를 해석할 때 피검자의 교육 수준과 나이 및 성별을 반드시 고려하여 그에 적합한 규준을 사용해야 한다는 사실을 강력히 시사한다.

교육 수준, 나이 및 성별에 따른 규준을 산출하기에 앞서서 이들 각 변인에 따른 점수의 변화를 살펴보았다. 우선 K-MMSE 점수에 가장 큰 영향을 미치는 변인으로 밝혀진 교육 수준에 관해서 살펴보면, 교육 수준은 원래는 '비문해, 무학이지만 비문해가 아님, 1~3년, 4~6년, 7~9년, 10~12년, 13년 이상'의 7개 범주로 범주화되어 있었으나 나이와 성별을 공변량으로 통제한 공분산 분석(ANCOVA)을 실시하고 그 결과를 바탕으로 사후 분석(Tukey's post-hoc analysis)을 실시한 결과 7개 범주 중에서 '무학이지만 비문해가 아님' 범주와 '1~3년' 범주 사이에서는 유의한 점수 차이가 발견되지 않았고 7년 이상의 교육 범주들(7~9년, 10~12년, 13년 이상) 사이에서도 K-MMSE 점수의 유의한 차이가 관찰되지 않았다. 따라서 교육 범주는

'비문해', '무학이지만 비문해가 아님~3년', '4~6년', '7년 이상'의 4개 범주로 재범주화하는 것이 타당하다고 사료되었다.

나이 범주는 원래 45세부터 5세 단위로 나뉘어져 9개 범주를 구성하고 있었으나 교육 수준과 성별을 공변량으로 통제한 공분산 분석(ANCOVA)을 실시하고 그 결과를 바탕으로 사후 분석(Tukey's post-hoc analysis)을 실시하여 인접 범주들과의 차이 여부를 검토한 결과 65세 미만의 4개 범주(45~49세, 50~54세, 55~59세, 60~64세) 간에서는 유의미한 차이가 존재하지 않으며 '75~79세'와 '80~84세' 간에서도 K-MMSE 점수에 있어 유의미한 차이가 없음을 발견하였다. 따라서 나이 범주는 '45~64세', '65~69세', '70~74세', '75~84세', '85~90세'의 5개 범주로 다시 나누는 것이 타당하다고 시사되었다.

성별이 K-MMSE 점수에 미치는 영향을 확인하기 위하여 교육 범주별로 남녀의 K-MMSE 점수를 따로 산출하여 비교하였다. 그 결과 '비문해' 범주에서는 남녀 차이의 경향성($p<.10$)이 발견되었고 '무학이지만 비문해가 아님~3년' 범주에서는 남자가 여자보다 유의미하게 높은 수행($p<.01$)을 나타내었으나 그보다 높은 수준의 두 교육 범주에서는 남녀의 차이가 발견되지 않았다. 이 결과는 남녀간의 K-MMSE 수행 차이가 낮은 학력군에서만 존재한다는 사실을 시사한다. 이처럼 성별도 K-MMSE 점수에 유의미한 영향을 미치는 중요한 변인이기는 하나 교육 수준, 나이 및 성별의 세 변인이 K-MMSE 점수를 설명하는 30.2% 중 교육 범주와 나이 범주로 설명되는 설명량을 제외하면 성별은 1.3%의 비교적 적은 양의 변량을 설명하는 변인이다. 따라서 K-MMSE의 규준은 5개 나이 범주(45~64세, 65~69세, 70~74세, 75~84세, 85~90세)와 4개 교육 범주(비문해, 무학이지만 비문해가 아님~3년, 4~6년, 7년 이상)로 나누어 산출되었다. 재범주화한 나이와 교육 범주별 K-MMSE 점수 및 치매 선별에 지표가 될 수 있는 K-MMSE 절단점수가 〈표 77〉에 제시되어 있다. 본 연구는 지역사회에 살고 있는 대단위 중년과 노년 표본에서 K-MMSE 규준을 산출함으로써 기존의 규준을 보완하고 치매의 조기 진단과 예방 및 예후와 치료의 평가에 기여할 수 있다는 의의를 지닌다.

노인 인구가 증대함에 따라서 치매 환자의 수도 기하급수적으로 증가하고 있다. 그에 따라 지역사회에서 치매 여부를 초기에 쉽게 선별할 수 있는 치매 설문지의 필요성이 매우 증대되고 있다. 그러나 치매 초기에 관찰되는 인지, 정서 및 행동의 변화는 정상적인 노화에 따른 변화와 감별이 쉽지 않다. 본 조사에서는 한국판 치매 설문지(Korean Dementia Questionnaire; 박재설 등, 2008)를 제작하기 위한 기초 연구의 일환으로 지역사회에 거주하고 있는 노인들을 대상으로 치매 환자들에게 자주 보고되는 인지적, 정서적, 신체적 증상들로 구성된 33문항의 설문지를 실시하였고 치매 환자들에게서 관찰되는 증상들이 건강한 노인들에게서는 얼마나 관찰되는지 조사하였다. 위에서 기술된 K-MMSE의 규준 집단을 구성하고 있는 건강한 노인 1,582명의 KDQ 결과를 분석한 결과 성별이나 지역에 따른 KDQ 점

〈표 77〉 나이와 교육 범주 별 K-MMSE 규준

나이		비문해	무학이지만 비문해가 아님~3년	4~6년	7년 이상	전체
45~64	평균	21.33	25.85	27.20	27.77	27.02
	표준편차	(2.86)	(2.84)	(2.12)	(2.75)	(2.97)
	인원수(명)	27	48	164	240	479
	16percentile	18.47	23.01	25.08	25.02	24.05
	2percentile	15.61	20.17	22.96	22.27	21.08
65~69	평균	20.13	25.40	26.18	27.20	25.19
	표준편차	(3.33)	(3.25)	(2.78)	(2.80)	(3.92)
	인원수(명)	79	88	118	131	416
	16percentile	16.80	22.15	23.40	24.40	21.27
	2percentile	13.47	18.90	20.62	21.60	17.35
70~74	평균	19.33	25.19	26.05	27.09	24.29
	표준편차	(3.74)	(3.36)	(3.46)	(2.95)	(4.65)
	인원수(명)	97	62	74	105	338
	16percentile	15.59	21.83	22.59	24.14	19.64
	2percentile	11.85	18.47	19.13	21.19	14.99
75~84	평균	18.05	24.26	25.23	26.41	22.98
	표준편차	(3.49)	(3.85)	(4.11)	(3.76)	(5.02)
	인원수(명)	95	89	88	46	318
	16percentile	14.56	20.41	21.12	22.65	17.96
	2percentile	11.07	16.56	17.01	18.89	12.94
85~90	평균	15.73	22.67	24.00	28.50	20.03
	표준편차	(4.01)	(4.18)	(4.17)	(2.12)	(5.85)
	인원수(명)	15	6	8	2	31
	16percentile	11.72	18.49	19.83	26.38	14.18
	2percentile	7.71	14.31	15.66	24.26	8.33
전체	평균	19.14	25.03	26.30	27.37	25.00
	표준편차	(3.71)	(3.47)	(3.12)	(2.92)	(4.43)
	인원수(명)	313	293	452	524	1582
	16percentile	15.43	21.56	23.18	24.45	20.57
	2percentile	11.72	18.09	20.06	21.53	16.14

수 차이는 관찰되지 않았으나 나이〔F(8,1486)=3.75, p〈.001〕와 교육 수준〔F(5,1486)=7.71, p〈.001〕이 KDQ 점수에 유의하게 영향을 미친다는 사실이 밝혀졌다. 특히 건강한 중년과 노년들이라 할지라도 65세와 75세를 기점으로 그 이전 나이에 비해서 기억력, 언어 기능 및 시공간 기능이 유의하게 저하되며, 7년 이상의 교육 수준을 지닌 노인들에서는 교육 수준에 따른 차이가 관찰되지 않았으나 6년 이하의 교육 수준을 지닌 노인들에서는 교육 수준이 낮을수록 KDQ 점수가 더 높았다. 따라서 KDQ를 치매 선별 검사로서 사용하기 위해서는

K-MMSE와 같이 나이와 학력별로 세분화된 규준(〈표 78〉 참조)을 적용할 필요가 있음이 시사되었다.

〈표 78〉 나이와 교육범주 별 KDQ 규준

나이		비문해	무학이지만 비문해가 아님~3년	4~6년	7년 이상	전체
45~64	평균 표준편차 인원수(명) 절단점	9.44 (4.96) 27 15	6.29 (4.94) 48 12	6.88 (5.05) 164 12	5.60 (4.86) 240 11	6.33 (5.02) 479 12
65~74	평균 표준편차 인원수(명) 절단점	12.47 (5.47) 176 18	9.20 (5.47) 150 15	8.09 (5.40) 192 14	6.92 (5.43) 236 13	8.97 (5.82) 754 15
75~90	평균 표준편차 인원수(명) 절단점	13.49 (6.07) 110 20	10.37 (6.59) 95 17	9.52 (5.71) 96 16	8.13 (5.58) 48 14	10.81 (6.34) 349 18
전체	평균 표준편차 인원수(명) 절단점	12.57 (5.73) 313 19	9.10 (5.92) 293 15	7.96 (5.42) 452 14	6.43 (5.25) 524 12	8.57 (5.94) 1,582 15

4. 사회복지 분야

1) 사회적 지지

(1) 전체

응답자들의 사회적 지지 수준을 파악하기 위하여 Zimmet과 그의 동료들이 개발한 '다차원 사회적 지지 척도'를 활용하여 '의지할 친구', '상의할 가족', '희로애락을 나눌 사람', '이해해 주는 사람', '의사결정을 돕는 가족', '의논할 친구'에 대해 5점 척도로 측정하였다.

전반적인 사회적 지지 수준을 확인하기 위해 6개 문항에 대한 평균 점수를 살펴본 결과 5점 만점에 평균 3.2점으로 '그저 그렇다' 수준을 약간 상회하였다. 인구학적 특성에 따른 차이를 살펴보면 남성이 받는 사회적 지지가 3.3점으로 여성의 3.2점보다 더 높았으며, 45~64세 집단이 3.4점으로 65~74세의 3.2점, 75세 이상 집단의 3.0점보다 높았다. 그리고 비문해인 집단 2.9점, 초등학교 3년 이하의 저학력 집단 3.0점보다 학력이 높은 집단인 4~6년 교육받은 경험이 있는 집단이 3.3점, 7년 이상인 집단이 3.5점으로 더 높았다. 자신의 건강 상태가 '좋다' 또는 '매우 좋다'라고 인지한 집단은 사회적 지지가 3.4점으로 건강 상태가 '보통'이거나 '좋지 않다'라고 평가한 집단보다 그리고 자신의 경제 상황을 '여유 있다'고 인지한 집단이 3.7점으로 다른 집단에 비해 전반적인 사회적 지지 수준이 높은 것으로 나타났다. 그러나 서울과 춘천 간의 지역 차이는 발견되지 않았다.

〈표 79〉 인구학적 특성에 따른 사회적 지지 평균 비교: 전체

전체		평균(표준편차)
성	남성	3.3(.73)
	여성	3.2(.80)
	전체	3.2(.78)
나이	45~64세	3.4(.74)
	65~74세	3.2(.77)
	75세 이상	3.0(.77)
	전체	3.2(.78)
지역	서울	3.2(.80)
	춘천	3.2(.76)
	전체	3.2(.78)
학력	비문해	2.9(.75)
	문해~3년 이하	3.0(.72)
	4~6년	3.3(.75)
	7~9년	3.5(.77)
	10~12년	3.5(.76)
	13년 이상	3.5(.72)
	전체	3.2(.78)

		평균(표준편차)
건강 상태	매우 건강	3.4(.77)
	건강	3.4(.73)
	보통	3.3(.72)
	건강하지 못함	3.1(.75)
	매우 건강하지 못함	2.9(.84)
	전체	3.2(.78)
주관적 경제 상태	매우 어렵다	2.9(.83)
	조금 어려운 편이다	3.2(.73)
	보통이다	3.4(.70)
	여유 있는 편이다	3.7(.63)
	매우 여유 있다	3.3(.88)
	전체	3.2(.78)

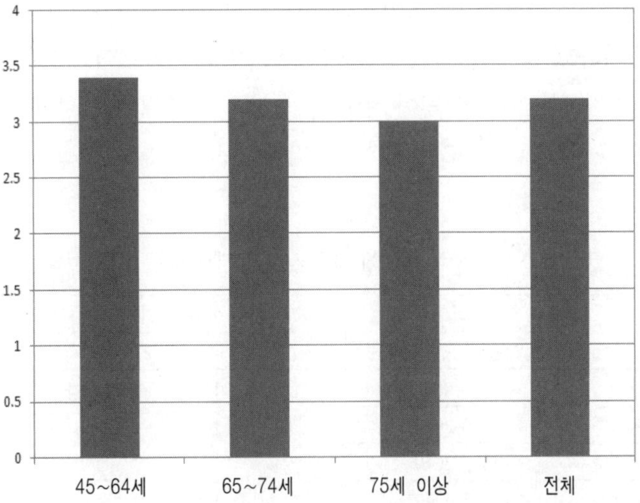

[그림 34] 연령에 따른 사회적 지지 평균: 전체

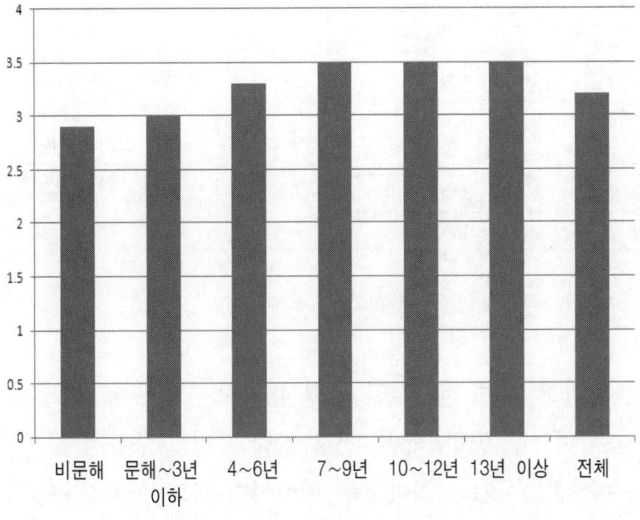

[그림 35] 학력에 따른 사회적 지지 평균: 전체

(2) 서울

서울에 거주하는 응답자들의 전반적인 사회적 지지 수준을 5점 만점으로 계산하면 평균 3.2점으로 '그저 그렇다' 수준을 약간 넘는다. 성별에 따른 전반적인 사회적 지지 수준의 차이는 발견되지 않았으나, 연령이 낮을수록 사회적 지지 수준이 높아 45~64세 집단이 3.4점, 65~74세 집단이 3.2점, 75세 이상 집단이 3.0점이었다. 그리고 비문해(2.8점)이거나 3년 이하의 학력을 지닌 집단(2.9점)보다 학력이 높아질수록, 주관적으로 인지하는 건강 상태가 좋을수록 전반적인 사회적 지지를 더 많이 받고 있는 것으로 나타났다. 주관적으로 인지하는 경제 상황은 '보통'이라고 평가한 집단이 3.8점으로 가장 높았으며, 경제 상태가 '매우 어렵다'고 답한 집단이 2.8점으로 가장 낮아 주관적인 경제 상황에 따라 사회적 지지 정도가 다름을 알 수 있었다.

〈표 80〉 인구학적 특성에 따른 사회적 지지 평균 비교: 서울

<table>
<tr><th colspan="2" rowspan="2">서울</th><th colspan="4">사회적 지지</th></tr>
<tr><th>평균(표준편차)</th><th></th><th></th><th>평균(표준편차)</th></tr>
<tr><td rowspan="3">성</td><td>남성</td><td>3.2(.8)</td><td rowspan="7">건강 상태</td><td>매우 건강</td><td>3.4(.8)</td></tr>
<tr><td>여성</td><td>3.2(.8)</td><td>건강</td><td>3.4(.8)</td></tr>
<tr><td>합계</td><td>3.2(.8)</td><td>보통</td><td>3.3(.7)</td></tr>
<tr><td rowspan="4">나이</td><td>45~64세</td><td>3.4(.8)</td><td>건강하지 못함</td><td>3.1(.8)</td></tr>
<tr><td>65~74세</td><td>3.2(.8)</td><td>매우 건강하지 못함</td><td>2.8(.8)</td></tr>
<tr><td>75세 이상</td><td>3.0(.8)</td><td>합계</td><td>3.2(.8)</td></tr>
<tr><td>합계</td><td>3.2(.8)</td><td></td><td></td></tr>
<tr><td rowspan="7">학력</td><td>비문해</td><td>2.8(.7)</td><td rowspan="7">주관적
경제 상태</td><td>매우 어렵다</td><td>2.8(.8)</td></tr>
<tr><td>문해~3년 이하</td><td>2.9(.7)</td><td>조금 어려운 편이다</td><td>3.2(.7)</td></tr>
<tr><td>4~6년</td><td>3.2(.8)</td><td>보통이다</td><td>3.4(.7)</td></tr>
<tr><td>7~9년</td><td>3.4(.7)</td><td>여유 있는 편이다</td><td>3.8(.7)</td></tr>
<tr><td>10~12년</td><td>3.5(.8)</td><td>매우 여유 있다</td><td>3.3(.8)</td></tr>
<tr><td>13년 이상</td><td>3.5(.7)</td><td>합계</td><td>3.2(.8)</td></tr>
<tr><td>합계</td><td>3.2(.8)</td><td></td><td></td></tr>
</table>

(3) 춘천

춘천의 응답자들이 받고 있는 전반적인 사회적 지지 수준은 3.2점으로 '그저 그렇다' 수준을 약간 넘는 정도이며, 성, 연령, 학력, 건강 상태 그리고 주관적 경제 상태에 따라 전반적인 사회적 지지 수준에 차이가 있었다. 즉, 전반적인 사회적 지지 수준이 남성은 3.4점으로 여성의 3.2점보다 높았으며, 연령이 낮을수록 사회적 지지 수준이 높아 45~64세 집단이 3.4점, 65~74세 집단이 3.2점, 75세 이상 집단이 3.0점이었다. 학력이 높을수록 사회적 지지 정도가 높아 10년 이상 수학한 사람들은 3.6점인 반면, 비문해인 집단은 2.9점으로 가장 낮았다. 주관적으로 인지하는 건강 상태가 좋을수록 사회적 지지 수준도 높아 '매우 건강하다'고 인지한 집단은 3.6점, '건강하다'고 인지한 집단은 3.5점인 반면, '건강하지 못하다'고 인지한 집단은 3.2점, '매우 건강하지 못하다'고 답한 집단은 2.9점이었다. 그리고 주관적으로 인지하는 경제 상황이 '여유 있다'라고 답한 집단이 3.7점으로 가장 높은 반면, '매우 어렵다'라고 답한 집단은 3.0점, '조금 어렵다'라고 답한 집단은 3.2점으로 주관적인

경제 상태와 전반적인 사회적 지지 정도 간에 관련이 있음을 알 수 있었다.

〈표 81〉 인구학적 특성에 따른 사회적 지지 평균 비교: 춘천

춘천		사회적 지지			
		평균(표준편차)			평균(표준편차)
성	남성	3.4(.7)	건강 상태	매우 건강	3.6(.7)
	여성	3.2(.8)		건강	3.5(.7)
	전체	3.4(.7)		보통	3.3(.7)
나이	45~64세	3.4(.7)		건강하지 못함	3.2(.7)
	65~74세	3.2(.7)		매우 건강하지 못함	2.9(.8)
	75세 이상	3.0(.8)		전체	3.2(.8)
	전체	3.2(.8)			
학력	비문해	2.9(.8)	주관적 경제 상태	매우 어렵다	3.0(.8)
	문해~3년 이하	3.1(.7)		조금 어려운 편이다	3.2(.7)
	4~6년	3.3(.7)		보통이다	3.4(.7)
	7~9년	3.5(.6)		여유 있는 편이다	3.7(.6)
	10~12년	3.6(.7)		매우 여유 있다	3.5(1.2)
	13년 이상	3.6(.7)		전체	3.2(.8)
	전체	3.2(.8)			

2) 사회복지 서비스 인지도 및 이용 실태

(1) 인지도

① 전체

응답자의 90% 이상이 노인복지 서비스 중 경로당(98.9%), 교통수당(96.5%), 노인대학 및 노인교실(93.9%)에 대해 알고 있었으며, 노인복지관(86.5%)과 철도 할인/지하철 무료이용(84.1%)에 대해서는 80% 이상이 알고 있었다. 인지도가 가장 낮은 서비스는 단기보호(20.9%)와 주간보호(27.1%)이었으며, 그 다음으로는 노인전문병원(43.4%)이었다.

성별에 따른 노인복지 서비스에 대한 인지도를 살펴보면 교통수당, 경로당, 식사 배달, 단기보호, 노인전문병원, 노인전문요양시설의 6개 서비스에 대한 인지도는 차이가 없었으나, 철도 할인/지하철 무료이용, 고궁/공원/능원/박물관 무료입장, 경로식당, 노인복지관, 노인교실, 가정봉사, 방문가정간호, 주간보호 등의 서비스에 대해 인지하고 있는 비율은 여성보다는 남성에게서 더 높았다.

노인복지 서비스에 대한 인지도를 연령별로 살펴보면, 철도 할인/지하철 무료이용, 경로식당, 경로당 세 가지 서비스를 제외한 나머지 11가지 서비스 인지도에 차이가 있었다. 인

지도에 있어서 유의미한 차이가 발견된 11가지 서비스 중 교통수당과 고궁/공원/능원/박물관 무료입장에 대한 인지도는 65세부터 74세 집단에게 각각 99.1%, 68.5%로 가장 높았으며, 노인복지관, 노인교실, 가정봉사, 방문가정간호, 식사 배달, 주간보호, 단기보호, 전문요양시설, 노인전문병원에 대한 인지도는 45~64세 집단에서 가장 높았다. 그리고 세 연령집단 중 75세 이상 집단에서 교통수당을 제외한 다른 서비스에 대한 인지율이 가장 낮았다.

학력별로 노인복지 서비스에 대한 인지도의 차이를 살펴보았다. 철도 할인/지하철 무료이용, 고궁/공원/능원/박물관 무료입장, 주간보호와 단기보호, 전문요양시설과 노인전문병원에 대한 인지도는 학력이 높아질수록 점차 높아졌다. 특히 노인전문병원은 비문해의 24.8%만

〈표 82〉 사회복지 서비스 인지도와 이용 경험: 전체

사회복지 서비스		인지도			이용 여부		
		모른다	안다	계	없다	있다	계
노인우대 제도	철도 할인, 지하철 무료이용	401 (15.9)	2,119 (84.1)	2,520 (100.0)	863 (40.7)	1,256 (59.3)	2,119 (100.0)
	교통수당	87 (3.5)	2,433 (96.5)	2,520 (100.0)	684 (28.1)	1,747 (71.9)	2,431 (100.0)
	고궁, 공원, 능원, 박물관 무료입장	853 (33.8)	1,667 (66.2)	2,520 (100.0)	1,018 (61.1)	649 (38.9)	1,667 (100.0)
노인여가 서비스	노인복지관	339 (13.5)	2,181 (86.5)	2,520 (100.0)	1,811 (71.9)	369 (14.6)	2,180 (100.0)
	노인대학, 노인교실	154 (6.1)	2,366 (93.9)	2,520 (100.0)	2,185 (92.4)	180 (7.6)	2,365 (100.0)
	경로당	28 (1.1)	2,492 (98.9)	2,520 (100.0)	1,558 (61.8)	933 (37.0)	2,491 (100.0)
노인요양 시설 및 서비스	경로식당	1,066 (42.3)	1,454 (57.7)	2,520 (100.0)	1,231 (84.8)	221 (15.2)	1,452 (100.0)
	가정봉사 서비스	957 (38.0)	1,563 (62.0)	2,520 (100.0)	1,538 (61.0)	24 (1.0)	1,562 (100.0)
	방문가정간호	1,083 (43.0)	1,437 (57.0)	2,520 (100.0)	1,375 (95.7)	62 (4.3)	1,437 (100.0)
	식사 배달	958 (38.0)	1,562 (62.0)	2,520 (100.0)	1,507 (96.5)	55 (3.5)	1,562 (100.0)
	주간보호	1,838 (72.9)	682 (27.1)	2,520 (100.0)	678 (99.6)	3 (.4)	681 (100.0)
	단기보호	1,993 (79.1)	527 (20.9)	2,520 (100.0)	523 (99.4)	3 (.6)	526 (100.0)
	노인전문요양시설	1,092 (43.3)	1,428 (56.7)	2,520 (100.0)	1,421 (99.6)	5 (.4)	1,426 (100.0)
	노인전문병원	1,427 (56.6)	1,093 (43.4)	2,520 (100.0)	1,083 (99.3)	8 (.7)	1,091 (100.0)

이 인지하고 있는 반면 13년 이상 수학한 사람은 66.3%이었고, 노인전문요양시설을 비문해의 32.3%가 인지한 반면 13년 이상 수학한 사람은 80.9%이었다. 고궁/공원/능원/박물관 무료입장에 대한 인지도가 10년 이상 수학한 사람의 80% 이상이었지만, 비문해에게서는 48.3%에 그쳤다. 그리고 경로식당, 노인복지관, 노인교실 등에 대한 인지도도 비문해들에게서 가장 낮았고, 학교 교육을 받은 경험이 있는 사람들의 노인복지 서비스에 대한 인지도가 더 높았다. 그러나 교통수당은 비문해나 문해~3년 이하 수학을 한 집단의 인지도가 약 98%, 10년 이상의 수학 약 93%였으며, 13년 이상인 수학한 사람들의 경로당 인지도가 96.6%, 그이하의 학력을 지닌 집단들의 인지도가 98~99%로 학력이 낮은 집단에서 인지도가 더 높은 서비스도 발견되었다.

주관적인 경제적 상태에 따른 노인복지 서비스의 인지도는 교통수당, 경로당, 가정봉사, 식사 배달 서비스에서는 발견되지 않았다. 그러나 철도 할인/지하철 무료이용, 고궁/공원/능원/박물관 무료입장, 노인복지관, 노인교실, 노인전문요양시설, 노인전문병원, 경로식당 등의 서비스에 대한 인지도는 경제적으로 '여유 있다'고 인지하는 사람들이 더 많이 인지하고 있었다.

주관적인 건강 상태에 따른 노인복지 서비스 인지도를 살펴보면, 교통수당은 건강할수록 인지하고 있는 사람의 비율이 낮아졌다. 그러나 고궁/공원/능원/박물관 무료입장, 경로식당,

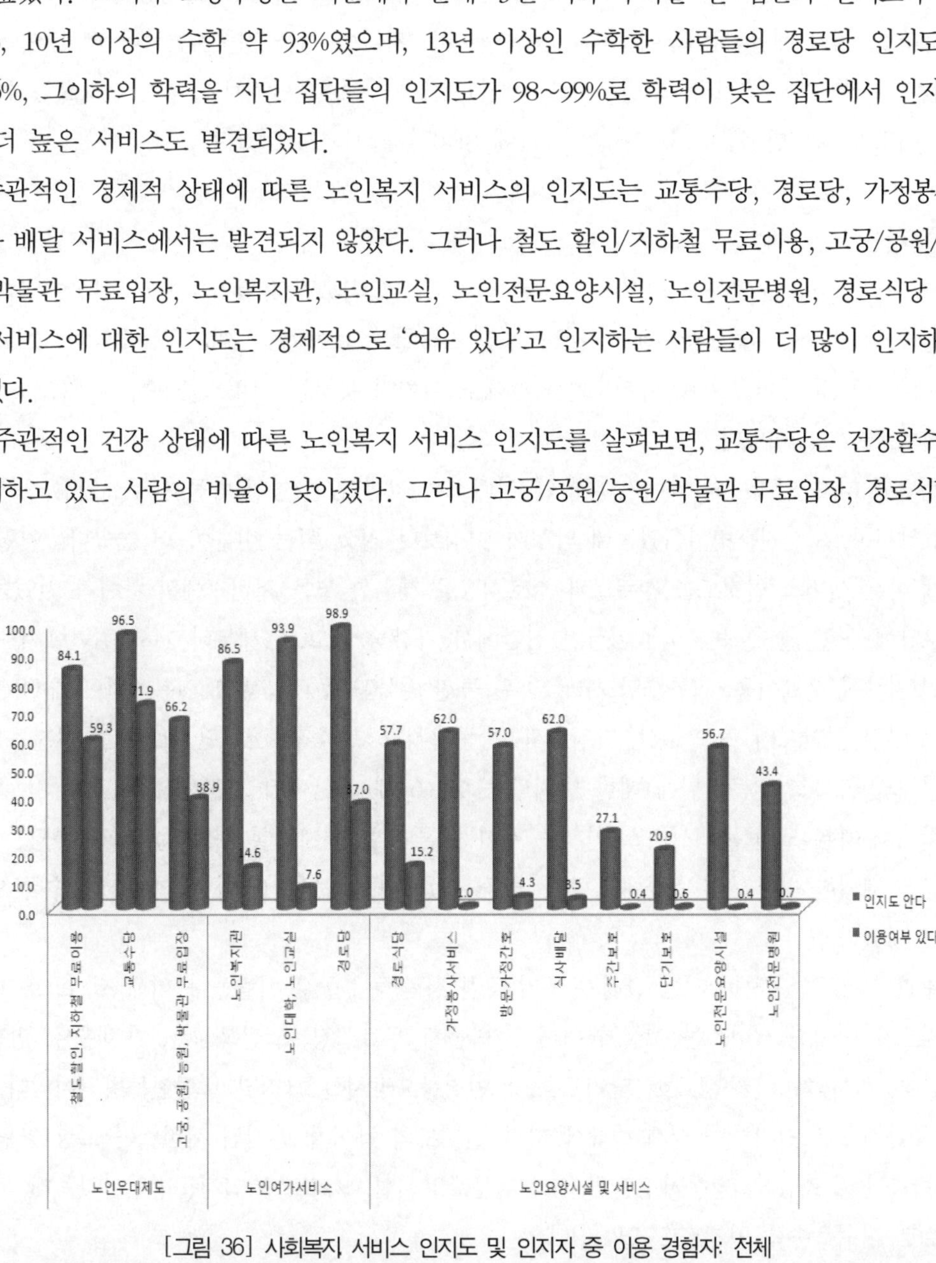

[그림 36] 사회복지 서비스 인지도 및 인지자 중 이용 경험자: 전체

노인교실, 가정봉사 서비스, 방문가정간호, 식사 배달, 주간보호, 단기보호는 주관적으로 인지하고 있는 건강 수준이 높을수록 인지도도 더 높았다. 철도 할인/지하철 무료이용, 경로당에 대한 인지도는 건강 상태에 따라 차이가 없었다.

서울과 춘천 두 지역 거주자 간에 노인복지 서비스에 대한 인지도 차이를 살펴보았다. 철도 할인/지하철 무료이용, 고궁/공원/능원/박물관 무료입장, 경로식당, 노인전문병원의 네 서비스에 대한 서울 거주자의 인지도가 춘천 거주자보다 더 높았고, 가정봉사 서비스, 방문가정간호, 식사 배달 서비스에 대해서는 춘천 거주자들이 서울 거주자들보다 더 많이 알고 있었다. 교통수당, 경로당, 노인복지관, 노인교실, 주간보호, 단기보호, 노인전문요양시설의 7개 서비스에 대한 인지도는 두 지역 간에 차이가 발견되지 않았다.

② 서울

서울 거주자의 노인복지 서비스에 대한 인지도를 살펴보면 응답자의 90% 이상이 인지하고 있는 서비스는 경로당(98.4%), 철도 할인/지하철 무료이용(97.6%) 교통수당(97.1%), 노인교실(94.0%) 등이었으며, 인지도가 50%에도 미치지 못하는 서비스는 주간보호(28.6%)와 단기보호(22.7%)이었다.

성별에 따라 인지도의 차이가 나타난 서비스는 고궁/공원/능원/박물관 무료입장, 노인전문요양시설, 노인전문병원이었는데 남성이 여성보다 알고 있는 비율이 더 높았다. 연령 집단에 따른 서비스 인지도는 경로당과 경로식당을 제외한 모든 서비스에서 차이가 있었는데, 경로당에 대한 인지도는 75세 이상인 집단에서 가장 높았고, 65세부터 74세 집단에서 철도 할인/지하철 무료이용, 교통수당, 고궁/공원/능원/박물관 무료입장, 노인복지관에 대한 인지도가 가장 높았으며, 노인교실, 가정봉사, 방문가정간호, 주간보호, 단기보호, 노인전문요양시설 그리고 노인전문병원에 대한 인지도는 45~64세 집단에서 가장 높았다.

학력에 따른 노인복지 서비스 인지도 차이는 철도 할인/지하철 무료이용, 교통수당, 경로식당을 제외한 다른 서비스들에서 모두 발견되었는데, 비문해이거나 학력이 낮을수록 인지도가 낮았다.

주관적으로 인지하는 건강 상태가 좋지 못한 사람들이 좋은 사람들에 비해 서비스에 대한 인지도가 떨어진 서비스는 고궁/공원/능원/박물관 무료입장, 노인복지관, 가정봉사, 방문가정간호, 식사 배달, 주간보호, 단기보호, 노인전문요양시설 그리고 노인전문병원이었다. 한편 주관적으로 인지하는 경제 상태에 따라 인지도의 차이가 발견된 서비스는 고궁/공원/능원/박물관 무료입장, 방문가정간호, 노인전문요양시설 그리고 노인전문병원이었는데, 경제적으로 어려울수록 인지도도 떨어졌다.

〈표 83〉 사회복지 서비스 인지도와 이용 경험: 서울

사회복지 서비스		인지도			이용 여부		
		모른다	안다	계	없다	있다	계
노인우대 제도	철도 할인, 지하철 무료이용	24 (2.4)	982 (97.6)	1,006 (100.0)	259 (26.5)	718 (73.5)	977 (100.0)
	교통수당	29 (2.9)	977 (97.1)	1,006 (100.0)	259 (26.5)	718 (73.5)	977 (100.0)
	고궁, 공원, 능원, 박물관 무료입장	251 (25.0)	755 (75.0)	1,006 (100.0)	457 (60.5)	298 (39.5)	755 (100.0)
노인여가 서비스	노인복지관	134 (13.3)	872 (86.7)	1,006 (100.0)	688 (79.0)	183 21.0)	871 100.0)
	노인대학, 노인교실	60 (6.0)	946 (94.0)	1,006 (100.0)	844 (89.3)	101 (10.7)	945 (100.0)
	경로당	16 (1.6)	990 (98.4)	1,006 (100.0)	741 (74.9)	248 (25.1)	989 (100.0)
노인요양 시설 및 서비스	경로식당	401 (39.3)	605 (60.1)	1,006 (100.0)	497 (82.4)	106 (17.6)	603 (100.0)
	가정봉사 서비스	408 (40.6)	598 (59.4)	1,006 (100.0)	580 (97.2)	17 (2.8)	597 (100.0)
	방문가정간호	480 (47.7)	526 (52.3)	1,006 (100.0)	501 (95.2)	25 (4.8)	526 (100.0)
	식사 배달	451 (44.8)	555 (55.2)	1,006 (100.0)	529 (95.3)	26 (4.7)	555 (100.0)
	주간보호	718 (71.4)	288 (28.6)	1,006 (100.0)	284 (99.0)	3 (1.0)	287 (100.0)
	단기보호	778 (77.3)	228 (22.7)	1,006 (100.0)	225 (99.1)	2 (.9)	227 (100.0)
	노인전문요양시설	418 (41.6)	588 (58.4)	1,006 (100.0)	582 (99.3)	4 (.7)	586 (100.0)
	노인전문병원	531 (52.8)	475 (47.2)	1,006 (100.0)	466 (98.5)	7 (1.5)	473 (100.0)

③ 춘천

춘천의 노인복지 서비스에 대한 인지도를 살펴보면 14개 서비스 중 경로당(99.2%), 교통수당(96.2%), 노인교실(93.8%), 노인복지관(86.5%) 순으로 인지도가 높았으며, 단기보호(19.7%)와 주간보호(26.0%)에 대한 인지도가 가장 낮았다.

남성과 여성 간에 경로당, 가정봉사, 방문가정간호, 식사 배달, 단기보호 서비스에 대한 인지도의 차이는 없었으며, 철도 할인/지하철 무료이용, 고궁/공원/능원/박물관 무료입장, 경로식당, 노인복지관, 노인교실, 주간보호, 노인전문요양시설, 노인전문병원은 남성이 여성보다 알고 있는 비율이 더 높았다. 다만 교통수당은 여성이 남성보다 인지도가 높았다.

연령 집단에 따른 서비스 인지도는 경로식당과 경로당을 제외한 모든 서비스에서 차이가 있었다. 교통수당에 대한 인지도가 45~64세 집단에서 다른 연령 집단에 비해 낮은 것을 제외하고는 75세 이상의 집단에서 철도 할인/지하철 무료이용, 고궁/공원/능원/박물관 무료입

〈표 84〉 응답자의 사회복지 서비스 인지도와 이용 경험: 춘천

사회복지 서비스		인지도			이용 여부		
		모른다	안다	계	없다	있다	계
노인우대 제도	철도 할인, 지하철 무료이용	377 (24.9)	1,137 (75.1)	1,514 (100.0)	584 (51.4)	553 (48.6)	1,137 (100.0)
	교통수당	58 (3.8)	1,456 (96.2)	1,514 (100.0)	425 (29.2)	1,029 (70.8)	1,454 (100.0)
	고궁, 공원, 능원, 박물관 무료입장	602 (39.8)	912 (60.2)	1,514 (100.0)	561 (61.5)	351 (38.5)	912 (100.0)
노인여가 서비스	노인복지관	205 (13.5)	1,309 (86.5)	1,514 (100.0)	1,123 (85.8)	186 (14.2)	1,309 (100.0)
	노인대학, 노인교실	94 (6.2)	1,420 (93.8)	1,514 (100.0)	1,341 (94.4)	79 (5.6)	1,420 (100.0)
	경로당	12 (.8)	1,502 (99.2)	1,514 (100.0)	817 (54.4)	685 (45.6)	1,502 (100.0)
노인요양 시설 및 서비스	경로식당	665 (43.9)	849 (56.1)	1,514 (100.0)	734 (86.5)	115 (13.5)	849 (100.0)
	가정봉사 서비스	549 (36.3)	965 (63.7)	1,514 (100.0)	958 (99.3)	7 (.7)	965 (100.0)
	방문가정간호	603 (39.8)	911 (60.2)	1,514 (100.0)	874 (95.9)	37 (4.1)	911 (100.0)
	식사 배달	507 (33.5)	1,007 (66.5)	1,514 (100.0)	978 (97.1)	29 (2.9)	1,007 (100.0)
	주간보호	1,120 (74.0)	394 (26.0)	1,514 (100.0)	394 (100.0)	0 (.0)	394 (100.0)
	단기보호	1,215 (80.3)	299 (19.7)	1,514 (100.0)	298 (99.7)	1 (.3)	299 (100.0)
	노인전문요양시설	674 (44.5)	840 (55.5)	1,514 (100.0)	839 (99.9)	1 (.1)	840 (100.0)
	노인전문병원	896 (59.2)	618 (40.8)	1,514 (100.0)	617 (99.8)	1 (.2)	618 (100.0)

장, 노인복지관, 노인교실, 가정봉사, 방문가정간호, 식사 배달, 주간보호, 노인전문요양시설 그리고 노인전문병원에 대한 인지도가 더 낮았다.

학력에 따라 경로당을 제외한 13개 서비스에 대한 인지도에서 차이가 있었으며, 교통수당을 제외한 12개 서비스에 대한 인지도가 비문해 집단에서 가장 낮게 나타났다.

주관적으로 인지하는 건강 상태에 따라 노인복지 서비스 인지도의 차이를 살펴보면, 철도 할인/지하철 무료이용, 경로식당, 경로당, 식사 배달, 단기보호, 노인전문병원에 대한 인지도에서는 차이가 발견되지 않았다. 건강 상태에 따른 차이가 발견된 서비스들 중 교통수당을 제외한 다른 서비스들은 건강 상태가 좋지 않을수록 인지도가 낮았다.

주관적 경제 상태에 따른 노인복지 서비스 인지도는 철도 할인/지하철 무료이용, 경로식

당, 경로당, 가정봉사, 식사 배달, 주간보호, 단기보호 서비스에서는 차이가 없었다.

(2) 이용 경험

① 전체

노인복지 서비스를 인지하고 있는 사람을 대상으로 서비스를 이용해 본 경험을 살펴보았다. 전반적으로 살펴볼 때 노인우대제도를 이용해 본 경험이 가장 많았고, 경로식당을 제외한 노인요양시설 및 서비스를 이용한 경험이 가장 적었다. 노인우대제도에 해당하는 교통수당(71.9%), 철도 할인/지하철 무료이용(59.3%), 고궁/공원/능원/박물관 무료입장(38.9%), 노인여가 서비스인 경로당(37.0%) 순으로 이용 경험이 많았다. 그러나 노인요양시설 및 서비스인 가정봉사 서비스(1.0%), 노인전문병원(0.7%), 노인전문요양시설(0.6%), 단기보호(0.6%), 주간보호(0.4%)는 1%를 넘지 못하였다.

노인복지 서비스 중 철도 할인/지하철 이용, 교통수당, 경로식당, 노인복지관, 주간보호, 단기보호, 노인전문요양시설, 노인전문병원의 이용 경험에는 남녀 간의 차이가 발견되지 않았다. 그러나 고궁/공원/능원/박물관 무료입장과 경로당은 남성이 여성보다 더 많이 이용하였고, 노인교실, 가정봉사, 방문가정간호, 식사 배달은 여성이 남성보다 더 많이 이용한 경험이 있어 성별에 따른 이용 경험에서 차이가 있었다.

노인복지 서비스 중 주간보호, 단기보호, 방문가정간호, 노인전문요양시설을 제외한 나머지 10가지 서비스 이용 경험은 연령 집단에 따라 차이가 있었다. 75세 이상은 이 서비스들을 다른 연령 집단보다 더 많이 이용해 본 적이 있었는데 이것은 75세 이상의 집단이 노인복지 서비스를 인지함에 있어서 다른 연령 집단에 비해 떨어지지만 더 적극적으로 이용하고 있음을 의미한다.

지역별 노인복지 서비스 이용 경험의 차이를 살펴보았더니 14개 서비스 중 7개 서비스(교통수당, 고궁/공원/능원/박물관 무료입장, 방문가정간호, 식사 배달, 주간보호, 단기보호, 노인전문요양시설)의 이용 경험에는 차이는 없었다. 철도 할인/지하철 무료이용, 경로식당, 노인복지관, 노인교실, 가정봉사 서비스, 노인전문병원은 서울 거주자가 춘천 거주자보다 이용해 본적이 많았고, 경로당만이 춘천 거주자들이 서울보다 이용해 본 경험이 많았다.

학력별로 노인복지 서비스를 이용한 경험 여부를 비교하여 본 결과, 비문해들이 학교를 다녀본 경험이 있는 사람들에 비해 이용 경험이 더 많았던 서비스는 교통수당(87.9%), 경로당(53.3%), 경로식당(23.9%), 방문가정간호 서비스(9.9%), 식사 배달(7.3%)이었으며, 이 서비스들을 제외한 다른 서비스들은 학력이 높아질수록 이용 경험이 낮아지는 경향이 있었다. 그러나 학력이 높은 집단에서 서비스 이용 경험이 많은 부분도 발견되었는데, 13년 이상 교육을 받은 집단이 철도 할인/지하철 무료이용(67.5%)과 고궁/공원/능원/박물관 무료입장

(50.3%)을 다른 집단에 비해 더 많은 이용해 본 경험을 가지고 있었다.

주관적인 경제 상태에 따른 노인복지 서비스 이용 경험을 살펴보면, 철도 할인/지하철 무료이용, 노인복지관, 노인교실을 이용한 경험에서는 차이가 없었다. 그러나 교통수당과 경로당을 비롯하여 재가노인복지 서비스에 해당하는 경로식당, 가정봉사, 방문가정간호, 식사 배달 서비스는 경제적으로 '어려운 편이다' 또는 '매우 어렵다'라고 인지한 집단에서 이용해 본 경험이 더 많았다.

주관적으로 인지하는 건강 상태가 나쁠수록 철도 할인/지하철 무료이용, 교통수당, 경로당, 방문가정간호, 식사 배달과 같은 서비스를 이용해 본 경험이 더 많았지만, 고궁/공원/능원/박물관 무료입장, 노인복지관, 가정봉사 서비스, 주간보호, 단기보호, 노인전문병원, 노인전문요양시설 등은 건강 상태에 따른 차이가 없었다. 그런데 경로식당과 노인교실은 반드시 건강 상태가 좋다고 하여 이용 경험이 높은 것은 아니었다. 경로식당을 이용해 본 경험이 있는 사람은 '건강하지 못하다' 19%, '매우 건강하다' 15.6%, '매우 건강하지 못하다' 14.9% 순이었고, 노인교실은 '건강하지 못하다' 9.7%, '건강하지 못하다' 7.7%, 건강하다와 건강하지 못하다 각각 5.6% 순이었다.

② 서울

서울 거주 응답자들의 노인복지 서비스를 이용해 본 경험을 살펴보면, 철도 할인/지하철 무료이용(75.3%)과 교통수당(73.5%), 경로당(45.6%), 고궁/공원/능원/박물관 무료입장(39.5%), 경로당(25.1%), 노인복지관(21.0%) 경로식당(17.6%), 노인교실(10.7%)순이었다. 그리고 응답자의 5% 미만이 이용한 서비스는 방문가정간호(4.8%), 식사 배달(4.7%), 가정봉사(2.8%), 노인전문병원(1.5%) 주간보호(1.0%), 단기보호(0.9%), 전문요양시설(0.7%)이었다.

고궁/공원/능원/박물관 무료입장은 남성이 여성보다 더 많이 이용하고 있는 반면, 노인교실과 방문가정간호는 여성이 남성보다 더 많이 이용하고 있었다. 연령이 높아질수록 노인전문요양시설을 제외한 다른 노인복지 서비스 이용 경험률은 높아졌다. 노인전문요양시설을 인지하고 있는 45~64세 중 69.1%가 이용해 본 경험이 있어, 다른 연령 집단에 비해 그 비율이 높았다.

고궁/공원/능원/박물관 무료입장, 노인복지관, 가정봉사, 주간보호, 단기보호, 노인전문요양시설, 노인전문병원을 이용해 본 경험 여부에 있어서 학력에 따른 차이는 발견되지 않았다. 비문해이거나 교육받은 경험이 적을수록 철도 할인/지하철 무료이용, 교통수당, 경로식당, 경로당, 노인복지관, 방문가정간호, 식사 배달 서비스를 더 많이 이용하였다.

주관적으로 인지하는 건강 상태가 좋지 않은 사람들이 좋다고 인지하는 사람들에 비해 철도 할인/지하철 무료이용, 교통수당, 노인교실, 방문가정간호, 식사 배달 서비스를 이용해 본 경험해 본 적이 많았다. 주관적으로 인지하는 경제 상태에 따라서도 서비스를 이용해 본 경험에 차이가 있었는데, 경제적으로 어렵다고 인지하는 사람들이 철도 할인/지하철 무료이용, 교통수당, 경로식당, 노인복지관, 가정봉사, 방문가정간호, 식사 배달 서비스를 이용해 본 경험이 더 많았다.

③ 춘천

춘천 거주 응답자들이 노인복지 서비스를 이용해 본 경험은 교통수당(70.8%)이 가장 많았으며, 다음으로 철도 할인/지하철 무료이용(48.6%), 경로당(45.6%), 고궁/공원/능원/박물관 무료입장(38.5%)순이었다. 노인복지관(14.2%)과 경로식당(13.5%)은 10%를 약간 상회하였다. 그러나 가정봉사, 주간보호, 단기보호, 노인전문요양시설과 노인전문병원은 응답자 1,137명 중 한 사람도 이용해 본 경험이 없거나 또는 이용 경험률이 1% 미만이었다.

성별에 따른 노인복지 서비스 이용 경험률을 살펴보면 철도 할인/ 지하철 무료이용, 고궁/공원/능원/박물관 무료입장, 경로당, 가정봉사 서비스는 남성이 여성에 비해 이용해 본 경험이 더 많았고, 식사 배달 서비스는 여성이 남성보다 이용 경험이 더 많았다. 연령별로는 철도 할인/ 지하철 무료이용, 교통수당, 고궁/공원/능원/박물관 무료입장, 경로식당, 경로당, 노인복지관, 노인교실, 식사 배달 서비스는 연령이 높아질수록 이용 경험이 많아져, 75세 이상 집단의 이용 경험률이 가장 높았다.

건강 상태가 매우 좋지 않다 또는 좋지 않다고 인지하고 있는 사람들은 교통수당, 경로식당, 방문가정간호, 식사 배달 서비스를 더 많이 이용하고 있었다. 주관적인 경제 상황이 매우 어렵다 또는 조금 어려운 편이라고 인지하는 사람들이 교통수당, 고궁/공원/능원/박물관 무료입장, 경로당, 방문가정간호, 식사 배달 서비스를 더 많이 이용하고 있었다.

3) 주거 환경

(1) 개인 방 소유

① 전체

응답자 2,520명 중 93.3%에 해당하는 2,350명이 혼자 쓰는 방을 가지고 있었다. 남성의 98.4%가 혼자 쓰는 방을 가지고 있는 반면 여성의 90.1%로 그 비율이 낮았으며, 45~64세의 95.8%가 혼자 쓰는 방을 가지고 있는 반면 75세 이상에서는 89.8%였다. 지역별로는 춘천에 사는 응답자의 95.2%가 혼자 쓰는 방을 가지고 있는 반면, 서울은 90.3%가 혼자 쓰는 방을 가지고 있어 지역적인 차이를 보였다. 혼자 방을 쓰는 사람이 비문해 중에서는 86.6%인 반면, 13년 이상 수학한 사람 중에서는 97.8%였으며, 학력이 높아질수록 그 비율이 높아졌다. 경제적으로 '여유 있다' 또는 '매우 여유 있다'고 인지한 사람들이 혼자 쓰는 방을 가지고 있다고 답한 비율이 99.1%, 93.8%로 매우 높았으며, '매우 어렵다'고 인지하는 사람들 중에서 혼자 쓰는 방을 가지고 있는 비율은 88.6%였다. 건강 상태가 '보통'이라고 인지하고 있는 사람 중에서 95.6%가 혼자 쓰는 방을 가지고 있었으며, '매우 건강하지 못하다'라고 인지하고 있는 사람 중에서 91.2%였다.

② 서울

서울 거주 응답자 1,006명 중 혼자 쓰는 방을 가진 사람은 908명(86.4%)이었다. 남성의 98.2%가 혼자 쓰는 방을 가지고 있는 데 비해 여성의 경우에는 86.4%였다. 혼자 쓰는 방을 가지고 있는 사람의 비율이 75세 이상의 86.3%가 비해, 45~65세, 65~74세 집단에서는 90%를 넘었다. 학력별로는 비문해 중에서 78.1%만이 혼자 쓰는 방을 가지고 있었고, 3년 이하의 학력에서는 85.9%였는데, 학력이 높아질수록 그 비율이 높아져 10~12년 교육을 받은 사람들의 98.2%가 혼자 쓰는 방을 가지고 있었다. 주관적인 경제 상태가 어려울수록 혼자 쓰는 방을 가진 사람들의 비율이 낮아 '매우 어렵다' 또는 '어렵다'고 답한 사람들 중에서는 90%를 넘지 못하였다. 그러나 건강 상태에 따라 혼자 방을 쓰는지 여부에 차이가 없었다.

③ 춘천

춘천에 거주하는 응답자 1,514명 중 혼자 쓰는 방을 가진 사람은 1,442명(95.2%)이었다. 남성의 98.6%가 혼자 쓰는 방을 가지고 있는 반면 여성은 92.9%로 남성에 비해 적었다. 그리고 연령대별로 살펴보면 45~64세에서는 98.0%, 65~74세에서는 94.8%, 75세 이상에서는 92.5%로 연령이 높아질수록 혼자 쓰는 방을 가진 비율이 낮아졌다. 또한 비문해 중에서는 90.5%가 혼자 쓰는 방을 가지고 있는 반면, 학력이 높아질수록 그 비율이 높아져 13년 이상 교육을 받은 사람은 모두가 혼자 방을 쓰고 있었고, 자신의 경제 상태를 '매우 어렵다'고 인지한 사람들의 90.5%가 혼자 쓰는 방을 가지고 있었고, '여유 있는 편이다' 또는 '매우 여유 있다'라고 인지하는 사람들은 모두 혼자 방을 쓰고 있어서 경제적 여유와 주거 환경이 밀접함을 알 수 있었다. 그러나 건강 상태에 따라 혼자 방을 쓰는지 여부에 차이가 없었다.

(2) 주택 시설의 주관적 불편 정도

① 전체

응답자들의 주거 환경을 평가하기 위해 주택의 시설을 사용할 때 느끼는 불편함 정도를 조사하였다. 그 결과 가장 불편한 주거 환경은 '계단 오르내리기'로 약 29%가 '불편하다'라고 답하였고 나머지 주거 환경에 대해서는 70% 이상이 '불편하지 않다'라고 답하였다.

〈표 85〉 주택 시설 불편 정도: 전체

전체	해당 사항 없음	불편하다	그저 그렇다	불편하지 않다	합계
현관 주위의 계단 턱	159 (6.3)	288 (11.4)	162 (6.4)	1,910 (75.8)	2,519 (100.0)
복도나 거실 등의 문턱	131 (5.2)	160 (6.3)	180 (7.1)	2,048 (81.3)	2,519 (100.0)
계단 오르내리기	514 (20.4)	718 (28.5)	143 (5.7)	1,143 (45.4)	2,518 (99.9)
욕실이나 욕조 사용하기	363 (14.4)	180 (7.1)	182 (7.2)	1,793 (71.2)	2,518 (99.9)
화장실 벽 손잡이나 변기 사용	40 (1.6)	295 (11.7)	193 (7.7)	1,991 (79.0)	2,519 (100.0)

주택 시설에 대한 평가에 있어서 화장실 이용에 있어서 성별 차이가 나타나지 않았을 뿐 나머지 네 영역에서 그 차이가 있었는데 남성보다는 여성이 더 불편하다고 평가하였다.

연령별로 볼 때, 75세 이상의 집단이 다른 연령 집단에 비해 주거 환경의 다섯 영역에 대해 이용하기에 '불편하다'고 답한 비율이 더 높았다. 지역별로 주거 환경의 다섯 영역에 대한 평가를 살펴보면, 복도나 거실 등의 문턱을 제외한 나머지 네 영역에 대한 평가에서 차이가 있었다. 춘천의 경우 계단이나 욕실이 없어 '해당 없음'이라고 답한 경우가 서울보다 많았으며, 현관 주위의 계단 턱, 계단 오르내리기, 욕실 사용하기, 화장실 사용하기 등에서 서울에 거주하는 응답자들이 춘천 거주 응답자에 비해 '불편하다' 그리고 '불편하지 않다'라고 답한 비율이 모두 높아 서울의 주거 환경이 양극화되고 있음을 알 수 있었다.

학력 수준에 따라 주거 환경 영역을 비교해 보면 비문해이거나 3년 이하의 학력을 지닌 사람들이 그 이상의 학력을 지닌 사람들에 비해 더 불편하다고 평가하고 있다. 그리고 계단 또는 욕실이 없어서 '해당 없음'으로 답한 사람의 비율이 비문해의 경우에는 31.1%, 23.4%, 3년 이하의 학력에서는 20.3%, 23.9%로 다른 집단에 비해 높았다.

주거 환경은 경제적 상태와 밀접한 관계를 맺고 있어서 경제적으로 여유가 있는 사람들이 각 주거 환경 영역에 대해 '불편하지 않다'고 답한 비율 더 많았고, 경제적으로 '매우 어렵다'고 답한 사람들이 '해당 사항이 없다'라는 응답을 많이 하여 경제적 상황에 따라 주거 환경의 차이가 큼이 드러났다. 주거 환경의 다섯 영역에 대해 주관적인 건강 상태를 좋지 않게 인지하고 있을수록 '해당 없음'이나 '불편하다'라고 답한 사람들의 비율이 높았다.

② 서울

서울 거주 응답자들은 다섯 가지 주택 시설 중 '욕조나 욕실 사용하기' 에 대해 '해당 없음'이라고 답한 비율이 9.2%로 가장 높았다. 그리고 불편하다고 답한 비율은 계단 오르기(35.7%), 현관 주위의 계단 턱(13.8%), 화장실 벽 손잡이나 변기 사용(8.0%), 욕실이나 욕조 사용하기(7.5%), 복도나 거실 등의 문턱(6.7%) 순이었다.

〈표 86〉 주택 시설 불편 정도: 서울

서울	해당 사항 없음	불편하다	그저 그렇다	불편하지 않다	합계
현관 주위의 계단 턱	22 (2.2)	139 (13.8)	73 (7.3)	772 (76.7)	1,006 (100.0)
복도나 거실 등의 문턱	41 (4.1)	67 (6.7)	75 (7.5)	823 (81.8)	1,006 (100.0)
계단 오르내리기	70 (7.0)	359 (35.7)	76 (7.6)	500 (49.8)	1,005 (100.0)
욕실이나 욕조 사용하기	92 (9.2)	75 (7.5)	94 (9.4)	744 (74.0)	1,005 (100.0)
화장실 벽 손잡이나 변기 사용	6 (.6)	80 (8.0)	82 (8.2)	838 (83.3)	1,006 (100.0)

'화장실 벽 손잡이나 변기 사용'과 '복도나 거실 등의 문턱'에 대한 불편함에 대해서는 성별에 따른 차이가 없었고, 계단 오르기, 현관 주위의 계단 턱, 욕실이나 욕조 사용하기에 대해서 남성보다 여성이 불편함을 느끼는 비율이 더 컸다.

주택 시설 다섯 영역에 대한 평가가 연령별, 학력별, 건강 상태와 경제적 상황에 따라 차이가 있었는데, 연령이 높아질수록, 비문해이거나 학력이 낮아질수록, 건강 상태가 나쁘다고 인지할수록, 경제적 상황에 대해 어렵다고 인지할수록 주택 시설들에 대해 불편함을 더 많이 느끼고 있었다.

③ 춘천

주택 시설 중 '욕조나 욕실 사용하기'에 대해 17.9%가 '해당 없음'에 답을 하여 주택의 편리 시설이 충분히 갖추어지지 않은 환경에서 거주하고 있는 사람이 적지 않음을 알 수 있었다. 주택 시설 중 가장 불편한 시설은 '계단 오르내리기'로 약 1/4에 해당하는 23.7%가 불편하다고 평가하였다. 그 다음은 '화장실 벽 손잡이나 변기 사용'(14.2%), '현관 주위의 계단 턱'(9.8%), '욕실이나 욕조'(6.9%), '복도나 거실 등의 문턱'(6.1%) 순이었다.

〈표 87〉 주택 시설 불편 정도: 춘천

	해당 사항 없음	불편하다	그저 그렇다	불편하지 않다	합계
현관 주위의 계단 턱	137 (9.1)	149 (9.8)	89 (5.9)	1,138 (75.2)	1,513 (100.0)
복도나 거실 등의 문턱	90 (5.9)	93 (6.1)	105 (6.9)	1,225 (81.0)	1,513 (100.0)
계단 오르내리기	444 (29.3)	359 (23.7)	67 (4.4)	643 (42.5)	1,513 (100.0)
욕실이나 욕조 사용하기	271 (17.9)	105 (6.9)	88 (5.8)	1,049 (69.3)	1,513 (100.0)
화장실 벽 손잡이나 변기 사용	34 (2.2)	215 (14.2)	111 (7.3)	1,153 (76.2)	1,513 (100.0)

'욕실이나 욕조 사용하기'와 '화장실 벽 손잡이와 변기 사용'에 대해서는 성별 간의 차이가 없었으나, '현관 주위의 계단 턱', '계단 오르내리기', '복도나 거실의 문턱' 등의 주택 시설에 대해서 남성보다 여성이 더 불편함을 느끼고 있었다. 주택 시설 다섯 영역에 대한 평가가 연령별, 학력별, 건강 상태와 경제적 상황에 따라 차이가 있었는데, 연령이 높아질수록, 비문해이거나 학력이 낮아질수록, 건강 상태가 나쁘다고 인지할수록, 경제적 상황에 대해 어렵다고 인지할수록 주택 시설들에 대해 불편함을 더 많이 느끼고 있었다.

4) 노인 부양 책임감

(1) 전체

전체 응답자들의 노인 부양 책임감(filial responsibility) 수준을 파악하기 위하여 Seelbach(1978)가 개발한 '노인 부양 책임감(filial responsibility) 척도'를 활용하여 부모에 대한 정서적, 서비스적, 경제적 책임에 대해 총 6문항을 5점 척도로 측정하였다.

〈표 88〉과 [그림 37~38]에서 보는 바와 같이 전반적인 노인 부양 책임감은 5점 만점에 평균 3.7점으로 높은 수준이었으며 '대체로 그렇다'의 수준에 가까웠다. 각 변인별 분석의 결과를 보면 변인별로 매우 다르고 흥미 있는 결과를 보이고 있다. 노인 부양 책임감에 관한 조사에서 성별은 여성(3.74)이 남성(3.69)보다 평균점수에서 0.05점 높아 노인 부양 책임감이 여성이 미미하지만 높은 것으로 확인되었다. 연령에 따른 차이를 살펴보면, 45~64세 집단에서 65~74세 집단, 75세 이상 집단으로 갈수록 노인 부양 책임감은 유의미하게 높아

져 갔다. 그리고 학력에 따른 노인 부양 책임감의 차이는 비문해가 가장 노인 부양 책임감이 높았으며, 학력이 높아질수록 예외 없이 노인 부양 책임감이 낮아져갔다. 또한 건강하지 못한 집단의 노인 부양 책임감이 높았다. 그리고 주관적 경제 상태에 따른 노인 부양 책임감은 차이가 없었다.

〈표 88〉 인구사회학적 특성에 따른 노인 부양 책임감 평균 비교: 전체

전체		평균(표준편차)
성	남성	3.7(.7)
	여성	3.7(.6)
	전체	3.7(.7)
나이	45~64세	3.6(.7)
	65~74세	3.7(.7)
	75세 이상	3.9(.6)
	전체	3.7(.7)
지역	서울	3.7(.7)
	춘천	3.7(.7)
	전체	3.7(.7)
학력	비문해	3.9(.6)
	문해~3년 이하	3.8(.6)
	4~6년	3.7(.7)
	7~9년	3.6(.7)
	10~12년	3.5(.7)
	13년 이상	3.5(.8)
	전체	3.7(.7)

		평균(표준편차)
건강 상태	매우 건강	3.7(.7)
	건강	3.6(.7)
	보통	3.7(.7)
	건강하지 못함	3.8(.6)
	매우 건강하지 못함	3.9(.7)
	전체	3.7(.7)
주관적 경제력	매우 어렵다	3.7(.7)
	조금 어려운 편이다	3.7(.7)
	보통이다	3.7(.7)
	여유 있는 편이다	3.7(.8)
	매우 여유 있다	3.7(.9)
	전체	3.7(.7)

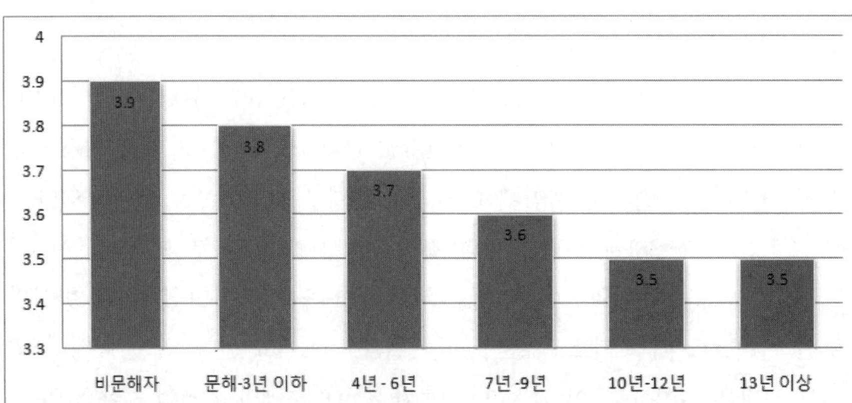

[그림 37] 학력별 노인 부양 책임감: 전체

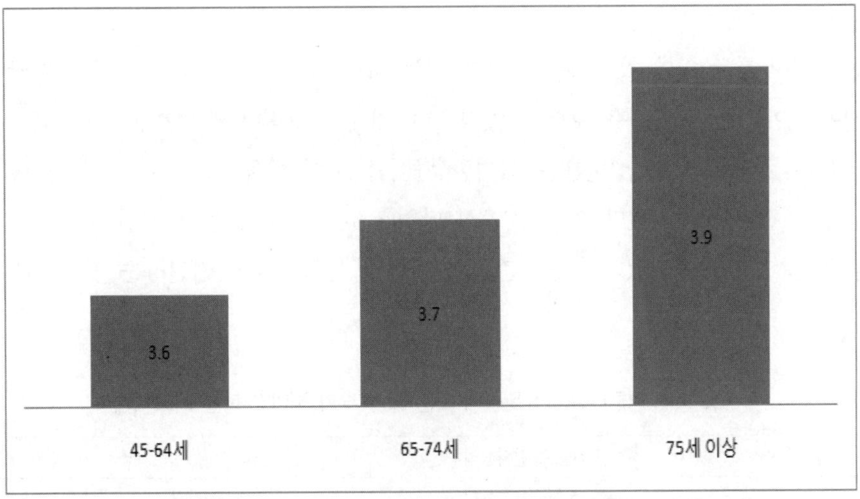

[그림 38] 나이별 노인 부양 책임감: 전체

(2) 서울

아래 표에서 보는 바와 같이 서울에 거주하는 응답자의 노인 부양 책임감은 5점 만점에 전체 응답자와 같은 3.7점으로 전반적으로 높은 수준이었으며 '대체로 그렇다'의 수준에 가까웠다. 각 변인별 분석의 결과를 보면 성별에 따른 차이는 남성(3.8)이 여성(3.7)보다 .01 높아 노인 부양 책임감이 남성이 미미하지만 높은 것으로 확인되었다. 이는 춘천에 거주하는 사람들은 여성이 노인 부양 책임감이 높은 것과는 반대되는 흥미로운 결과이다.

〈표 89〉 인구사회학적 특성에 따른 노인 부양 책임감 평균 비교: 서울

서울		평균(표준편차)			평균(표준편차)
성	남성	3.8(.7)	건강 상태	매우 건강	3.8(.7)
	여성	3.7(.7)		건강	3.6(.7)
	합계	3.7(.7)		보통	3.7(.7)
나이	45~64세	3.7(.7)		건강하지 못함	3.8(.6)
	65~74세	3.7(.7)		매우 건강하지 못함	3.8(.7)
	75세 이상	3.8(.6)		합계	3.7(.7)
	합계	3.7(.7)	주관적 경제 상태	매우 어렵다	3.7(.6)
학력	비문해	3.8(.6)		조금 어려운 편이다	3.7(.6)
	문해~3년 이하	3.8(.6)		보통이다	3.8(.7)
	4~6년	3.8(.6)		여유 있는 편이다	3.7(.8)
	7~9년	3.7(.7)		매우 여유 있다	3.7(.9)
	10~12년	3.7(.7)		합계	3.7(.7)
	13년 이상	3.6(.8)			
	합계	3.7(.7)			

(3) 춘천

아래 표에서 보는 바와 같이 춘천에 거주하는 사람들의 노인 부양 책임감은 평균이 3.7점으로 전반적으로 높은 수준을 보이고 있었으며 '대체로 그렇다'에 가까운 수준이었다. 각 변인별 분석의 결과를 보면 성별은 유의미한 차이를 보여 서울 지역에서의 유의미한 차이를 보이지 않은 결과와 대비된다. 여성(3.7)이 남성(3.6)보다 0.01 높아 노인 부양 책임감이 여성이 높은 것으로 확인되었다. 이는 춘천의 전통적 문화의식에 기인하는 것이 아닌가 사료된다.

〈표 90〉 인구사회학적 특성에 따른 노인 부양 책임감 평균 비교: 춘천

춘천		평균(표준편차)
성	남성	3.6(.7)
	여성	3.7(.6)
	전체	3.7(.7)
나이	45~64세	3.5(.7)
	65~74세	3.7(.7)
	75세 이상	3.9(.6)
	전체	3.7(.7)
학력	비문해	3.9(.6)
	문해~3년 이하	3.8(.6)
	4~6년	3.7(.7)
	7~9년	3.6(.7)
	10~12년	3.5(.8)
	13년 이상	3.3(.8)
	전체	3.7(.7)

		평균(표준편차)
건강 상태	매우 건강	3.7(.8)
	건강	3.6(.8)
	보통	3.6(.7)
	건강하지 못함	3.8(.6)
	매우 건강하지 못함	3.9(.7)
	전체	3.7(.7)
주관적 경제 상태	매우 어렵다	3.8(.7)
	조금 어려운 편이다	3.7(.7)
	보통이다	3.7(.7)
	여유 있는 편이다	3.7(.8)
	매우 여유 있다	3.7(.8)
	전체	3.7(.7)

5) 아들선호사상

(1) 전체

전체 조사 응답자들의 아들선호사상의 수준을 파악하기 위하여 '① 노후를 위해 아들이 필요하다. ② 아들이 여럿이라면 장남이 모셔야 한다. ③ 딸은 친정부모보다 시부모를 모셔야 한다'라는 3개의 문항에 대해 '전혀 그렇지 않다'에서 '매우 그렇다'에 이르기까지 5점 척도로 측정하였다.

전반적인 아들선호사상의 수준을 확인하기 위하여 위의 3개 문항의 빈도분포를 보면 아래 표와 같이 '노후를 위해 아들이 필요하다고 생각하느냐'는 질문에 '매우 그렇다'에 875명(34.7%), '대체로 그렇다'에 934명(37.1%), '그저 그렇다'에 212명(8.4%), '대체로 그렇지 않다'에 365명(14.5%), '전혀 그렇지 않다'에 133명(5.3%)이 응답하였다. '매우 그렇다'와 '대체로

그렇다'를 합하면 71.8%로 노후를 위해 아들이 필요하다고 생각하는 사람들이 71.8%에 이르고 있으며, 아직도 노후를 위해 아들을 선호하고 있음을 확인할 수 있었다.

'아들이 여럿이라면 장남이 모셔야 한다'라는 문항에서는 '매우 그렇다'라는 응답은 394명(15.6%), '대체로 그렇다'라는 응답은 463명(18.4%), '그저 그렇다'라는 응답은 172명(6.8%), '대체로 그렇지 않다'라는 응답은 1,071명(42.5%), '전혀 그렇지 않다'라는 응답은 420명(16.7%)이었다. '매우 그렇다'와 '대체로 그렇다'를 합한 빈도는 34.0%이고, '대체로 그렇지 않다'와 '전혀 그렇지 않다'를 합한 빈도는 59.2%였다. 이는 장남이 모셔야 한다는 생각을 하는 사람이 34.0%이고 그렇지 않다는 생각을 하는 사람이 59.2%로 꼭 장남이 모실 필요가 없다는 생각을 59.2%가 하는 것으로 조사되었다.

〈표 91〉 아들선호사상 문항별 빈도: 전체

전체	전혀 그렇지 않다	대체로 그렇지 않다	그저 그렇다	대체로 그렇다	매우 그렇다	합계
노후를 위해 아들이 필요하다	133 (5.3)	365 (14.5)	212 (8.4)	934 (37.1)	875 (34.7)	2,519 (100.0)
아들이 여럿이라면 장남이 모셔야 한다	420 (16.7)	1,071 (42.5)	172 (6.8)	463 (18.4)	394 (15.6)	2,520 (100.0)
딸은 친정부모보다 시부모를 모셔야 한다	71 (2.8)	393 (15.6)	215 (8.5)	994 (39.4)	847 (33.6)	2,520 (100.0)

'딸은 친정부모보다 시부모를 모셔야 한다'라는 조사에서는 '전혀 그렇지 않다'에 응답한 사람은 71명(2.8%), '대체로 그렇지 않다'에는 393명(15.6%), '그저 그렇다'에는 215명(8.5%), '대체로 그렇다'에는 994명(39.5%), '매우 그렇다'에는 847명(33.6%)이 응답하였다. '대체로 그렇다'에 응답한 사람과 '매우 그렇다'에 응답한 사람을 합하면 73.1%로 아직도 대부분의 사람들은 딸은 친정부모보다 시부모를 모셔야 한다고 생각하고 있었다.

성별에 따른 차이를 보면, 여성이 남성보다 노후에 대비 아들을 보다 선호하고 있는 것을 보여 주었고, '아들이 여럿이라면 장남이 모셔야 한다'라는 문항에서는 성별에 따라 차이가 없었다. 또한 여성들은 친정부모보다 시부모를 모셔야 한다고 생각하고 있는 사람들이 많았으며 남성들은 그렇지 않다고 생각하고 있는 사람들이 많았다.

연령에 따른 영향을 보면 연령이 증가함에 따라 노후에 아들이 필요하다고 생각하는 사람들이 증가하였고 장남이 노후에 모셔야 한다는 생각을 하는 사람도 증가하였다. 그리고 딸은 시부모를 모셔야 한다는 생각을 하는 사람도 증가하였다.

지역에 따른 차이는 노후에 아들이 필요하다고 생각하는 사람은 차이가 없었으나, 아들이 여럿이라면 장남이 모셔야 한다는 생각은 춘천에 거주하는 사람들이 서울에 거주하는 사람들보다 더 많이 하는 것으로 확인되었다. 딸은 친정부모보다 시부모를 모셔야 한다는 생각은 서울에 거주하는 사람들이 더 부정하고 있고 춘천에 거주하는 사람들은 긍정적인 경우가 많았다.

학력에 따른 차이를 보면, 아들선호사상은 학력이 높을수록 아들선호사상이 낮아지고, '아들이 여럿이라면 장남이 모시지 않아도 된다'는 생각을 많이 가진 것으로 확인되었다. 그리고 딸이 친정부모보다 시부모를 모셔야 하는 것은 아니라고 생각하는 사람이 증가하고 있음을 보여 주었다.

건강 상태에 따른 영향은 건강 상태가 나빠질수록 아들선호사상에 높아지고, '매우 건강하지 못한' 집단은 보다 건강 상태가 나은 다른 집단에 비해 장남이 부모를 모셔야 한다는 생각을 강하게 하고 있는 것으로 조사되었다. 또한 건강 상태가 나빠질수록 딸은 친정부모보다 시부모를 모셔야 한다고 생각하는 사람이 많았다.

주관적 경제 상태에 따른 차이를 보면, 아들선호사상에서는 큰 영향을 주지 못하는 것으로 확인되었으나, 주관적 경제 상태가 좋아질수록 장남이 모셔야 한다는 생각은 적게 하는 것으로 조사되었고, 주관적 경제 상태에 따라 딸이 친정부모보다 시부모를 모셔야 하는지에는 영향을 주지 않는 것으로 나타났다.

(2) 서울

서울에 거주하는 응답자의 아들선호사상을 파악하기 위하여 측정한 결과를 보면 아래 표와 같이 '노후를 위해 아들이 필요하다'고 생각하느냐는 질문에 '매우 그렇다'와 '대체로 그렇다'를 합하면 69.8%로 노후를 위해 아들이 필요하다고 생각하는 사람들이 69.8%에 이르고 있으며, 전체 71.8%에 비해 서울 거주자의 아들선호사상이 상대적으로 저위에 있음을 보여 주었다.

〈표 92〉 아들선호사상 문항별 빈도: 서울

서울	전혀 그렇지 않다	대체로 그렇지 않다	그저 그렇다	대체로 그렇다	매우 그렇다	합계
노후를 위해 아들이 필요하다	51 (5.1)	156 (15.5)	96 (9.5)	352 (35.0)	351 (34.9)	1,006 (100.0)
아들이 여럿이라면 장남이 모셔야 한다	177 (17.6)	435 (43.2)	80 (8.0)	188 (18.7)	126 (12.5)	1,006 (100.0)
딸은 친정부모보다 시부모를 모셔야 한다	38 (3.8)	174 (17.3)	104 (10.3)	408 (40.6)	282 (28.0)	1,006 (100.0)

'아들이 여럿이라면 장남이 모셔야 한다'라는 문항을 질문한 결과는 '매우 그렇다'라는 응답은 '매우 그렇다'와 '대체로 그렇다'를 합한 빈도는 31.2%이고, '대체로 그렇지 않다'와 '전혀 그렇지 않다'를 합한 빈도는 61%였다. 이는 장남이 모셔야 한다는 생각을 하는 사람이 31.2%이고 그렇지 않다는 생각을 하는 사람이 61.0%로 꼭 장남이 모실 필요가 없다는 생각을 61.0%가 하는 것으로 조사되었다. 이러한 결과는 서울에 거주하는 사람들이 아들선호사상이 전체 분석 결과보다 감소한 것이다.

'딸은 친정부모보다 시부모를 모셔야 한다'라는 문항의 조사에서는 '대체로 그렇다'에 응답한 사람과 '매우 그렇다'에 응답한 사람을 합하면 68.7%로 아직도 대부분의 사람들은 딸은 친정부모보다 시부모를 모셔야 한다고 생각하고 있었다. 그러나 서울 응답자들은 전체 자료의 73.1%보다는 감소하였다.

(3) 춘천

춘천에 거주하는 응답자의 아들선호사상을 파악하기 위하여 측정한 결과를 보면 아래 표와 같이 '노후를 위해 아들이 필요하다'고 생각하느냐는 질문에 '매우 그렇다'와 '대체로 그렇다'를 합하면 73.1%로 노후를 위해 아들이 필요하다고 생각하는 사람들이 서울에 거주하는 사람들보다 3.3%많은 73.1%에 이르고 있음을 보여 주고 있다.

〈표 93〉 아들선호사상 문항별 빈도: 춘천

춘천	전혀 그렇지 않다	대체로 그렇지 않다	그저 그렇다	대체로 그렇다	매우 그렇다	합계
노후를 위해 아들이 필요하다	82 (5.4)	209 (13.8)	116 (7.7)	582 (38.5)	524 (34.6)	1,513 (100.0)
아들이 여럿이라면 장남이 모셔야 한다	243 (16.1)	636 (42.0)	92 (6.1)	275 (18.2)	268 (17.7)	1,514 (100.0)
딸은 친정부모보다 시부모를 모셔야 한다	33 (2.2)	219 (14.5)	111 (7.3)	586 (38.7)	565 (37.3)	1,514 (100.0)

'아들이 여럿이라면 장남이 모셔야 한다'라는 문항에는 '매우 그렇다'와 '대체로 그렇다'를 합한 빈도는 35.9%로 서울의 31.2%보다 4.7% 높았고, '대체로 그렇지 않다'와 '전혀 그렇지 않다'를 합한 빈도는 58.1%로 서울의 61%보다 2.9% 감소하였다. 이는 장남이 모셔야 한다는 생각을 하는 사람이 35.9%이고 그렇지 않다는 생각을 하는 사람이 58.1%로 꼭 장남이 모실 필요가 없다는 생각을 58.1%가 하는 것으로 조사되었다. 이러한 결과는 춘천에 거주하는 사람들이 서울에 거주하는 사람들보다 장남이 모셔야 한다는 생각을 더 많이 하는 것

을 의미한다.

'딸은 친정부모보다 시부모를 모셔야 한다'라는 조사에서 '대체로 그렇다'에 응답한 사람과 '매우 그렇다'에 응답한 사람을 합하면 76.0%로 서울 거주자들의 분석 결과인 68.7%보다 7.3%가 많은 사람들이 대부분의 사람들이 딸은 친정부모보다 시부모를 모셔야 한다고 생각하고 있었다.

6) 노후 준비와 은퇴

(1) 노후 준비

① 전체

전체 응답자들의 노후 준비의 수준을 파악하기 위하여 응답자를 65세 이상인 경우와 미만인 경우로 구분하여 ① 65세 이상인 경우, '노후 생활에 대해 미리 준비하셨습니까?' ② 65세 미만인 경우, '노후 생활에 대해 준비하고 계십니까?'라는 두 문항을 '전혀 그렇지 않았다'에서 '매우 그랬다'까지 5점 척도로 측정하였다. 다음으로 응답자의 노후 생활비 마련 방법과 노환시 수발 문제에 대한 의식을 확인하기 위하여 ① '본인의 노후 생활비는 주로 어떻게 마련하는 것이 좋다고 생각하십니까?' ② '본인이 노환으로 자리에 눕게 될 때, 누가 보살펴 주어야 한다고 생각하십니까?'의 두 질문에 대하여 '본인이 전적으로', '본인과 자녀가 함께', '자녀가 전적으로', '국가가', '기타' 등 5가지로 구분하여 측정하였다.

65세 이상인 경우, '노후 생활에 대해 미리 준비하셨습니까?'라는 질문에는 '전혀 그렇지 않았다'에 643명(49.8%), '그렇지 않았다'에 275명(21.3%), '그저 그랬다'에 106명(8.2%), '그랬다'에 220명(17.1%), '매우 그랬다'에 46명(3.6%)이 응답하였다. 65세 이상인 경우 노후 준비를 한 사람은 20.7%에 지나지 않았고, 71.1%가 노후 준비를 하지 않은 것으로 조사되었다.

65세 미만인 경우, '노후 생활에 대해 준비하고 계십니까?'의 질문에는 '전혀 그렇지 않다'에 97명(20.4%), '그렇지 않다'에 90명(18.9%), '그저 그렇다'에 78명(16.4%), '그렇다'에 176명(37.1%), '매우 그렇다'에 34명(7.2%)이 응답하였다. 65세 미만의 경우에는 44.3%가 노후 준비를 하고 있었고, 39.3%는 노후 준비를 하지 않고 있었다.

이러한 조사의 결과 65세 이상의 경우에는 노후 준비를 한 사람은 20.7%에 불과하였으나, 65세 미만의 경우에는 44.3%가 노후 준비를 하고 있어 65세 미만의 사람들이 65세 이상의 사람들보다 23.6% 더 노후 준비를 하고 있음을 보여 주었다.

〈표 94〉 노후 준비와 관련된 문항별 빈도: 전체

전체	전혀 그렇지 않았다	그렇지 않았다	그저 그랬다	그랬다	매우 그랬다	전체
65세 이상인 경우, 노후 생활에 대해 미리 준비하셨습니까?	643 (49.8)	275 (21.3)	106 (8.2)	220 (17.1)	46 (3.6)	1,290 (100.0)
65세 미만인 경우, 노후 생활에 대해 준비하고 계십니까?	97 (20.4)	90 (18.9)	78 (16.4)	176 37.1)	34 (7.2)	475 (100.0)
전체	본인이 전적으로	본인과 자녀가 함께	자녀가 전적으로	국가가	기타	합계
본인의 노후 생활비는 주로 어떻게 마련하는 것이 좋다고 생각 하십니까?	1,088 (43.3)	265 (10.5)	681 (27.1)	395 (15.7)	86 (3.4)	2,515 (100.0)
본인이 노환으로 자리에 눕게 될 때, 누가 보살펴 주어야 한다고 생각하십니까?	173 (6.9)	141 (5.7)	1,330 (53.4)	322 (12.9)	524 (21.0)	2,490 (100.0)

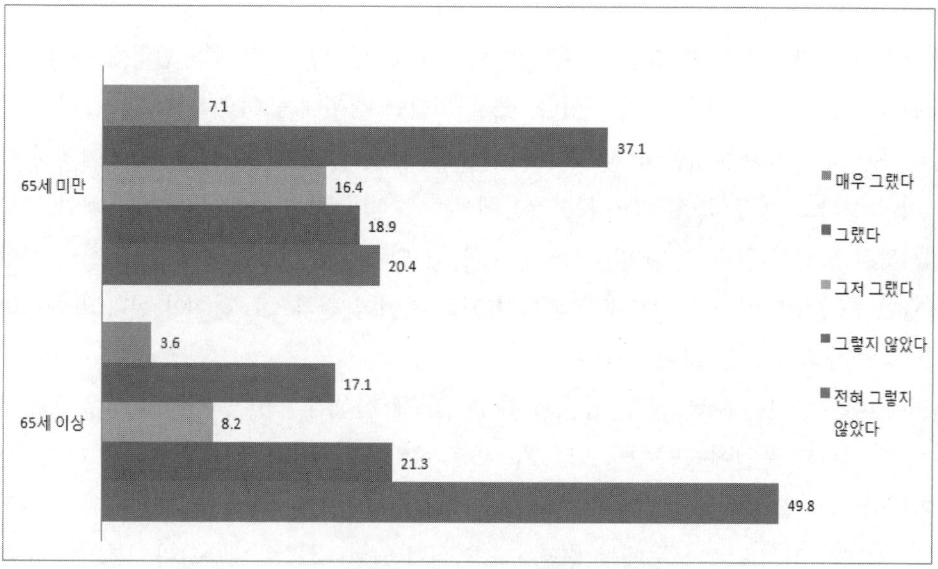

[그림 39] 노후 생활 준비 정도: 전체

이 조사의 결과에서 '본인의 노후 생활비'는 본인이 전적으로 마련하여야 한다는 의식이 전체의 43%로 다수였으며, 자녀가 마련하여야 한다는 생각을 가진 사람(27.1%)보다 약 1.6배의 수준이었다. '본인이 전적으로'와 '자녀가 전적으로' 그리고 '본인과 자녀가 함께' 노후 생활비를 마련하여야 한다는 생각을 가진 사람을 합하면 80.6%로 노후 생활비는 가정 내에서 마련하여야 한다는 생각을 80% 이상이 하고 있음을 확인하였다. 그러나 '국가가' 노후 생활비를 마련하여야 한다는 생각을 가진 사람도 15.7%에 이르러 적지 않은 사람들이 노후 생활의 국가 책임을 강조하고 있음도 조사되었다.

'본인이 노환으로 자리에 눕게 될 때, 누가 보살펴 주어야 한다고 생각하십니까?'라는 질문에는 자녀가 전적으로 보살펴야 한다는 생각을 가지는 사람들이 53.4%로 절대적으로 많고 다음이 국가가 12.9%로 다음을 이었다. 노환으로 자리에 눕게 되면 절반 이상이 자녀에 의존하고 다음이 국가에 의존함을 확인할 수 있었다.

성별에 따른 차이를 분석하여 보면, 노후 생활 준비에서 65세 이상인 경우에는 여성이 남성보다 노후 준비를 더 하지 않는 것을 보여 주었고, 65세 미만의 경우에는 차이를 보여 주지 않았다. '본인의 노후 생활비는 주로 어떻게 마련하는 것이 좋다고 생각 하십니까?'라는 문항에 대해서는 '본인이 전적으로'가 남성(55.8%)이 여성(35.6%)보다 매우 많았고, '자녀가 전적으로'와 '국가가' 마련하여야 한다는 응답에서는 여성이 남성보다 많아 여성이 남성보다 의존적임을 확인할 수 있었다. '본인이 노환으로 자리에 눕게 될 때, 누가 보살펴 주어야 한다고 생각하십니까?'라는 질문에서는 여성이 남성보다 노후의 보살핌을 자녀에게 그리고 국가에 더 의존하는 생각을 하고 있음을 보여 주었다.

연령에 따른 차이를 보면, 노후 생활 준비에서 65세 이상인 경우에는 연령이 증가할수록 노후 준비는 덜 되어 있음을 보여 주었다. 65세 미만인 경우에는 44.3%가 노후 준비를 하고 있었고, 39.3%는 노후 준비를 하지 못하고 있었다. '본인의 노후 생활비는 주로 어떻게 마련하는 것이 좋다고 생각 하십니까?'라는 질문에서는 연령이 젊은 층에서 본인의 책임을 보다 더 의식하고 노인이 될수록 자녀와 국가에 보다 더 의존적임을 보여 주었다. 노후의 보살핌도 연령이 증가하면 자녀나 국가에 의존적이 되고 본인이 전적으로 하여야 한다고 생각하는 사람은 감소하고 있음을 보여 주었다.

지역에 따른 차이를 보면, 노후 생활 준비에서 65세 이상이나 65세 미만인 경우에도 서울에 거주한 사람과 춘천에 거주한 사람 모두 노후 준비가 잘 되어 있지 않았다. 그리고 서울 응답자들이 국가가 노후를 책임져야 한다는 인식에서 춘천보다 더 강하였으며 '본인이 전적으로'와 '자녀가 전적으로' 모두에서 춘천보다 의식이 약한 것으로 나타났다. '본인이 노환으로 자리에 눕게 될 때, 누가 보살펴 주어야 한다고 생각하십니까?'라는 질문에 대해서도 '자녀가 전적으로'라는 생각을 하는 사람은 춘천(55.5%)이 서울(50.3%)보다 많았으며, '국가가' 노후를 보살펴 주어야 한다는 생각을 하는 사람은 서울(18.4%)이 춘천(9.3%)보다 많았다.

학력에 따른 차이를 보면, 노후 생활 준비에서 65세 이상인 경우와 65세 미만인 경우 모두 학력의 수준이 증가하면 노후 준비를 더 하고 있음을 보여 주었다. 학력이 높을수록 '본인이 전적으로'라는 의식이 높아 본인 스스로 노후를 해결하고자 하였으며, '자녀가 전적으로'는 학력이 낮을수록 높은 수준을 보여 보다 의존적임을 확인하였다. 그리고 학력이 낮으면 '자녀가 전적으로' 보살펴야 한다는 생각을 가지는 사람이 많고, 학력이 높아지면 '본인이 전적으로'와 '본인과 자녀가 함께' 보살펴야 한다는 생각을 많이 하는 것으로 나타났다.

건강 상태에 따른 차이는 노후 생활 준비에서 65세 이상인 경우와 미만인 경우 모두 건강 상태가 나빠질수록 노후 준비는 덜 되어 있음을 보여 주었다. '본인의 노후 생활비는 주로 어떻게 마련하는 것이 좋다고 생각 하십니까?'라는 질문에 대해서는 건강 상태가 좋으면 '본인이 전적으로'라는 의식을 많이 가지고 있고, 건강이 나쁠수록 '자녀가 전적으로'라는 생각을 가지는 사람이 많음을 보여 주었다. '본인이 노환으로 자리에 눕게 될 때, 누가 보살펴 주어야 한다고 생각하십니까?'라는 질문에 대해서도 건강한 경우에는 '본인이 전적으로'와 '본인과 자녀가 함께' 보살펴야 한다는 생각을 하는 사람들이 많고, 건강하지 못한 경우에는 '자녀가 전적으로' 또는 '국가가' 보살펴야 한다고 생각하는 사람들이 많음을 보여 주었다.

주관적 경제 상태에 따른 차이를 보면, 노후 생활 준비에서 65세 이상인 경우와 65세 미만의 경우 모두에서 주관적 경제 상태가 좋아질수록 노후 준비를 더하는 경향을 보여 주고 있다. '본인의 노후 생활비는 주로 어떻게 마련하는 것이 좋다고 생각 하십니까?'라는 질문에 대해서도 '본인이 전적으로'는 주관적 경제 상태가 좋을수록 대체로 높은 수준을 보였으며, '자녀가 전적으로'와 '국가가'는 대체로 주관적 경제 상태가 나쁠수록 높은 수준이었고, 주관적 경제 상태가 좋을수록 낮은 수준이었다. 또한 '본인이 노환으로 자리에 눕게 될 때, 누가 보살펴 주어야 한다고 생각하십니까?'라는 질문에 대해서도 '자녀가 전적으로'와 '국가가' 보살펴야 한다는 생각하는 사람이 주관적 경제 상태가 매우 어려운 사람들이 가장 많고, 주관적 경제적 상태가 좋아질수록 그 빈도가 적어졌다.

② 서울

서울에 거주하는 응답자들의 노후 준비 수준을 파악하기 위하여 측정하고 측정된 각 문항별 빈도와 인구학적 특성 비교를 하였다. 본 조사에 의하면 65세 이상인 경우 노후 준비를 한 사람은 21.9%에 지나지 않았고, 70.2%가 노후 준비를 하지 않은 것으로 조사되었다. 이는 전체 조사보다 노후 준비에서 1.2%가 증가하고, 미준비에서 0.9%가 감소하여 서울에 거주하는 사람들이 미미하지만 노후 준비를 더 하고 있었다. 서울에 거주하는 65세 미만의 경우 42.7%가 노후 준비를 하고 있었고, 39.3%는 노후 준비를 하지 않고 있었다. 이러한 결과는 65세 이상 집단보다 20.8% 이상 더 노후 준비를 하고 있음을 보여 주었다.

'본인의 노후 생활비'는 본인이 전적으로 마련하여야 한다는 의식이 전체의 38.8%로 다수였으며, 자녀가 마련하여야 한다는 생각을 가진 사람(25.3%)이 다음이었다. 이는 춘천 거주자와 비슷한 결과였다. 그러나 '국가가' 노후 생활비를 마련하여야 한다는 생각을 가진 사람도 20.8%에 이르러 적지 않은 사람들이 노후 생활의 국가 책임을 강조하고 있음도 조사되었다. 서울에 거주하는 사람들이 '국가가'라는 응답이 춘천 거주자보다 더 많았다.

서울에 거주하는 사람을 대상으로 '본인이 노환으로 자리에 눕게 될 때, 누가 보살펴 주어야 한다고 생각하십니까?'라고 질문한 결과 전체 자료의 분석 결과와 같이 자녀가 전적으로 보살펴야 한다는 생각을 가지는 사람들이 50.4%로 절대적으로 많고 국가가 18.3%로 다음을 이었다. 노환으로 자리에 눕게 되면 자녀에 의존하고 다음이 국가임을 확인할 수 있었다.

〈표 95〉 노후 준비와 관련된 문항별 빈도: 서울

서울	전혀 그렇지 않았다	그렇지 않았다	그저 그랬다	그랬다	매우 그랬다	합계
65세 이상인 경우, 노후 생활에 대해 미리 준비하셨습니까?	292 (49.7)	120 (20.4)	47 (8.0)	100 (17.0)	28 (4.8)	587 (100.0)
65세 미만인 경우, 노후 생활에 대해 준비하고 계십니까?	30 (21.4)	25 (17.9)	26 (18.6)	50 (35.7)	9 (6.4)	140 (100.0)
서울	본인이 전적으로	본인과 자녀가 함께	자녀가 전적으로	국가가	기타	합계
본인의 노후 생활비는 주로 어떻게 마련하는 것이 좋다고 생각 하십니까?	390 (38.8)	105 (10.4)	255 (25.3)	209 (20.8)	47 (4.7)	1,006 (100.0)
본인이 노환으로 자리에 눕게 될 때, 누가 보살펴 주어야 한다고 생각하십니까?	69 (6.9)	74 (7.4)	504 (50.3)	184 (18.4)	170 (17.0)	1,001 (100.0)

③ 춘천

춘천에 거주하는 응답자들의 노후 준비 수준을 파악하기 위하여 측정하고 측정된 각 문항별 빈도와 인구학적 특성 비교를 하였다. 65세 이상인 경우 노후 준비를 한 사람은 19.7%에 지나지 않았고, 71.9%가 노후 준비를 하지 않은 것으로 조사되었다. 이는 서울 응답자보다 노후 준비를 한 사람이 2.2%가 감소하였고, 준비를 안 한 사람은 1.7%가 증가하여 춘천에 거주하는 사람들이 서울에 거주하는 사람들보다 노후 준비를 덜하고 있었다. 65세 미만인 경우 45.1%가 노후 준비를 하고 있었고, 39.4%는 노후 준비를 하지 않고 있었다. 이러한 결과는 65세 이상 집단보다 25.4% 이상 더 노후 준비를 하고 있음을 보여 주었다. 서울에 거주하는 사람들과 비교해서도 2.4% 이상 더 노후 준비를 하고 있었다.

그리고 '본인의 노후 생활비'는 본인이 전적으로 마련하여야 한다는 의식이 전체의 46.3%로 다수였으며, 서울에 거주하는 사람들보다 7.5%나 많은 수치였다. 자녀가 마련하여야 한다는 생각을 가진 사람도 28.2%로 다음이었고 서울보다 2.9% 많았다. 그러나 '국가가' 노후 생활비를 마련하여야 한다는 생각을 가진 사람은 12.3%에 이르러 서울에 거주하는 사람들의 20.8%보다 현저하게 감소하였다. 이러한 결과는 춘천에 거주하는 사람들이 서울에 거주하는 사람들보다 국가 대신 본인이나 자녀에게 노후 생활비를 의존하는 의식을 가지고 있음을 보여 주고 있다.

'본인이 노환으로 자리에 눕게 될 때, 누가 보살펴 주어야 한다고 생각하십니까?'라고 질문한 결과는 서울 응답자의 분석 결과와 같이 자녀가 전적으로 보살펴야 한다는 생각을 가지는 사람들이 55.5%로 절대적으로 많았고 서울 응답자들보다도 5.1% 더 많았다. '국가가'가 9.3%로 다음을 이었으나 서울의 18.3%에 비해 절반 수준에 불과하였다. 노환으로 자리에 눕게 되면 자녀에 의존하는 경우가 서울보다 많고 다음이 국가이었으나 서울보다는 그 빈도가 절반에 불과하였다.

〈표 96〉 노후 준비와 관련된 문항별 빈도: 춘천

춘천	전혀 그렇지 않았다	그렇지 않았다	그저 그랬다	그랬다	매우 그랬다	합계
65세 이상인 경우, 노후 생활에 대해 미리 준비하셨습니까?	351 (49.9)	155 (22.0)	59 (8.4)	120 (17.1)	18 (2.6)	703 (100.0)
65세 미만인 경우, 노후 생활에 대해 준비하고 계십니까?	67 (20.0)	65 (19.4)	52 (15.5)	126 (37.6)	25 (7.5)	335 (100.0)
춘천	본인이 전적으로	본인과 자녀가 함께	자녀가 전적으로	국가가	기타	합계
본인의 노후 생활비는 주로 어떻게 마련하는 것이 좋다고 생각 하십니까?	698 (46.3)	160 (10.6)	426 (28.2)	186 (12.3)	39 (2.6)	1,509 (100.0)
본인이 노환으로 자리에 눕게 될 때, 누가 보살펴 주어야 한다고 생각하십니까?	104 (7.0)	67 (4.5)	826 (55.5)	138 (9.3)	354 (23.8)	1,489 (100.0)

(2) 은퇴

① 전체

전체 응답자들의 은퇴와 관련된 사상을 측정하기 위하여 ① 일반적으로, 언제쯤 하시던 일을 그만 두시는 것이 좋다고 생각하십니까? ② 노후의 경제적 준비를 위해 가장 크게 의존하고 계신 방법은 무엇입니까? ③ 노후에 목돈을 갖게 되신다면 어떻게 사용하시겠습니까? 등에 대하여 질문하였다.

'일반적으로, 언제쯤 하시던 일을 그만 두시는 것이 좋다고 생각하십니까?'의 질문에 대해서는 '55세 미만'에 28명(1.1%), '55세 이상~60세 미만'에 156명(6.2%), '60세 이상~65세 미만'에 547명(21.7%), '65세 이상~70세 미만'에 673명(26.8%), '70세 이상'에 626명(24.9%), '죽을 때까지 일한다'에 483명(19.2%)이 응답하였다. 65세 이상까지 일하고 싶다는 사람들이 70.9%에 달하고 있다.

'노후의 경제적 준비를 위해 가장 크게 의존하고 계신 방법은 무엇입니까?'라는 질문에 저축 또는 개인연금에 398명(17.0%), 퇴직금에 43명(1.8%), 국민연금에 236명(10.1%), 이자소득에 35명(1.5%), 임대료에 148명(6.3%), 공적 부조에 197명(8.4%), 자녀 도움에 1,096명(46.6%), 기타 196명(8.3%)이었다. 자녀 도움에 의존하는 노인들이 46.6%로 가장 많고, 저축 또는 개인연금이 17.0%, 국민연금 10.1%, 공적 부조 8.4%의 순이었다.

'노후에 목돈을 갖게 되신다면 어떻게 사용하시겠습니까?'라는 질문에 '주택 구입'에 응답한 사람이 180명(7.2%), '자녀 교육'에 17명(.7%), '자녀 결혼'에 93명(3.7%), '자녀 사업'에 395명(15.8%), '새 사업에 투자' 34명(1.4%), '저축' 697명(27.9%), '내가 하고 싶었던 일에 쓴다'에 1,017명(40.7%), '기타'에 64명(2.6%)이 응답하였다. 노후에 목돈을 갖게 된다면 40.7%가 내가 하고 싶었던 일에 쓰고 싶어 하였으며, 저축이 27.9%, 자녀 사업을 도와주겠다는 사람이 15.8% 순이었다.

〈표 97〉 은퇴와 관련된 문항별 빈도: 전체

전체	55세 미만	56세 이상~60세 미만	60세 이상~65세 미만	65세 이상~70세 미만	70세 이상	죽을 때까지 일한다	합계
일반적으로, 언제쯤 하시던 일을 그만 두시는 것이 좋다고 생각하십니까?	28 (1.1)	156 (6.2)	547 (21.8)	673 (26.8)	626 (24.9)	483 (19.2)	2,513 (100.0)

전체	저축 또는 개인연금	퇴직금	국민연금	이자소득	임대료	공적부조	자녀도움	기타	합계
노후의 경제적 준비를 위해 가장 크게 의존하고 계신 방법은 무엇입니까?	398 (16.9)	43 (1.8)	236 (10.0)	35 (1.5)	148 (6.3)	197 (8.4)	1,096 (46.7)	196 (8.3)	2,349 (100.0)

전체	주택구입	자녀교육	자녀결혼	자녀사업	새 사업에 투자	저축	내가 하고 싶었던 일에 쓴다	기타	합계
노후에 목돈을 갖게 되신다면 어떻게 사용하시겠습니까?	180 (7.2)	17 (.7)	93 (3.7)	395 (15.8)	34 (1.4)	697 (27.9)	1,017 (40.7)	64 (2.6)	2,497 (100.0)

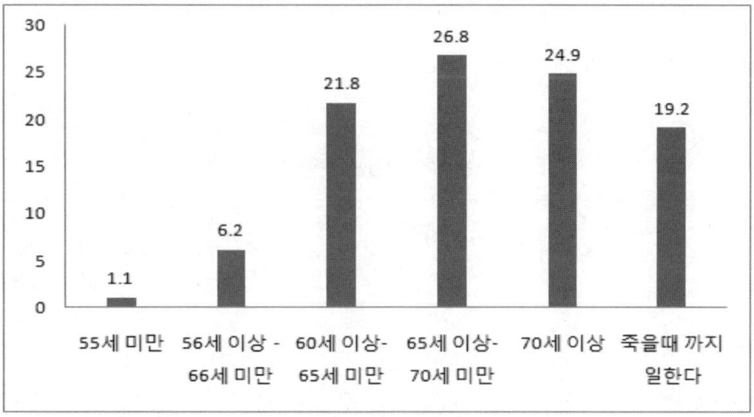

[그림 40] 은퇴 시기: 전체

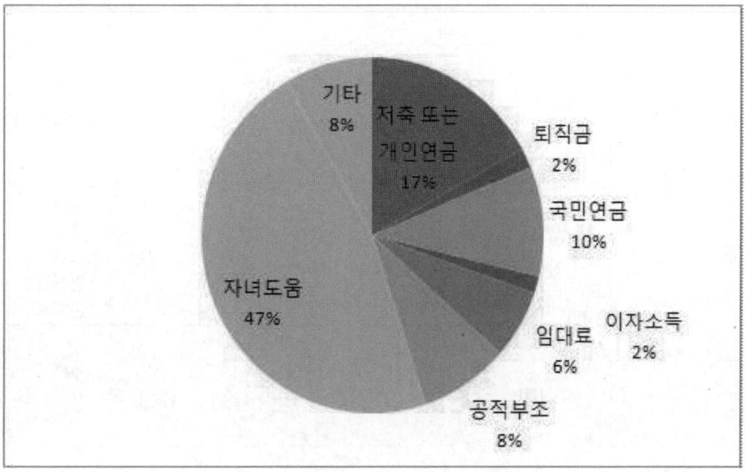

[그림 41] 은퇴 후를 위한 경제적 준비 방법: 전체

② 서울

서울에 거주하는 응답자들의 은퇴에 관련된 사항을 측정하여 개별 문항별 빈도를 분석하고 측정치에 대한 인구학적 특성을 비교 분석하였다. 개별 문항별 빈도 분석의 결과는 〈병상 생활8〉에서 보는 바와 같다.

먼저 은퇴의 시기를 묻는 질문에 대해 서울에 거주하는 사람들은 65세 이상까지 일하고 싶다는 사람들이 죽을 때까지를 포함하여 70.4%에 달하고 있다. 춘천 응답자와 비슷한 결과였다. 다음으로 노후의 경제적 준비를 위한 방법을 묻는 질문에 대해 자녀 도움에 의존하는 노인들이 44.0%로 가장 많고, 저축 또는 개인연금이 17.5%, 임대료 10.0%, 공적 부조 9.5%의 순이었다. 임대료에 의존하는 사람이 서울에서는 많았다. 또한 노후 목돈의 사용처를 묻는 질문에 39.0%가 내가 하고 싶었던 일에 쓰고 싶어 하였으며, 저축이 24.9%, 자녀 사업을 도와주겠다는 사람이 15.1% 순이었다.

〈표 98〉 은퇴와 관련된 문항별 빈도: 서울

서울	55세 미만	56세 이상 ~60세 미만	60세 이상~65세 미만	65세 이상~70세 미만	70세 이상	죽을 때까지 일한다	합계
일반적으로, 언제쯤 하시던 일을 그만 두시는 것이 좋다고 생각하십니까?	16 (1.6)	55 (5.5)	227 (22.7)	279 (27.8)	224 (22.4)	201 (20.1)	1,002 (100.0)

서울	저축 또는 개인연금	퇴직금	국민연금	이자소득	임대료	공적부조	자녀도움	기타	합계
노후의 경제적 준비를 위해 가장 크게 의존하고 계신 방법은 무엇입니까?	169 (17.5)	20 (2.1)	73 (7.5)	14 (1.4)	97 (10.0)	92 (9.5)	426 (44.1)	76 (7.9)	967 (100.0)

서울	주택구입	자녀교육	자녀결혼	자녀사업	새 사업에 투자	저축	내가 하고 싶었던 일에 쓴다	기타	합계
노후에 목돈을 갖게 되신다면 어떻게 사용하시겠습니까?	113 (11.3)	5 (.5)	41 (4.1)	151 (15.1)	19 (1.9)	248 (24.8)	389 (39.0)	32 (3.2)	998 (100.0)

③ 춘천

춘천에 거주하는 응답자를 대상으로 은퇴와 관련된 사항을 측정하고 개별 문항에 대한 빈도분석과 측정치에 대한 인구학적 특성의 평균 비교를 통해 은퇴와 관련된 사항을 파악하였다. 개별 측정 문항에 대한 빈도 분석의 결과는 아래 표에서 보는 바와 같으며 이를 개별 문항별로 설명하고자 한다.

먼저 은퇴의 시기를 묻는 질문에 대해 춘천에 거주하는 사람들은 65세 이상까지 일하고 싶다는 사람들이 죽을 때까지를 포함하여 71.4%에 달하고 있다. 이는 서울에 거주하는 사람과 비슷한 결과이다. 다음으로 노후의 경제적 준비를 위한 방법을 묻는 질문에 자녀 도움에 의존하는 노인들이 48.5%로 가장 많고, 저축 또는 개인연금이 16.6%, 국민연금 11.8%, 공적 부조 7.6%의 순이었다. 자녀 도움이 서울의 경우보다 4.5% 많고, 국민연금에 의존하는 사람이 서울보다 4.2% 많았다. 반면에 임대료에 의존하는 사람이 서울보다 6.3% 적었고,

공적 부조에 의존하는 사람도 1.9% 적었다.

또한 노후 목돈의 사용처를 묻는 질문에는 41.9%가 내가 하고 싶었던 일에 쓰고 싶어 하였으며, 저축이 30.0%, 자녀 사업을 도와주겠다는 사람이 16.3% 순이었다. 서울에 거주하는 사람들과 비교하여 내가 하고 싶었던 일에 2.9%, 저축에 5.1%가 증가하였고, 주택 구입에서 6.7%가 감소하였다

〈표 99〉 은퇴와 관련된 문항별 빈도: 춘천

춘천	55세 미만	56세 이상 ~60세 미만	60세 이상~65세 미만	65세 이상~70세 미만	70세 이상	죽을 때까지 일한다	합계
일반적으로, 언제쯤 하시던 일을 그만 두시는 것이 좋다고 생각하십니까?	12 (.8)	101 (6.7)	320 (21.2)	394 (26.1)	402 (26.6)	282 (18.7)	1,511 (100.0)

춘천	저축 또는 개인연금	퇴직금	국민 연금	이자 소득	임대료	공적 부조	자녀 도움	기타	합계
노후의 경제적 준비를 위해 가장 크게 의존하고 계신 방법은 무엇입니까?	229 (16.6)	23 (1.7)	163 (11.8)	21 (1.5)	51 (3.7)	105 (7.6)	670 (48.5)	120 (8.7)	1,382 (100.0)

춘천	주택 구입	자녀 교육	자녀 결혼	자녀 사업	새 사업에 투자	저축	내가 하고 싶었던 일에 쓴다	기타	합계
노후에 목돈을 갖게 되신다면 어떻게 사용하시겠습니까?	67 (4.5)	12 (.8)	52 (3.5)	244 (16.3)	15 (1.0)	449 (30.0)	628 (41.9)	32 (2.1)	1,499 (100.0)

7) 종교성

(1) 전체

전체 응답자들의 종교성 수준을 파악하기 위하여 종교성 척도를 활용하여 총 8문항을 5점 척도로 측정하였다. 아래의 표에서 전체 응답자의 종교성은 평균 2.6점으로 대체적으로 낮은 수준을 보여 주었으며, '그저 그렇다'에서 '대체로 아니다'의 중간 수준을 나타냈다.

종교성에 영향을 주는 인구사회학적 특성에 따른 분석 결과는 각 변인별 매우 상이한 결과를 보여 주고 있다. 종교성은 여성이 평균 2.8점으로 남성 평균 2.4점에 비해 매우 높게 나타나 여성이 남성에 비해 종교성이 높은 수준임을 보여 주었다.

〈표 100〉 종교성 인구사회학적 특성 평균 비교: 전체

전체		평균(표준편차)
성	남성	2.4(1.0)
	여성	2.8(1.0)
	전체	2.6(1.0)
나이	45~64세	2.5(1.0)
	65~74세	2.6(1.0)
	75세 이상	2.7(1.0)
	전체	2.6(1.0)
지역	서울	2.9(1.0)1
	춘천	2.5(1.0)
	전체	2.6(1.0)
학력	비문해	2.5(.9)
	문해~3년 이하	2.7(1.0)
	4~6년	2.6(1.0)
	7~9년	2.7(1.1)
	10~12년	2.7(1.0)
	13년 이상	2.8(1.0)
	전체	2.6(1.0)

		평균(표준편차)
건강 상태	매우 건강	2.7(1.2)
	건강	2.6(1.0)
	보통	2.7(1.1)
	건강하지 못함	2.6(1.0)
	매우 건강하지 못함	2.6(.9)
	전체	2.6(1.0)
주관적 경제력	매우 어렵다	2.6(1.0)
	조금 어려운 편이다	2.5(1.0)
	보통이다	2.6(1.0)
	여유 있는 편이다	2.6(1.0)
	매우 여유 있다	3.0(1.2)
	전체	2.6(1.0)

연령에 따른 차이 분석을 보면, 연령이 45~64세 집단에서 75세 이상 집단으로 갈수록 종교성의 평균 점수는 2.5점에서 2.7점으로 높아져 가, 연령이 많을수록 종교성이 높아짐을 보여 주고 있다. 지역에 따라서는 서울 응답자들의 종교성 평균 점수가 2.9점으로 춘천 응답자들의 평균 2.5점에 비해 매우 높았다. 이는 대도시에 사는 사람들의 종교성이 중소도시에 사는 사람들보다 더 풍부함을 보여 준 것이다. 그리고 학력이 높을수록 종교성의 수준은 보다 풍부한 것을 보여 주고 있다. 또한 건강 상태는 나쁘거나 좋거나 종교성의 수준에는 중요한 영향을 주지 못하는 것으로 조사의 결과는 보여 주고 있다. 종교성의 수준에 대한 주관적 경제 상태의 영향은 '매우 여유 있다'는 집단만 평균 3.0점으로 종교성의 수준이 높았으며 그 외의 집단 간 의미 있는 종교성 수준의 차이를 보여 주지 못하였다.

(2) 서울

서울에 거주하는 응답자들의 종교성의 수준을 파악하기 위하여 종교성 척도의 8문항을 측정하였고, 종교성에 대한 인구사회학적 특성의 평균 비교를 하였고, 개별 문항의 빈도 분석을 하였다. 아래의 표에서 보는 바와 같이 서울에 거주하는 사람들의 종교성은 평균 2.9점으로 대체적으로 보통 수준을 보여 주었으며, '그저 그렇다'의 수준을 나타냈다. 이는 전체

응답자의 수준보다는 높은 수준이었다.

〈표 101〉 종교성에 대한 인구사회학적 평균 비교: 춘천

춘천		평균(표준편차)
성	남성	2.3(1.0)
	여성	2.6(1.0)
	전체	2.5(1.0)
나이	45~64세	2.4(1.0)
	65~74세	2.5(1.0)
	75세 이상	2.6(1.0)
	전체	2.5(1.0)
학력	비문해	2.3(.9)
	문해~3년 이하	2.5(1.0)
	4~6년	2.4(1.0)
	7~9년	2.5(1.1)
	10~12년	2.6(1.0)
	13년 이상	2.9(1.2)
	전체	2.5(1.0)

		평균(표준편차)
건강 상태	매우 건강	2.4(1.3)
	건강	2.5(1.1)
	보통	2.5(1.0)
	건강하지 못함	2.4(1.0)
	매우 건강하지 못함	2.4(.9)
	전체	2.5(1.0)
주관적 경제 상태	매우 어렵다	2.5(1.0)
	조금 어려운 편이다	2.4(1.0)
	보통이다	2.5(1.0)
	여유 있는 편이다	2.5(1.0)
	매우 여유 있다	4.5(.6)
	전체	2.5(1.0)

(3) 춘천

아래의 표에서 보는 바와 같이 춘천에 거주하는 사람들의 종교성의 수준은 평균 2.5점으로 대체적으로 낮은 수준을 보여 주었으며, '그저 그렇다'에서 '대체로 아니다'의 중간 수준이고 서울 응답자들의 수준(평균 2.6점)보다 낮았다.

〈표 102〉 종교성에 대한 인구사회학적 특성 평균 비교: 전체

서울		평균(표준편차)
성	남성	2.5(.9)
	여성	3.0(1.0)
	합계	2.9(1.0)
나이	45~64세	2.8(1.0)
	65~74세	2.9(1.0)
	75세 이상	2.9(1.0)
	합계	2.9(1.0)
학력	비문해	2.7(.9)
	문해~3년 이하	3.1(1.0)
	4~6년	2.9(1.0)
	7~9년	2.8(1.0)
	10~12년	2.8(1.0)
	13년 이상	2.8(.9)
	합계	2.9(1.0)

		평균(표준편차)
건강 상태	매우 건강	2.9(1.1)
	건강	2.7(1.0)
	보통	2.9(1.0)
	건강하지 못함	2.9(.9)
	매우 건강하지 못함	2.9(.9)
	합계	2.9(1.0)
주관적 경제 상태	매우 어렵다	2.8(1.0)
	조금 어려운 편이다	2.8(1.0)
	보통이다	3.0(1.0)
	여유 있는 편이다	2.7(1.0)
	매우 여유 있다	2.7(1.0)
	합계	2.9(1.0)

5. 사회 활동 및 사회관계

1) 사회 활동 참여

(1) 전체

노년기에 참여하는 사회 활동의 종류는 매우 다양하지만, 중요한 단체나 모임으로는 종교모임, 연고모임, 자원봉사/시민단체, 노인정/노인회관, 이익옹호단체, 여가/문화/스포츠단체 등을 꼽을 수 있다. 6가지의 사회단체나 모임에 대한 참여 여부를 조사한 결과, 평균 1개 정도의 단체/모임에 참여하고 있다. 구체적으로 살펴보면, 참여하는 단체/모임이 '1개'라는 응답이 43.9%로 가장 많았고 '2개'는 23.3%였으며, '3개'는 7.8%, '4개'는 1.2%, '5개'는 0.2%로 조사되었다. 활발하게 사회 활동에 참여하고 있다고 간주할 수 있는 3개 이상의 모임이나 단체에 참여하는 응답자는 전체 응답자 중에서 10% 이내에 불과하였다. 한편 참여하는 단체나 모임이 전혀 '없다'는 응답자도 23.7%로 조사되어 적지 않은 수의 노인들이 사회 활동에 참여하지 않고 있음을 알 수 있다. 지역별로는 서울 응답자의 평균 참여 단체 수보다 춘천 응답자의 평균 참여 단체 수가 약간 더 많으며, 전반적으로 춘천 응답자의 사회단체 참여가 더 활발하게 이루어지고 있다. 즉, 참여하는 단체/모임이 '없다'는 응답은 서울 27.%, 춘천 22.3%이며, '3개 이상'이라는 응답은 서울 5.8%, 춘천 11.3%로서 서울과 춘천 간의 지역 차이를 보였다.

어떤 종류의 사회 활동에, 얼마나 자주 참여하는지를 살펴보기 위해서 각 단체/모임에 대한 참여 여부를 체크하였다. '참여하고 있다'는 응답을 통해서 사회단체의 참여 현황을 살펴보면, 종교모임과 연고모임(동창회/향우회/종친회)의 참여율이 각각 40%, 35% 정도로 가장 높다. 다음으로 노인정/노인회관의 참여율은 23.5%, 여가/문화/스포츠단체의 참여율은 13.6%이다. 반면 자원봉사/시민단체, 이익옹호단체에 대한 참여율은 모두 5% 미만으로 매우 미약한 수준이다. 이는 사회 활동 참여가 종교모임과 연고모임을 중심으로 관계의 유지, 또는 친교를 중심으로, 제한적인 목적에 의해서, 제한적인 범위 내에서 이루어지고 있음을 의미한다. 또한 사회 활동에 참여한다는 응답자만 별도로 살펴보면, 단체나 모임의 월 평균 참여 횟수가 그리 높지 않은 편이다. 노인정/노인회관의 참여 빈도가 월 평균 13회인 것을 제외하면 다른 사회 활동의 참여 빈도는 월 1회~주 1회 정도에 불과하다. 이는 단체/모임 참여가 적극적이고 활발하게 이루어지기보다 단체/모임을 유지하는 수준에 머물러 있음을 의미한다.

〈표 103〉 사회단체 참여 현황: 전체

	종교모임	연고모임	자원봉사/시민단체	노인정/노인회관	이익옹호단체	여가/문화/스포츠단체
참여도 (명, %)	1,054 (41.8)	893 (35.4)	109 (4.3)	591 (23.5)	18 (0.7)	343 (13.6)
월 평균 참여 횟수 (평균, SD)	5.7 (7.2)	1.3 (2.3)	2.9 (4.3)	13.0 (11.3)	4.3 (8.4)	4.5 (7.3)

지역별로 서울의 응답자들은 종교모임과 연고모임을 중심으로 참여하는 반면 춘천의 응답자들은 연고모임, 종교모임, 노인정/노인회관에 참여하는 비율이 비슷하며, 그 밖에 여가/문화/스포츠단체의 참여율이 상대적으로 높은 편이다. 서울 응답자에 비해 춘천 응답자가 좀 더 다양한 종류의 사회 활동에 참여하고 있는 것이다. 월 평균 참여 횟수는 서울의 빈도가 춘천보다 조금 높은 편인데, 서울은 춘천보다 전체적으로 참여도는 떨어지지만 일단 단체/모임에 참여하는 경우에는 더 빈번하고 활발하게 참여하는 특성을 보인다. 그러나 자원봉사/시민단체, 이익옹호단체에 대한 참여는 서울과 춘천 지역에서 모두 매우 낮다는 점에서 고령자가 참여하는 사회 활동의 종류 및 영역을 넓혀야 할 필요성이 대두된다.

사회 활동 참여는 기본적으로 신체적 건강과 경제적 여유에 의해 영향을 받게 되는바, 질병이나 장애가 있을 경우에는 사회 활동에 참여하는 것 자체가 어렵고, 빈곤한 상황에서는 소득 활동에 참여함으로써 그 외의 사회 활동에는 참여하기 어렵게 된다. 반면 신체적으로 건강하고 경제적으로 여유 있다면 다양한 종류의 사회 활동에 참여할 가능성이 높아질 것이다. 이런 측면에서 개인의 건강 상태와 경제력 상황에 따라서 사회 활동 참여에 어떤 차이를 가져오는지 살펴볼 필요가 있다. 먼저 주관적으로 평가된 건강 상태와 사회 활동 참여 여부를 분석해 보면, 건강 상태가 양호할 경우 대부분의 사회 활동에 대한 참여는 증가하는 경향을 보인다. 반면 노인정/노인회관에 대한 참여는 건강 상태가 양호할 경우 오히려 떨어지는 특성을 보인다. 한편 경제력의 측면에서 보면, 종교모임은 경제적으로 여유 있는 경우에 많이 참여할 뿐만 아니라 경제적으로 어려운 경우에도 참여율이 낮지 않다는 특징을 보인다. 또한 개인의 경제력이 단체나 모임의 참여 여부에 뚜렷한 영향을 미치는 경우로는 연고모임, 여가/문화/스포츠단체인데, 이들 단체/모임에서는 경제력이 높을수록 참여가 증가하는 경향을 보인다.

〈표 104〉 성별 사회단체 참여 비교: 전체

단위: 명, ( ): %

	종교모임	연고모임	자원봉사/시민단체	노인정/노인회관	이익옹호단체	여가/문화/스포츠단체
남자	254 (26.7)	551 (57.8)	54 (5.7)	271 (28.5)	13 (1.4)	171 (18.0)
여자	800 (51.1)	342 (21.8)	55 (3.5)	320 (20.4)	5 (0.3)	172 (11.0)

한편 사회단체 참여에서 주목해야 할 항목은 성별에 따른 차이인데, 표에서 볼 수 있는 바와 같이 남녀 차이가 매우 뚜렷하고 일관되게 드러난다. 남성 응답자가 가장 많이 참여하고 있는 단체/모임은 연고모임(57.8%)이며, 다음으로는 노인정/노인회관(28.5%), 종교모임(26.7%)의 참여율이 비슷하다. 여가/문화/스포츠단체 참여는 18.0%이며 자원봉사/시민단체, 이익옹호단체의 참여는 매우 낮은 수준이다. 반면 여성 응답자가 가장 많이 참여하고 있는 단체/모임은 종교모임으로 51.1%이다. 다음으로는 연고모임(21.8%)과 노인정/노인회관(20.4%)이 비슷한 수준의 참여율을 보이고 있다. 즉, 남성의 연고모임 참여는 여성의 연고모임 참여보다 2배 정도 많으며, 반대로 남성의 종교모임 참여는 여성의 종교모임 참여의 절반 수준에 머물러 있다. 여성 응답자의 여가/문화/스포츠단체의 참여율은 11.0%로서 남성보다 낮은 편이다. 자원봉사/시민단체, 이익옹호단체는 남성 응답자와 마찬가지로 매우 참여율이 낮다.

(2) 서울

서울 지역 응답자의 사회단체 참여 현황을 살펴보면, 평균 1.08개의 단체/모임에 가입하여 활동하고 있는 것으로 조사되었다. 구체적으로 보면, 참여하는 단체/모임이 '1개'라는 응답이 46.9%로 가장 많았고, '2개'는 21.6%였으며, '3개'는 5.0%이다. '4개 이상'의 단체나 모임에 참여한다는 경우는 1%에도 미치지 않고 있다. 또한 참여하는 단체/모임이 '없다'라는 응답도 25.7%에 달하여 상당수의 응답자가 사회단체에 전혀 참여하지 않음으로써 다양한 사회관계를 형성하고 유지하지 못하고 있는 실정이다.

서울의 응답자들이 참여하고 있는 사회 활동의 종류와 빈도를 자세히 살펴보면, 전반적으로 종교모임과 연고모임에 집중되어 있는 것을 발견할 수 있다. 즉, 종교모임에 참여하고 있다는 응답은 49.9%이며, 연고모임은 31.5%로 뒤를 이으며, 노인정/노인회관의 참여하고 있다는 응답은 12.2%, 여가/문화/스포츠단체의 참여는 9.1%이다. 반면 자원봉사/시민단체, 이익옹호단체의 참여율은 각각 5.1%, 0.6%로 매우 저조한 수준이다. 또한 월 평균 참여 빈도를 보면 노인정/노인회관은 월 15회 정도로 가장 빈번하게 참여하는 활동이며, 그 다음으로는 여가/문화/스포츠단체 6.4회, 종교모임 6.2회로 비슷한 수준이다. 전반적으로 단체/모임의 참여 빈도는 월 1회~주 1회 정도로 참여 수준이 그다지 활발하지 않은 편이다.

〈표 105〉 사회단체 참여 현황: 서울

	종교모임	연고모임	자원봉사/시민단체	노인정/노인회관	이익옹호단체	여가/문화/스포츠단체
참여도 (명, %)	502 (49.9)	317 (31.5)	51 (5.1)	122 (12.2)	6 (0.6)	91 (9.1)
월 평균 참여 횟수 (평균, SD)	6.2 (7.2)	1.4 (2.7)	3.3 (3.2)	14.9 (10.9)	5.6 (8.2)	6.4 (8.0)

응답자의 특성별로 단체/모임의 참여에 미치는 영향을 분석해 보면, 전반적으로 고연령층보다는 저연령층, 학력 수준이 높을수록, 건강 상태가 좋을수록, 경제적으로 여유 있는 계층일수록 단체/모임의 참여도가 높은 것으로 나타났다. 반면 노인정/노인회관의 경우에는 저연령층보다는 고연령층, 학력 수준이 낮을수록, 건강 상태가 좋지 않을수록 참여도가 상대적으로 높은 경향을 보이고 있다. 주관적 경제력의 경우에는 노인정/노인회관에 참여하는데 일관된 방향으로 영향을 미치지 않는다. 또한 종교모임의 경우에는 다른 단체/모임에서 볼 수 없는 특징적인 차이를 발견할 수 있다. 즉, 종교모임의 참여도에는 연령, 학력 수준, 건강 상태 등의 특성에 따른 뚜렷한 차이가 없고 경제적으로 어려운 응답자의 참여가 경제적으로 여유 있는 응답자에 비해 크게 떨어지지도 않는다. 이는 종교단체/모임이 다양한 사회 계층을 아우를 수 있는 '초계층성'을 보여 주는 것을 판단된다. 자원봉사/시민단체, 이익옹호단체의 경우에는 참여도가 현저하게 낮아서 응답자의 배경 요인에 따른 차이를 분석하기 어렵지만, 전반적으로 판단해 보았을 때 학력 수준이 높은 응답자들이 학력 수준이 낮은 응답자들에 비해서 상대적으로 참여도가 높은 편이다.

(3) 춘천

춘천 지역의 응답자가 참여하여 활동하고 있는 단체/모임의 수는 평균 1.27개로 조사되어 서울과 마찬가지로 사회 활동이 활발하지 않은 편이다. 그러나 서울 응답자의 평균 참여 단체 수 1.08개에 비하면 춘천 응답자의 사회 활동 참여도는 조금 높은 편이라고 할 수 있다. 구체적으로 참여하는 단체/모임이 '없다' 22.3%이며, '1개' 41.9%, '2개' 24.4%, '3개' 9.6%이며, '4개 이상'의 단체에 참여한다는 응답은 1.7%이다. 사회 활동이 활발하다고 볼 수 있는 '3개 이상'의 단체/모임에 참여하여 활동한다는 응답이 서울보다는 상대적으로 높은 편이다.

또한 참여하고 있는 단체/모임을 구체적으로 살펴보면, 춘천 지역의 응답자들은 연고모임(38.0%), 종교모임(36.5%), 노인정/노인회관(31.0%)에 참여하는 비율이 엇비슷하며, 그 밖에 여가/문화/스포츠단체의 참여율이 16.6%로 나타나서 서울에 비해서 상대적으로 높은 편이다. 이렇게 볼 때 춘천 지역의 응답자들이 서울 지역의 응답자들에 비해 상대적으로 더 다양한 종류의 사회 활동에 참여하고 있다고 평가할 수 있다. 그러나 자원봉사/시민단체, 이익옹호단체의 경우에는 지역에 상관없이 참여 수준이 5% 미만으로 매우 저조한 실정이다. 한편 단체나 모임에 얼마나 자주 참여하는가 하는 빈도를 보면, 노인정/노인회관이 월 평균 12.7회 참여하는 것을 제외하고는 전반적으로 대부분의 단체/모임의 참여 수준은 그다지 빈번한 편이 아니다. 예배와 같이 정기적인 종교 활동을 갖는 종교모임의 참여도 월 평균 5.3회 참여하는 것에 불과하며, 다른 단체/모임의 경우에는 이보다 더 낮은 수준인 월 1회~주 1회 정도의 참여 빈도를 보이고 있다. 춘천 지역의 사회 활동 참여 실태에서 드러나는 특징은 참여 단체의 분포는 여러 영역에 분포되어 있지만, 참여 빈도로 보았을 때는 거의 명목적인 참여 수준에 머물고 있는 것으로 판단된다.

〈표 106〉 사회단체 참여 현황: 춘천

단위: 명, ( ): %

	종교모임	연고모임	자원봉사/ 시민단체	노인정/ 노인회관	이익옹호 단체	여가/문화/ 스포츠단체
참여도	552 (36.5)	576 (38.0)	58 (3.8)	469 (31.0)	12 (0.8)	252 (16.6)
월 평균 참여 횟수 (평균, SD)	5.3 (7.2)	1.3 (2.1)	2.6 (5.1)	12.7 (11.4)	3.8 (8.8)	3.9 (6.9)

춘천 지역의 응답자의 특성별로 단체/모임의 참여에 영향을 미치는 요인들을 살펴보면, 고연령층보다는 저연령층, 학력 수준이 높을수록, 건강 상태가 좋을수록, 경제력이 여유 있는 계층일수록 전반적으로 각 단체/모임에 참여한다는 응답률이 더 높게 나타났다. 반면 노인정/노인회관의 경우에는 저연령층보다 고연령층, 학력 수준이 낮을수록, 경제력이 어려운 계층일수록, 건강 상태가 좋지 않은 경우에 참여한다는 응답이 더 높았다. 종교모임의 경우에는 학력 수준, 건강 상태, 주관적 경제력에 따른 차이가 발견되었지만, 일관된 방향으로의 경향성을 보이지는 않는다.

2) 접촉 빈도

(1) 전체

사회적 유대는 타인과의 관계의 특성을 보여 주는 것으로 접촉이 빈번하게 이루어지면 강한 유대가 형성되어 있어 사회적 지지를 받는 것이 용이하므로 노년기 삶의 질에 있어서 매우 중요하다. 노년기의 사회관계 중에서 가장 중요한 관계는 가족관계이며, 그중에서도 비동거 자녀 그리고 형제/자매와의 접촉 빈도를 살펴보았다. 타인과의 접촉 방법으로는 전화 연락과 동행 외출, 방문 등과 같은 대면 접촉이 일반적으로 중요한 의미를 갖는다.

먼저 비동거 자녀와의 접촉 빈도에서 전화 연락의 경우에는 '주 1회 이상' 한다는 응답을 모두 합치면 약 70%이며, '주 1회 미만+전혀 없음'은 32.4%로 나타났다. 또한 대면 접촉의 경우에는 '월 1회 이상' 한다는 응답을 모두 합치면 50%이며, '월 1회 미만+전혀 없음'이라는 응답은 50.0%이다. 이는 상당한 수의 응답자들이 최소한도의 전화 연락이나 대면 접촉도 없이 그들의 자녀들로부터 소외되어 있다는 것을 보여 주는 결과이다.

〈표 107〉 비동거 자녀와의 접촉 빈도: 전체

단위: 명, ( ): %

전화 연락	전혀 없음	주 1회 미만	주 1회	주 2~3회	일 1회	일 2회 이상	합계
	56 (2.5)	678 (29.9)	499 (22.0)	620 (27.4)	318 (14.0)	95 (4.2)	2,266 (100.0)
대면 접촉	전혀 없음	월 1회 미만	월 1회	월 2~3회	주 1회	주 2회 이상	합계
	90 (4.0)	1,043 (46.0)	314 (13.9)	303 (13.4)	311 (13.7)	205 (9.0)	2,266 (100.0)

비동거 자녀와의 접촉 빈도에 영향을 미치는 요인을 분석해 보면, 성별에 따른 차이는 없지만, 학력 수준, 건강 상태, 주관적 경제력은 중요한 영향을 미치는 것으로 나타났다. 즉, 학력 수준이 높을수록, 건강 상태가 좋을수록, 경제적으로 여유가 있을수록 비동거 자녀와의 전화 연락의 빈도와 대면 접촉의 빈도는 모두 증가하는 경향을 보인다. 특히 학력 수준과 주관적 경제력은 일관된 영향을 미치는데, 전반적으로 학력 수준이 높고, 경제적으로 여유가 있는 응답자들은 저학력의, 경제적으로 빈곤한 응답자들에 비해서 더욱 빈번하게 자녀들과 전화로 연락하거나 만나고 있는 모습을 보여 준다. 저학력의, 경제적 빈곤층의 노인들은 보유하고 있는 자원이 부족하기 때문에 자녀들과 빈번하게 접촉함으로써 자녀로부터의

지지를 받을 것으로 기대되지만, 실제로 취약 계층의 노인들은 자녀와 자주 접촉하지 못함으로써 자녀들의 지원을 제대로 받지 못할 가능성이 높은 실정이다.

한편 형제/자매들은 연령 동료(age peer)이자 세대 내 관계라는 점에서 수평적 유대를 이끌어서 부모－자녀와 같은 수직적 관계에서 오는 의무 관계에서 벗어날 수 있고, 밀접한 감정적 유대를 이끌어낼 수 있다는 특성을 가진다. 일반적으로 형제/자매 관계는 부모, 자녀간의 유대보다 친구 간의 유대와 유사한 특징을 갖는 것으로 알려져 있다. 또한 형제는 공통적인 가족 가치와 인식을 공유하기 때문에 정서적 측면의 지원이 부각되기도 한다.

그런데 조사 결과에서 형제/자매와의 접촉 빈도는 전반적으로 보았을 때 자녀와의 접촉 빈도에 비교해서 현저하게 낮은 것을 알 수 있다. 즉, 전화 연락의 경우에는 '주 1회 미만+전혀 없음'이라는 응답이 무려 80%에 달하며 '주 1회 이상' 한다는 응답을 모두 합쳐도 20%에 불과한 상황이다. 방문 등의 대면 접촉의 경우에도 마찬가지로 '월 1회 미만+전혀 없음'의 비율이 전체의 85% 정도를 차지하고 '월 1회 이상' 만난다는 응답은 15% 정도에 그치고 있는 것을 알 수 있다.

이러한 경향은 서울 지역과 춘천 지역에서 모두 유사하게 나타나는데, 비동거 자녀와의 접촉 빈도에서는 접촉하는 방법에 따라서 빈도의 차이가 났지만, 형제/자매와의 접촉에서는 전화 연락이건 대면 접촉이건 간에 상관없이 빈도는 일정하게 낮은 것을 알 수 있다. 다시 말하자면 비동거 자녀와의 접촉 빈도는 대면 접촉에 비해서 전화 연락은 상대적으로 더욱 빈번하게 이루어지고 있으나, 형제/자매와의 접촉에서는 접촉 방법에 따른 빈도의 차이를 보이지 않고 있다. 한국의 노인들의 경우에는 자녀 관계에만 집중됨으로써 사회적 지원을 제공해 줄 수 있는 형제/자매와의 관계가 소원함으로써 중요한 사회적 유대의 원천을 잃고 있다고 볼 수 있다.

한편 형제/자매와의 접촉 빈도와 관련하여 응답자의 연령층, 학력 수준, 건강 상태, 주관적 경제력 수준은 전화 연락과 대면 접촉의 빈도에 모두 일관된 영향을 미치는 중요한 요인으로 분석되었다. 즉, 나이가 젊은층, 학력 수준이 높은, 신체적으로 건강한, 경제적으로 여유가 있는 응답자는 그렇지 않은 응답자에 비해서 상대적으로 형제/자매와 전화 연락과 대면 접촉을 하는 빈도가 더 잦은 편이다. 다만 전화 연락에 의한 접촉의 경우에서는 여성이 남성보다 그들의 형제/자매와 연락하는 빈도가 훨씬 높은 것으로 나타났다는 게 특징적이다.

〈표 108〉 형제/자매와의 접촉 빈도: 전체

단위: 명, ( ): %

전화 연락	전혀 없음	주 1회 미만	주 1회	주 2~3회	일 1회	일 2회 이상	합계
	188 (8.8)	1,518 (71.2)	231 (10.8)	143 (6.7)	48 (2.3)	5 (0.2)	2,133 (100.0)
대면 접촉	전혀 없음	월 1회 미만	월 1회	월 2~3회	주 1회	주 2회 이상	합계
	248 (11.6)	1,567 (73.3)	128 (6.0)	74 (3.5)	60 (2.8)	61 (2.9)	2,138 (100.0)

(2) 서울

서울 지역의 응답자가 그들의 비동거 자녀와 전화 연락이나 대면 접촉을 하는 빈도를 살펴보면, 전화 연락의 경우에는 '주 1회 미만+전혀 없음'이라는 응답은 33.6%이며, 대면 접촉의 경우에는 '월 1회 미만+전혀 없음'이라는 응답은 53.6%이다. 비동거 자녀와의 접촉이 '전혀 없다'는 응답만을 보면, 전화 연락이 전혀 없다는 응답자는 3.5%, 대면 접촉이 전혀 없다는 응답자는 7.8%이다. 이러한 조사 결과는 결코 적지 않은 수의 응답자들이 비동거 자녀와의 관계가 사실상 단절되어 있음을 보여 준다고 하겠다.

〈표 109〉 비동거 자녀와 접촉 빈도: 서울

단위: 명, ( ): %

전화 연락	전혀 없음	주 1회 미만	주 1회	주 2~3회	일 1회	일 2회 이상	합계
	30 (3.5)	261 (30.1)	172 (19.8)	216 (24.9)	138 (15.9)	50 (5.8)	867 (100.0)
대면 접촉	전혀 없음	월 1회 미만	월 1회	월 2~3회	주 1회	주 2회 이상	합계
	68 (7.8)	397 (45.8)	119 (13.7)	102 (11.8)	101 (11.6)	80 (9.2)	867 (100.0)

또한 비동거 자녀와의 접촉 빈도에 영향을 미치는 요인을 살펴보면 성별에 따른 차이는 없지만, 학력 수준, 건강 상태, 주관적 경제력은 중요한 영향을 미치는 것으로 나타났다. 즉, 학력 수준이 높을수록, 건강 상태가 좋을수록, 경제적으로 여유가 있을수록 비동거 자녀와의 전화 연락의 빈도와 대면 접촉의 빈도는 모두 증가하는 경향을 보인다. 특히 응답자의 특성 중에서 학력 수준과 주관적 경제력에 따른 차이가 접촉 빈도에 일관되게 영향을 미치

는 것으로 드러났다. 즉, 학력 수준이 높은, 신체적으로 건강하고, 경제적으로 여유 있는 응답자들은 그들의 비동거 자녀들과 적어도 주 1회 정도의 전화 연락과 월 1회 정도의 대면 접촉을 유지하고 있었다. 반면 학력 수준이 낮은, 경제적으로 빈곤한 응답자들의 경우에는 주 1회 미만의 전화 연락과 월 1회 미만의 대면 접촉을 하는 정도에 머물고 있다.

한편 형제/자매와의 접촉 빈도는 자녀와의 접촉 빈도와 비교해서 현저하게 낮은 것을 발견할 수 있다. 즉, 전화 연락의 경우에는 '주 1회 미만+전혀 없음'이라는 응답이 무려 80%에 달하며 '주 1회 이상' 한다는 응답을 모두 합쳐도 20% 정도에 불과하다. 대면 접촉의 경우에도 마찬가지로 '월 1회 미만+전혀 없음'의 비율이 전체의 85% 정도를 넘고 있으며, '월 1회 이상' 만난다는 응답은 15%에도 미치지 못하고 있다. 구체적으로 살펴보면, 전화 연락의 경우에는 '주 1회 미만+전혀 없음'이라는 응답을 보면 79.0%이며, '전혀 없음'의 응답률은 13.2%로 조사되었다. 대면 접촉의 경우에는 '월 1회 미만+전화 없음'이라는 응답은 87.0%이며, '전혀 없음'이라는 응답은 17.9%로 나타났다. 즉, 형제/자매와의 접촉 빈도는 전반적으로 현저하게 낮은 편이며, 따라서 접촉 빈도가 많지 않은 약한 유대의 특성을 갖는 것으로 평가된다. 이렇게 보았을 때 서울 지역의 응답자들은 자녀 중심적인 가족 관계를 형성하고 있으며 자녀 이외의 사회적 관계에서는 대단히 취약한 상태에 놓여 있는 것으로 평가된다.

〈표 110〉 형제/자매와 접촉 빈도: 서울

단위: 명, ( ): %

전화 연락	전혀 없음	주 1회 미만	주 1회	주 2~3회	일 1회	일 2회 이상	합계
	116 (13.2)	580 (65.8)	106 (12.0)	47 (5.3)	29 (3.3)	3 (0.3)	881 (100.0)
대면 접촉	전혀 없음	월 1회 미만	월 1회	월 2~3회	주 1회	주 2회 이상	합계
	158 (17.9)	611 (69.1)	57 (6.4)	25 (2.8)	22 (2.5)	11 (1.2)	884 (100.0)

한편 형제/자매와의 접촉 빈도와 관련하여 응답자의 배경적 특성으로서 연령, 학력 수준, 건강 상태, 주관적 경제력 수준은 전화 연락과 대면 접촉의 빈도에 일관된 영향을 미치는 중요한 요인이다. 즉, 나이가 젊은 연령층, 학력 수준이 높은, 신체가 건강한, 경제적으로 여유 있는 응답자는 그렇지 않은 응답자에 비해서 형제/자매와 더 빈번하게 전화 연락과 대면 접촉을 하는 편이다. 성별로는 여성이 남성에 비해서 그들의 형제/자매와 전화로 연락하고 지내는 빈도가 훨씬 높은 것으로 나타났다.

(3) 춘천

춘천 지역의 응답자는 비동거 자녀와 전화 연락이나 대면 접촉을 하는 빈도가 서울에 비해서 상대적으로 조금 높은 것으로 조사되었다. 전화 연락을 '주 1회 미만+전혀 없음'이라는 응답은 31.7%이며, 대면 접촉을 '월 1회 미만+전혀 없음'이라는 응답은 47.8%이다. 비동거 자녀와의 접촉이 '전혀 없음'이라는 응답을 보면, 전화 연락에서는 1.9%, 대면 접촉에서는 1.6%로 매우 낮은 것으로 조사되었다.

〈표 111〉 비동거 자녀와 접촉 빈도: 춘천

단위: 명, ( ): %

전화 연락	전혀 없음	주 1회 미만	주 1회	주 2~3회	일 1회	일 2회 이상	합계
	26 (1.9)	417 (29.8)	327 (23.4)	404 (28.9)	180 (12.9)	45 (3.2)	1,399 (100.0)
대면 접촉	전혀 없음	월 1회 미만	월 1회	월 2~3회	주 1회	주 2회 이상	합계
	22 (1.6)	646 (46.2)	195 (13.9)	201 (14.4)	210 (15.0)	125 (8.9)	1,399 (100.0)

비동거 자녀와의 접촉 빈도에 영향을 미치는 요인으로서 응답자의 성별과 연령층에 따른 커다란 차이는 없지만, 학력 수준, 건강 상태, 주관적 경제력은 의미 있는 영향을 미치는 것으로 나타났다. 학력 수준이 높을수록, 건강 상태가 좋을수록, 경제적으로 여유가 있을수록 비동거 자녀와 전화 연락의 빈도와 대면 접촉의 빈도는 증가하는 것을 발견할 수 있다. 즉, 학력 수준이 높고, 신체적으로 건강하고, 경제적으로 여유 있는 응답자들은 주 1회 정도의 전화 연락과 월 1회 정도로 그들의 자녀들과 접촉을 하지만, 학력 수준이 낮은, 경제적으로 빈곤한 응답자들은 주 1회 미만의 전화 연락과 월 1회 미만의 대면 접촉을 하고 있을 뿐이다.

〈표 112〉 형제/자매와 접촉 빈도: 춘천

단위: 명, ( ): %

전화 연락	전혀 없음	주 1회 미만	주 1회	주 2~3회	일 1회	일 2회 이상	합계
	72 (5.8)	938 (74.9)	125 (10.0)	96 (7.7)	19 (1.5)	2 (0.2)	1,252 (100.0)
대면 접촉	전혀 없음	월 1회 미만	월 1회	월 2~3회	주 1회	주 2회 이상	합계
	90 (7.2)	956 (76.2)	71 (5.7)	49 (3.9)	38 (3.0)	50 (4.0)	1,254 (100.0)

또한 형제/자매와의 접촉 빈도는 표에 나타난 바와 같이 현저하게 낮은데, 전화 연락의 경우에는 '주 1회 미만+전혀 없음'이라는 응답이 무려 80%를 넘어서고 있으며 '주 1회 이상' 한다는 응답을 모두 합쳐봐야 20%도 되지 않는다. 이러한 경향은 대면 접촉의 경우에도 마찬가지인데, '월 1회 미만+전혀 없음'의 비율이 전체의 80% 정도를 차지하고 '월 1회 이상'의 응답은 20% 정도에 그치고 있다.

3) 사회적 지원

(1) 전체

가족 중심의 관계망을 형성하는 한국인들에게 배우자와 자녀들은 노년기에 사회적 지원을 제공하는 중요한 역할을 담당한다. 그런데 노인은 일방적으로 다른 사람들로부터 사회적 지원을 받기만 하는 게 아니라 필요한 원조를 제공하기도 한다. 산업화가 급속도로 진행되고 핵가족이 증가함에 따라 과거와 같은 노인의 적극적인 역할을 기대하기는 어렵지만, 그럼에도 불구하고 가족 내에서의 노인의 역할을 완전히 무시할 수는 없다. 그러므로 노인이 다른 사람들로부터 지원을 받는 피원조자의 측면과 다른 사람들에게 지원을 주기도 하는 원조자의 측면을 모두 고려할 필요가 있다. 일반적으로 사회적 지원은 정서적, 신체적, 재정적 지원의 세 가지 측면이 가장 중요하고 결정적인 것으로 알려져 있다. 이때 정서적 지원은 고민이 있을 때 들어주는 것이며, 신체적 지원은 몸이 아플 때 돌봐주는 것이며, 재정적 지원은 금전적으로 도움이 필요할 때 도와주는 것을 의미한다.

〈표 113〉 자녀의 지원을 기대하는 정도: 전체

단위: 명, ( ): %

	전혀 기대 하지 않음	별로기대 하지 않음	그저 그렇다	많이 기대한다	아주 많이 기대한다	합계
정서적 지원을 받음	231 (9.4)	527 (21.5)	395 (16.1)	1,060 (43.2)	242 (9.9)	2,455 (100.0)
신체적 지원을 받음	170 (6.9)	330 (13.4)	359 (14.6)	1,232 (50.1)	366 (14.9)	2,457 (100.0)
재정적 지원을 받음	403 (16.4)	586 (23.9)	393 (16.0)	864 (35.2)	211 (8.6)	2,457 (100.0)

성인 자녀와의 사회적 지원을 주고받는 데 대해서 많은 연구자들이 주목해 왔듯이 성인 자녀가 제공하는 다양한 도움은 노부모의 삶의 질에 중요한 영향을 미치는 것으로 간주되어

왔다. 전통적인 효 규범의 영향으로 성인 자녀들이 노부모의 보호와 부양을 전담해 왔던 한국 사회에서 자녀로부터 받는 지원은 더욱 중시되었다. 이런 연유로 자녀로부터 받는 다양한 지원에 대하여 전반적으로 기대 정도가 높은 편인데, 특히 신체적 지원을 받는 것에 대한 기대가 높은 것으로 나타났다. 자녀로부터의 지원을 '기대한다(많이+아주 많이)'는 응답은 신체적 지원의 경우 65.0%, 정서적 지원의 경우 53.1%, 재정적 지원의 경우 43.8%로 조사되었다. 반면 '기대하지 않는다(별로+전혀)'는 응답은 신체적 지원 20.3%, 정서적 지원 30.9%, 재정적 지원 40.3%이다. 즉, 성인 자녀로부터 가장 기대가 높은 지원의 종류는 아플 때 도움을 받는 신체적 지원이며, 가장 기대하지 않는 지원은 금전적으로 도와주는 재정적 지원이다.

한편 노부모는 자녀에게 일방적으로 도움을 받기만 하는 것이 아니라 자녀들이 필요로 하는 중요한 도움을 제공하기도 하는 호혜적인 관계를 보인다. 노부모들이 그들의 자녀들에게 제공하는 도움은 집안의 어른으로서 위로와 조언, 자녀의 집안일 돕기 또는 손자녀 양육 등이 빈번하게 언급되며, 주택 마련을 위한 목돈 지원 등의 재정적 지원도 이루어지고 있는 것으로 알려지고 있다. 자녀들에게 제공하는 사회적 지원을 살펴보면 자녀를 '도와준다(아주 잘+잘)'는 응답은 정서적 지원의 경우 74.7%, 신체적 지원의 경우 65.0%로 상당히 높은 반면 재정적 지원에서는 25.3%로 다른 종류의 지원에 비해서 낮은 편이다. '도와주지 않는다(전혀+별로)'는 응답에서도 재정적 지원은 64.9%로 상당히 높은 반면 정서적 지원은 8.6%, 신체적 지원은 23.8%로 매우 낮게 나타났다. 노인들이 자녀와의 관계에서 정서적 지원과 신체적 지원에서는 서로 도움을 주고받는 호혜성을 보이지만, 재정적 지원의 경우에는 경제적 빈곤을 겪는 경우가 많기 때문에 자녀에게 도움을 주지 못하는 경우가 많다. 그럼에도 불구하고 자녀들에게 재정적 지원을 기대하는 정도가 높지는 않은데, 이는 자녀에게 재정적 지원을 제공해 주지 못하는 것과 관련되어 있는 것으로 보인다. 즉, 자녀에게 재정적인 도움

〈표 114〉 자녀에게 지원을 제공하는 정도: 전체

단위: 명, ( ): %

	전혀 도와 주지 않는다	별로 도와 주지 않는다	그저 그렇다	잘 도와 준다	아주 잘 도와준다	합계
정서적 지원을 제공	55 (2.2)	158 (6.4)	407 (16.6)	1,406 (57.3)	428 (17.4)	2,454 (100.0)
신체적 지원을 제공	260 (10.6)	323 (13.2)	464 (18.9)	1,062 (43.3)	343 (14.0)	2,452 (100.0)
재정적 지원을 제공	991 (40.4)	601 (24.5)	242 (9.9)	479 (19.5)	143 (5.8)	2,456 (100.0)

을 제대로 주지 못함으로써 부모로서의 역할을 완수하지 못하고 있다고 여기고, 이런 인식은 결국 자녀들에게 재정적인 도움을 기대하는 수준을 낮추게 되는 것이다.

지역별로 살펴보면, 춘천 응답자들은 서울 응답자들에 비해서 자녀로부터 지원을 받는 것에 대한 기대가 높은 편이다. 자녀로부터의 지원을 '기대한다(많이+아주 많이)'는 응답을 살펴보면, 정서적 지원의 경우에는 서울 47.2%, 춘천 56.9%, 신체적 지원의 경우에는 서울 56.4%, 춘천 70.7%, 재정적 지원의 경우에는 서울 39.5%, 춘천 46.6%로서, 서울보다 춘천이 자녀의 지원에 대한 기대가 7~14% 정도 높다. 반면 자녀들에게 지원을 제공하는 데에는 서울이 춘천보다 더 높은 편이다. 자녀들을 '도와준다(아주 잘+잘)'는 비율의 차이는 크지는 않지만, '아주 잘 도와준다'는 응답만 보면 정서적 지원의 경우에는 서울 19.2%, 춘천 16.3%, 신체적 지원의 경우에는 서울 17.8%, 춘천 11.6%로 나타났다. 그런데 재정적 지원의 제공에서는 서울과 춘천의 응답 차이는 없다. 춘천에 비해 서울의 응답자들이 자녀의 지원에 대한 기대가 덜하고, 자녀들에게 더 많은 지원을 제공하는 양상을 보인다.

한편 자녀와 사회적 지원을 주고받는 데에서 성별 차이를 보이고 있는 것을 발견할 수 있다. 전반적으로 여성은 남성에 비해서 자원이 취약하기 때문에 자녀로부터 지원을 받는 것에 대한 기대가 높은 편이다. 즉, 자녀의 지원을 '기대한다(많이+아주 많이)'는 응답을 보면, 정서적 지원의 경우에는 남성 47.8%, 여성 56.3%, 신체적 지원의 경우에는 남성 57.0%, 여성 70.1%, 재정적 지원의 경우에는 남성 35.0%, 여성 49.2%로 나타났다. 자녀의 지원을 바라는 여성의 기대가 남성에 비해서 8~14% 정도 더 높다.

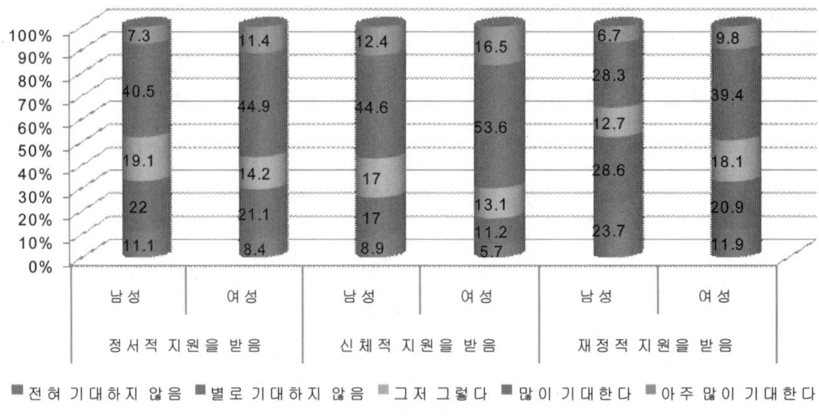

[그림 42] 자녀의 지원을 기대하는 정도(성별): 전체

그러나 자녀들에게 지원을 제공하는 데에서는 어떤 종류의 지원인가에 따라 여성 응답자가 남성 응답자에 비해서 자녀들에게 더 많은 지원을 제공할 수 있다. 자녀를 '도와준다(잘

+아주 잘')는 응답은 정서적 지원에서는 남성 72.4%, 여성 76.2%로 여성 응답자가 지원을 제공하는 정도가 남성보다 약간 높고, 신체적 지원에서는 남성 46.8%, 여성 63.8%로 여성의 지원 제공 정도가 남성에 비해 아주 높다. 반면 재정적 지원에서는 남성 32.2%, 여성 20.5%로 여성의 지원 제공이 남성에 비해서 상당히 떨어지는 수준이다. 이는 남녀에 따른 성 역할이 작동하고 있기 때문인 것으로 풀이되는데, 여성은 여성의 영역이라고 간주될 수 있는 정서적 지원과 신체적 지원을 제공하는 데 더 많은 기여를 하고 있는 반면, 남성의 영역이라고 간주될 수 있는 재정적 지원에서는 남성이 더 많은 도움을 준다.

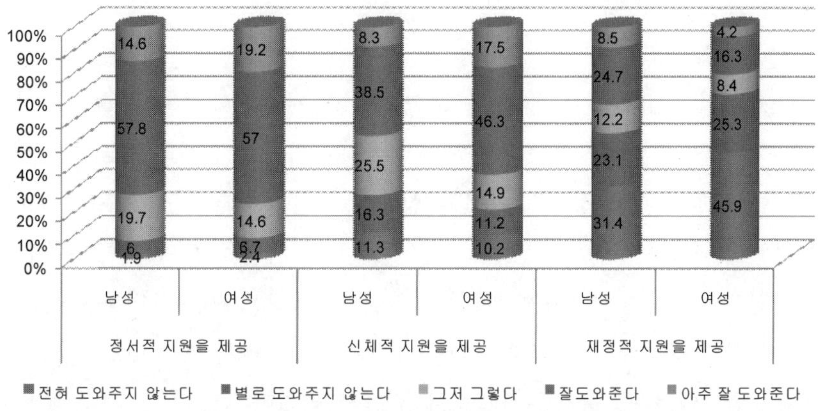

[그림 43] 자녀에게 지원을 제공하는 정도(성별): 전체

한편 고령자의 배우자와의 관계에 대한 관심은 성인 자녀와의 관계에 대한 관심에 비해서 그다지 높지 않은 편이다. 그러나 현실적으로는 노인들이 자녀와 동거하지 않으면서 노인 부부끼리 사는 가구의 비율이 높아지고, 평균수명의 증가로 노년기에 부부가 함께 사는 기간이 길어지게 되면서 비로소 노년기에 배우자와의 관계가 중요하게 인식되었다. 노년기 부부관계에 있어서 정서적 교감이나, 신체적 돌봄은 노년기의 삶의 질에 미치는 중요한 영향을 미치는 역할이라고 할 수 있다. 조사 결과를 보면, 전반적으로 배우자로부터 정서적 지원과 신체적 지원은 기대 수준이 높은 반면에 재정적 지원에 대한 기대 수준은 높지 않다. 즉, 배우자의 정서적 지원을 '기대한다(많이+아주 많이)'는 응답은 64.8%, 신체적 지원을 '기대한다(많이+아주 많이)'는 응답은 79.0%로 상당히 높은 것으로 나타났다. 그러나 재정적 지원의 경우에는 '기대한다(많이+아주 많이)'는 응답이 28.7%이며, '기대하지 않는다(전혀+별로)'는 응답은 54.2%로 절반 이상을 차지하였다.

〈표 115〉 배우자의 지원을 기대하는 정도: 전체

단위: 명, ( ): %

	전혀 기대 하지 않음	별로 기대 하지 않음	그저 그렇다	많이 기대한다	아주 많이 기대한다	합계
정서적 지원을 받음	107 (7.3)	213 (14.5)	196 (13.4)	681 (46.5)	269 (18.3)	1,466 (100.0)
신체적 지원을 받음	104 (7.1)	102 (7.0)	102 (7.0)	684 (46.8)	471 (32.2)	1,463 (100.0)
재정적 지원을 받음	379 (26.0)	411 (28.2)	250 (17.1)	304 (20.8)	115 (7.9)	1,459 (100.0)

한편 배우자로부터 필요한 지원을 받을 뿐만 아니라 배우자에게 지원을 제공하기도 하는데, 배우자의 지원을 기대하는 정도와 마찬가지로 배우자에게 실제로 제공하는 지원도 비슷한 분포를 보이고 있다. 즉, 정서적 지원과 신체적 지원을 제공하는 정도는 비교적 높은 반면 재정적 지원을 제공하는 정도는 낮은 편이다. 정서적 지원을 '도와준다(아주 잘+잘)'는 응답은 80.2%, 신체적 지원을 '도와준다(아주 잘+잘)'는 응답은 86.3%로 매우 높은 편이다. 그러나 재정적 지원의 경우에는 '도와준다(아주 잘+잘)'는 응답은 29.6%로 나타난 반면 '도와주지 않는다(전혀+별로)'는 응답은 51.5%로 절반을 넘었다.

〈표 116〉 배우자에게 지원을 제공하는 정도: 전체

단위: 명, ( ): %

	전혀 도와 주지 않는다	별로 도와 주지 않는다	그저 그렇다	잘 도와 준다	아주 잘 도와준다	합계
정서적 지원을 제공	35 (2.4)	80 (5.5)	174 (11.9)	815 (55.7)	359 (24.5)	1,463 (100.0)
신체적 지원을 제공	43 (2.9)	47 (3.2)	110 (7.5)	782 (53.4)	482 (32.9)	1,464 (100.0)
재정적 지원을 제공	448 (30.1)	318 (21.4)	281 (18.9)	316 (21.2)	125 (8.4)	1,488 (100.0)

그런데 배우자와 지원을 주고받는 정도는 응답자의 배경 요인에 따라서 뚜렷한 차이를 보이고 있다. 먼저 학력 수준과 주관적 경제력은 배우자와의 사회적 지원 교환에서 일관된 영향을 미치는데 고학력의, 경제적으로 여유가 있는 응답자들은 저학력의, 경제적으로 어려운

응답자에 비해서 배우자로부터의 지원에 대한 기대가 높고 배우자에게 지원을 제공하기도 한다. 반면 신체적 건강 상태는 배우자와의 사회적 지원 교환에 미치는 영향이 일관되게 나타나지 않는다. 신체적으로 아주 건강하거나 신체적으로 아주 건강이 나쁜 경우에 배우자로부터의 도움을 많이 기대하기도 하고, 실제로 도움을 많이 제공하기도 한다.

배우자와 사회적 지원 교환에서 주목할 점은 도움의 내용에 따라서 성별 차이를 보이고 있다는 것이다. 전체적으로 보았을 때 남성에 비해서 여성은 배우자에게 정서적 지원과 신체적 지원을 기대하는 정도가 현저하게 낮은 반면, 재정적 지원을 기대하는 정도는 상대적으로 높게 나타난다.

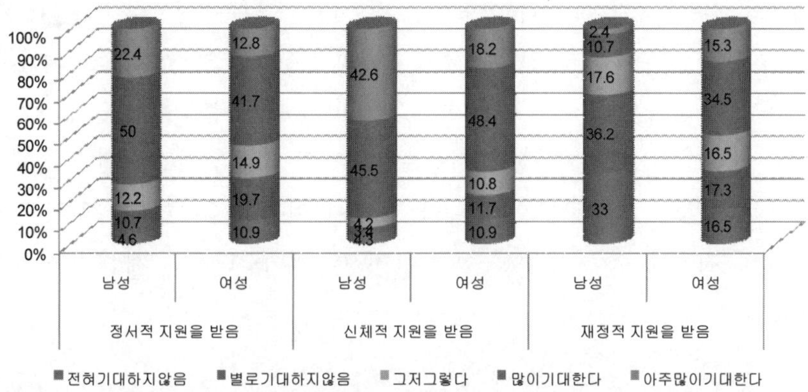

[그림 44] 배우자의 지원을 기대하는 정도(성별): 전체

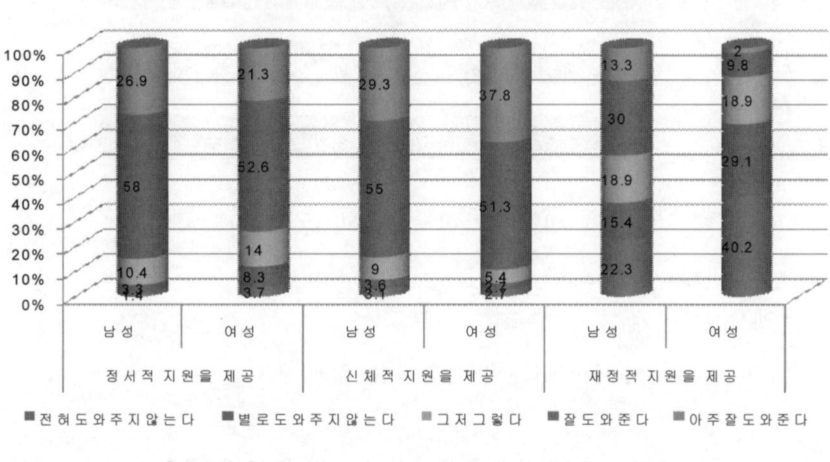

[그림 45] 배우자에게 지원을 제공하는 정도(성별): 전체

또한 배우자에게 지원을 제공하는 데에도 성별 차이가 뚜렷한데 여성은 배우자에게 정서적 지원과 재정적 지원을 제공하는 정도가 남성에 비해서 낮은 편이다. 반면 신체적 지원의

제공에서는 정서적 지원과 재정적 지원에서와 달리 여성이 남성보다 배우자를 더 많이 도와주고 있다. 일반적으로 여성보다 연령이 높은 남성이 몸이 아플 때 배우자인 여성이 일차적으로 수발을 담당하고 있기 때문이다. 정서적 지원의 제공에서 나타나는 성별 차이는 크지 않지만, 재정적 지원의 제공에서는 성별 차이가 아주 크다. 여성이 남성에 비해 노년기에 경제적으로 빈곤하고 남성이 가족 내 경제권을 쥐고 있는 상황에서 배우자에게 제공할 만한 경제적 자원을 보유하고 있지 못하기 때문인 것으로 풀이된다.

(2) 서울

서울 지역의 응답자들은 자녀로부터 지원을 받는 것을 기대하는 정도가 높지 않은 편이다. 즉, 자녀들의 지원을 '기대한다(많이+아주 많이)'는 응답은 정서적 지원의 경우에는 47.2%, 신체적 지원의 경우에는 56.4%, 재정적 지원의 경우에는 39.5%로 조사되었다. 또한 자녀들에게 지원을 제공하는 정도도 지원의 내용에 따라 다른 분포를 보인다. 즉, 자녀를 '도와준다(아주 잘+잘)'는 응답은 재정적 지원은 25.6%로 상당히 저조한 반면 신체적 지원은 58.4%, 정서적 지원은 72.5%로 높은 편이다. '아주 많이 도와준다'는 적극적인 지지만 놓고 본다면 재정적 지지의 경우 19.2%, 신체적 지지의 경우 17.8%, 재정적 지지의 경우 8.2%로 나타났다.

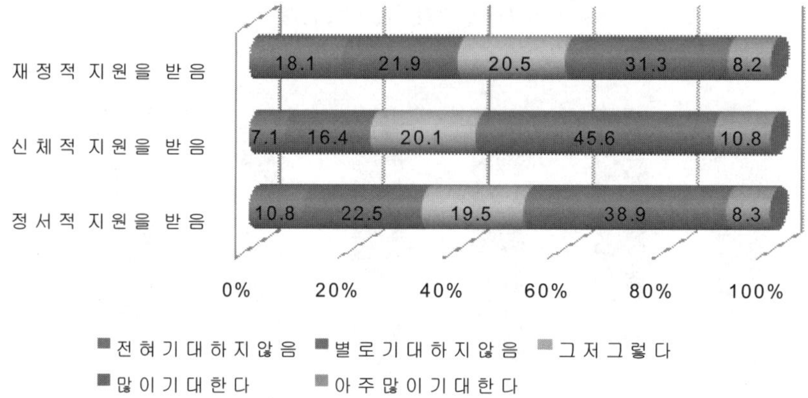

[그림 46] 자녀의 지원을 기대하는 정도: 서울

자녀와의 사회적 지원을 주고받는 데에서 응답자의 배경 요인에 따라 차이를 보이고 있는데, 전반적으로 여성, 저학력, 경제적으로 취약한 계층이 그렇지 않은 계층에 비해서 자녀들로부터 지원을 받는 것에 대한 기대 정도가 높은 편이다. 또한 고학력, 신체적으로 건강하고, 경제적으로 여유가 있는 계층은 그렇지 않은 계층에 비해서 자녀들에게 지원을 제공하는 정도가 높게 나타났다. 이들은 노년기에도 역량이 있고 자원을 갖추고 있어 자녀들에게 필요한 다양한 지원을 제공할 수 있다.

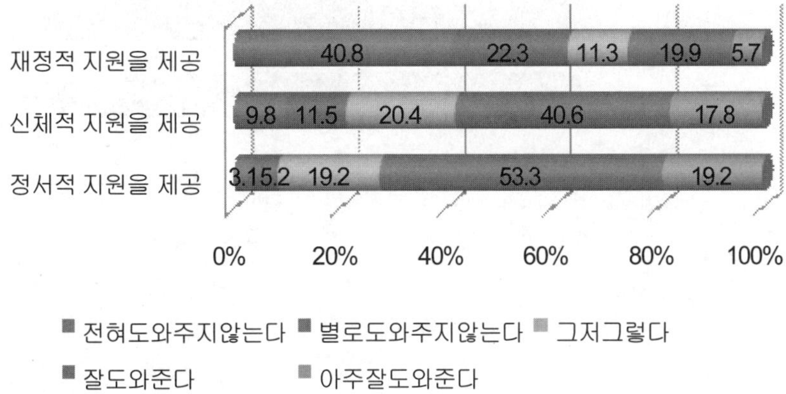

[그림 47] 자녀에게 지원을 제공하는 정도: 서울

한편 배우자와의 사회적 지원이 교환되는 현황을 살펴보면, 배우자로부터의 지원을 '기대한다(아주 많이+많이)'는 응답은 지원의 내용에 따라서 각기 기대 정도가 다르다. 즉, 정서적 지원의 경우에는 59.5%, 신체적 지원의 경우에는 71.9%, 재정적 지원 경우에는 26.6%로 나타났다. 또한 배우자를 '도와준다(아주 잘+잘)'는 응답은 정서적 지원의 경우에는 74.7%, 신체적 지원의 경우에는 83.2%, 재정적 지원의 경우에는 28.8%로 조사되었다. 배우자와의 재정적 지원은 정서적, 신체적 지원에 비해서 기대하는 정도도 낮고 실제로 도와주는 정도도 확연하게 낮은 것을 발견할 수 있다. 재정적 지원을 '기대하지 않는다'(전혀+별로)'는 응답이 54.3%이고 실제로 '도와주지 않는다(전혀+별로)'는 응답은 49.8%로 비슷한 수준이다.

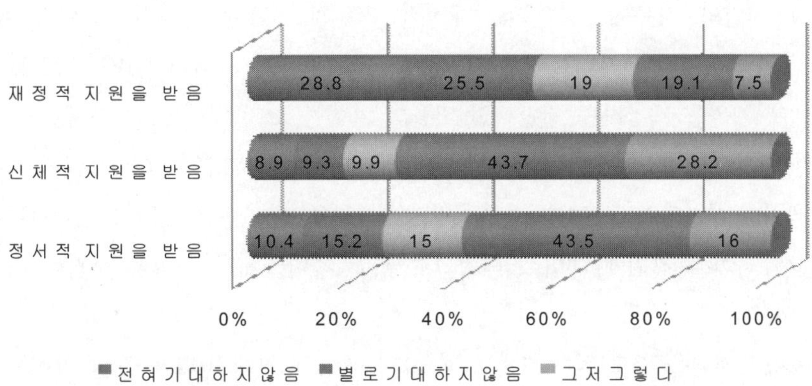

[그림 48] 배우자의 지원을 기대하는 정도: 서울

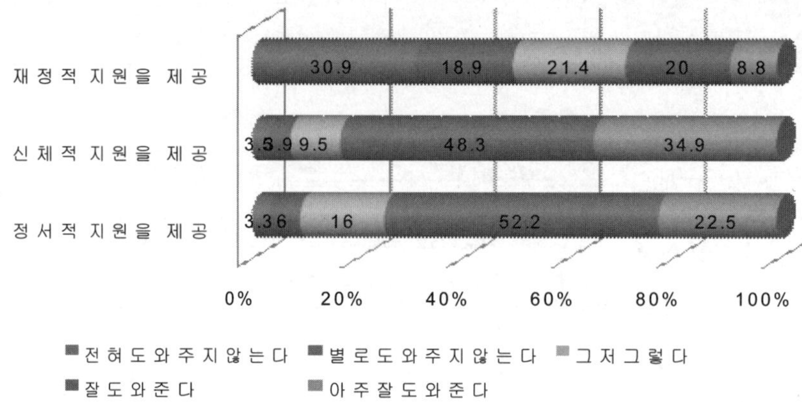

[그림 49] 배우자에게 지원을 제공하는 정도: 서울

배우자와의 사회적 지원의 교환 현황에서 응답자의 배경요인에 따라서 차이를 보이는데, 학력 수준이 높고, 경제적으로 여유가 있는 응답자는 학력 수준이 낮고, 경제적으로 어려운 응답자에 비해서 상대적으로 배우자로부터의 지원에 대한 기대와 배우자에게 지원을 제공하는 정도가 모두 높은 편이다. 다만 신체적 건강 상태의 경우에는 배우자와의 사회적 지원을 교환하는 데 미치는 영향이 일관되게 나타나지 않는다. 즉, 신체적으로 아주 건강하거나, 또는 신체적으로 아주 건강이 나쁜 경우에는 배우자로부터의 지원을 많이 기대하기도 하고, 실제로 지원을 많이 제공하기도 한다.

(3) 춘천

춘천 지역의 응답자들은 자녀들로부터 지원을 받는 것에 대한 기대 정도가 상대적으로 높은 편이다. 자녀들의 지원을 '기대한다(많이+아주 많이)'는 응답은 정서적 지원의 경우에는 56.9%, 신체적 지원의 경우에는 70.7%, 재정적 지원의 경우에는 46.6%로서 서울보다 7~14% 정도 더 높다. 그러나 자녀들에게 지원을 제공하는 데는 춘천이 상대적으로 낮은 편이다. 자녀들에게 지원을 제공하는 전반적인 비율의 차이는 크지 않지만, '아주 많이 도와준다'는 적극적인 지원 제공만 본다면 정서적 지원 16.3%, 신체적 지원 11.6%로 나타났다. 재정적 지원의 제공에서는 5.9%로 서울 지역과 비슷한 수준이다. 춘천 지역의 응답자들은 자녀와의 관계에서 사회적 지원에 대한 기대가 더 높고, 자녀들에게 사회적 지원을 더 많이 제공하는 편이다.

자녀와의 사회적 지원을 주고받는 데에서 몇 가지 배경 요인에 따라 중요한 차이를 보이고 있는데, 전반적으로 여성, 저학력층, 경제적으로 취약한 계층이 그렇지 않은 계층에 비해서 자녀들의 지원을 받는 것에 대한 기대 정도가 높은 편이다. 또한 고학력층, 신체적으로 건강하고, 경제적으로 여유가 있는 계층이 그렇지 않은 계층에 비해서 자녀들에게 지원을 제공하는 정도가 높은 편이다.

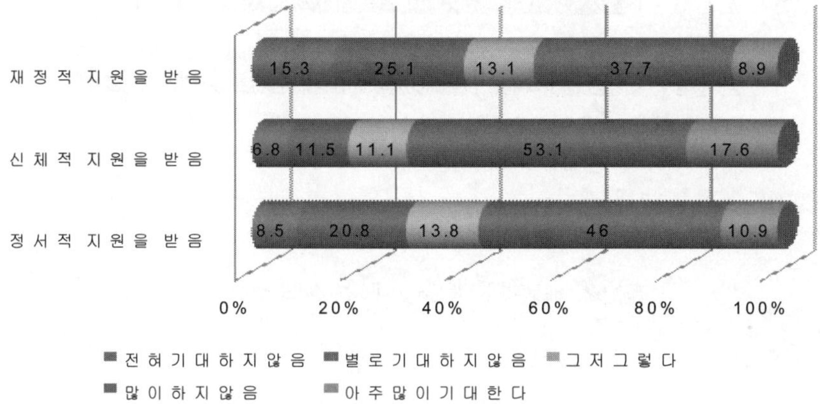

[그림 50] 자녀의 지원을 기대하는 정도: 춘천

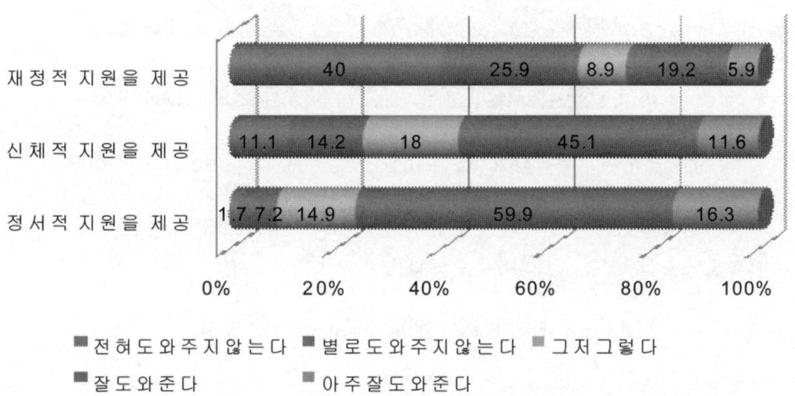

[그림 51] 자녀에게 지원을 제공하는 정도: 춘천

배우자와의 사회적 지원 교환을 살펴보면, 배우자의 지원을 '기대한다(아주 많이+많이)'는 응답은 정서적 지원의 경우 67.8%이며, 신체적 지원의 경우 82.8%로서 매우 높게 나타났다. 또한 배우자를 '도와준다(아주 잘+잘)' 응답은 정서적 지원의 경우 83.2%, 신체적 지원의 경우 88.2%로 역시 상당히 높은 것으로 조사되었다. 반면에 재정적 지원에서는 지원하는 비율이 낮은 것을 발견할 수 있는데, 재정적 지원을 '기대하지 않는다(전혀+별로)'는 응답이 54.0%, 재정적으로 '도와주지 않는다(전혀+별로)'는 응답은 52.4%로 비슷한 수준이다.

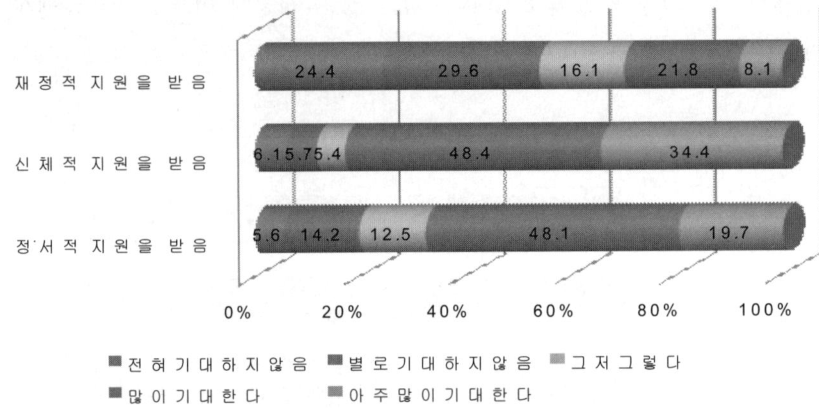

[그림 52] 배우자의 지원을 기대하는 정도: 춘천

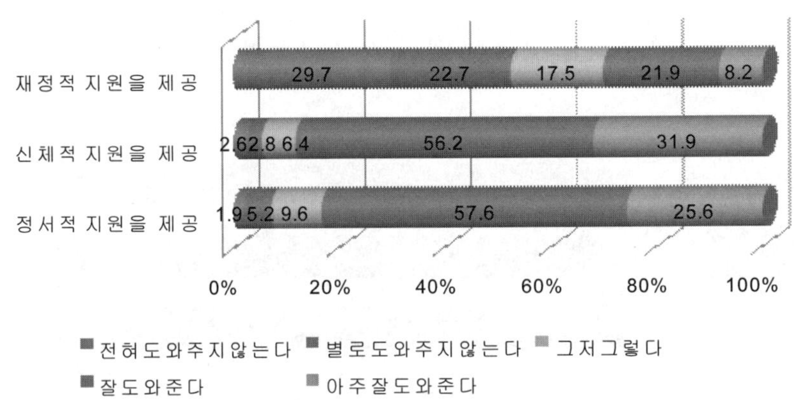

[그림 53] 배우자에게 지원을 제공하는 정도: 춘천

6. 분석 결과 요약

1) 노인의 삶의 질 1: 인구 사회적 특성

가족 구조, 경제 활동 및 소득을 중심으로 분석한 결과를 요약하면 다음과 같다. 먼저 동거 유형의 경우 자녀와 배우자 중 배우자와만 동거하는 비율이 32.2%로 가장 높았고, 이어 자녀 동거, 자녀+배우자 동거의 순으로 나타났다. 이외에 자녀 및 배우자와 동거하지 않는 비율도 19.8%로 나타나고 있다. 이러한 결과는 고령자 본인, 자녀, 배우자로 구성되는 가족이 더 이상 일반적인 현상이 아님을 보여 주는 것으로 보인다. 동거 유형은 성별이나 연령별로도 차이를 보였는데, 남성의 경우 배우자와 동거하는 비율이 높은 반면 여성의 경우는 자녀와 동거하는 비율이 상대적으로 높게 나타나고 있다. 연령별로는 젊은 층은 배우자+자녀 동거의 비율이 높은 반면 고령자층의 경우는 자녀 동거 혹은 가족과 함께 살지 않는 비율이 높게 나타나고 있다. 자녀 및 배우자에 대한 만족도는 남성이 여성에 비해 고학력자가 저학력자에 비해 그리고 건강한 집단이 그렇지 못한 집단에 비해 높은 것으로 나타났다.

경제 활동 참여를 성별로 나누어 살펴보면 남성이 여성에 비해 경제 활동 참여율이 높은 것으로 나타나고 있으며, 연령별로 나누어보면 45~64세 집단이 고령자 집단에 비해 경제 활동 참여율이 높은 것으로 나타나고 있다. 이외에 건강이 좋다고 응답한 집단이 그렇지 않은 집단에 비해 경제 활동 참여율이 높은 것으로 나타나고 있다. 이외에 가구 소득의 경우 전반적으로 낮은 수준을 기록하고 있으며, 특히 여성이 남성에 비해, 저학력 집단이 고학력 집단에 비해 소득이 낮은 것을 확인할 수 있었다.

인구 사회적 특징을 분석한 결과는 고령의 여성 노인이 가장 취약한 집단임을 보여 주는 바 이들의 삶의 질을 개선시킬 수 있는 정책적 노력이 필요하다고 판단된다.

2) 노인의 삶의 질 2: 건강 및 의료

본 보고서에서는 건강 분야에 관련된 중요 연구 주제로 자가 평가 건강 상태, 건강 관련 삶의 질, 만성 질환 유병 상태, 신체 치수, 생활 습관에 대해서 살펴보았다.

각 연구 주제에 대한 결과를 종합해 보자면, 첫째 소외된 계층, 즉 여성, 나이가 많은 집단, 학력이 낮은 집단 그리고 주관적 경제 상태를 부정적으로 평가하는 집단일수록 주관적 건강 상태, 비교 건강 상태, EQ-5D와 K-ALD를 포함하는 건강 관련 삶의 질 등 건강에 관련된 평가 점수가 낮은 것을 발견할 수 있었다. 이러한 결과는 낮은 사회 경제적 지위를 갖고 있는 집단의 건강 상태가 그렇지 않은 집단에 비해 상대적으로 좋지 못하다는 것을 내포하고 있다.

둘째, 위에서 언급한 낮은 사회 경제적 지위와 나쁜 건강 상태의 연관성은 실제로 신체 치수의 평균 비교에서 구체화되어 나타난다. 나이가 많은 집단, 학력이 낮은 집단 그리고 주관적인 건강 상태와 주관적인 경제 상태가 좋지 않은 집단일수록 평균 키와 몸무게가 낮은 수치를 보였다. 낮은 사회 경제적 지위를 가지고 있는 사람들의 영향 상태가 그렇지 않은 사람들에 비해 상대적으로 열악함을 보여 준다고 할 수 있겠다.

셋째, 이러한 낮은 사회 경제적 지위는 생활 습관과도 연관이 있는데 남성이 여성보다, 학력이 높을수록, 주관적인 건강 상태와 주관적인 경제 상태가 좋을수록 규칙적인 식사를 했다. 역시 학력이 가장 낮은 집단이 평소 운동 여부에서 가장 낮은 비율을 보였으며, 자신의 건강과 경제 상태를 부정적으로 평가할수록 규칙적으로 운동하는 비율이 가장 낮았다.

넷째, 만성 질환 유병률 중 관절염, 요통, 신경통, 골다공증, 고혈압 등의 진단 후 치료받지 않고 있는 질환이 상당수 된다는 것은 매우 중요하다. 치료의 지연은 2차 질환을 초래할 수 있기 때문이다. 즉, 고혈압의 방치는 자칫 뇌졸중을 야기할 수 있으며, 골다공증과 같은 질병을 관리하지 않으면 골절과 같은 신체적으로 심각한 결과를 낳을 수도 있음을 주목해야 한다. 이러한 만성 질환 진단 후 치료의 지연은 사회 경제적 지위의 차이에 따른 결과로 나타날 수도 있는 것이다. 그러므로 사회 경제적 지위가 낮은 사람들의 상대적으로 낮은 건강 지위를 개선하기 위해서는 정부의 관심과 구체적인 정책적 지원이 요구된다고 하겠다.

3) 노인의 삶의 질: 심리

(1) 정서 경험

정서 경험에 있어서 연령별, 성별 유의한 차이가 있는지 확인한 결과, 성별에서 여성은 남성보다 부적 정서를 더 많이 경험하는 것으로 나타났다. 그리고 45~64세 집단과 75세 이상 집단 간에 정서성에 있어 유의한 차이가 나타났다. 75세 이상 집단은 45~64세 집단에 비해 부적 정서와 정적 정서를 덜 경험하는 것으로 확인되었다. 성별과 연령에 따른 정서 경험의 변화는 외국 또는 한국에서 실시된 선행 연구 결과와 일치하는 결과를 나타냈다. 하지만 지역에 따른 정서 경험을 살펴보면, 서울 지역 거주자들의 경우에는 연령 증가에 따라 부적 정서를 경험하는 경향성이 유의미하게 높아지는 데 비해, 춘천 지역 거주자들의 경우에는 정적 정서를 경험하는 빈도가 유의미하게 낮아지는 흥미로운 결과가 얻어졌다. 이러한 결과는 정서 경험의 차이에 관여하는 지역 관련 요인들을 면밀하게 검토할 필요가 있음을 시사한다. 또한 연령 증가에 따라 부적 정서 경험이 감소한다는 선행 연구 결과와 달리 서울 지역 거주자들은 연령 증가에 따라 부적 정서 경험이 증가 한다는 결과는 연령 증가에 따른 정서적 특성의 차이를 종단 연구를 통해 확인할 필요가 있다는 것을 보여 준다. 후속 연구를 통해 지역에 따른 정서 경험의 변화를 알아보고 이에 관여하는 요인들을 찾아내는 작업이 지속적으로 이루어져야 할 것이다.

(2) 욕구 만족

본 연구에서 Maslow가 제시한 5개 단계별 욕구 수준들을 성별, 연령대별, 지역별, 학력별, 건강 상태별 및 주관적 경제 상태라는 집단별 특징들로 구분하여 알아보았다. 그 결과 남성들이 여성들보다 욕구 만족 수준이 높으며, 연령대가 낮을수록, 학력이 높을수록, 건강이나 경제 상태 수준이 양호할수록 5개 영역별 욕구 만족 수준이 높았다. 또한 지역별 구분에서는 춘천 지역이 서울 지역보다 욕구 만족 수준이 높았다. 다만, 각 욕구 만족 수준들이 평균('그저 그렇다'라는 3점)을 약간 상회하는 수준이고, 특히 자아실현의 욕구 만족의 경우에는 평균 이하의 만족 수준(M=2.6)에 머물고 있었다. 이는 한국 노인들의 삶에 대한 성취감 실현에 대한 불만 수준이 높음을 반증하므로, 차후 개인의 가치 향상 노력을 포함한 관련 프로그램 개발에 집중해야 할 필요가 있음을 시사한다.

(3) 애착 유형

본 연구에서는 Hazan과 Shaver(1987, 1990)가 성인들의 애착 유형을 측정하기 위해 만든 자기보고식 애착 유형 척도를 활용하여 측정하였다. 이들이 제시한 3개의 애착 유형에 대한 평가를 성별, 연령대별, 지역별, 학력별, 건강 상태별 및 주관적 경제 상태라는 집단별 특징들로 구분하여 알아보았다. 그 결과 자기 자신의 대인관계적 특성을 안정적인 애착 유형이라고 평가하는 경향이 서울 지역보다 춘천 지역에서 더 높았으며, 건강 상태가 양호할수록 더 높았다. 회피적 애착의 경우, 남성보다 여성이, 춘천보다 서울이, 그리고 건강 상태가 나쁘다고 평가할수록 그 수준이 높았다. 마지막으로 불안양가적 애착의 경우에는 남성보다 여성이, 연령대가 높을수록, 학력이 낮을수록, 건강 상태가 나쁠수록 더 높은 평가를 하였다. 다만 불안양가적 애착의 경우에는 일부 집단 특징들 간에서 차이를 보였지만, 중간 이하인 평균 2.0('대체로 아니다'가 2점) 수준이어서 응답자들의 대부분이 '(배우자를 포함한) 가까운 사람들이 자신을 진정으로 좋아하는지 아니면 그렇지 않은지 등에 대하여 우려하는' 수준이 그리 높지는 않은 것으로 보인다.

본 연구 결과는 대부분의 애착 관련 연구들이 유아나 아동 및 대학생과 성인들을 대상으로 이뤄지는 흐름에서 노인 세대를 대상으로 그 영역을 확장하였다는 점에서 또 다른 의미를 찾아볼 수 있다.

(4) 주관적 안녕감

성별, 연령, 지역, 학력, 건강, 주관적 경제 상태에 따른 주관적 안녕감의 차이를 살펴본 결과, 주관적 안녕감에 있어서 지역에 따른 차이, 즉 서울과 춘천 간에 유의미한 차이는 없었다. 성별에 따른 주관적 안녕감의 차이는 일관되게 남성보다 여성이 낮은 것으로 나타났다. 전체 집단 자료로 분석한 결과 주관적 안녕감과 연령, 학력, 건강, 주관적 경제 상태는 주관적 안녕감과 유의미한 상관관계가 있었다. 즉, 학력이 높을수록, 건강할수록, 주관적 경제 상태가 좋을수록, 연령이 낮을수록 주관적 안녕감이 높았다. 연령 증가에 따른 주관적 안녕감의 변화는 본 연구에서처럼 연령집단별 횡단 비교를 하게 되면 그 차이가 확대되고 세대 차와 같은 변인이 혼입될 수 있으므로 종단 연구를 통해 확인해야 할 필요가 있다. 또한 본 연구에서와 같이 일관적으로 남성이 여성보다 주관적 안녕감이 높게 나타나는 특성은 외국 문헌이나 다른 세대에서 관찰되지 않는 것이므로 추후 연구 및 분석을 통해 면밀한 검토가 필요하다.

(5) 인지 기능

K-MMSE를 실시하여 건강한 장노년들의 인지 기능을 평가한 결과, 나이, 성별 및 교육 수준이 K-MMSE 점수에 유의미한 영향을 미친다는 사실이 확인되었고, 그 영향력은 교육 수준, 나이, 성별의 순서였으나 성별의 영향은 단지 낮은 학력 범주에서만 발견되었다. 지역에 따른 K-MMSE 점수 차이는 발견되지 않았다. 또한 치매 초기에 관찰되는 인지적, 정서적, 신체적 및 행동적 증상들을 정상 노인들이 어느 정도나 지니고 있는지를 평가하기 위하여 치매 설문지인 KDQ를 실시한 결과 나이와 교육 수준에 따른 차이만이 발견되었고 성별이나 지역의 차이는 발견되지 않았다. 즉, 건강한 정상 노인이라 할지라도 나이가 많을수록, 학력이 낮을수록 인지적, 정서적, 신체적 및 행동적 문제를 더 많이 보고하였다. 이 결과들은 K-MMSE와 KDQ를 치매 선별 검사로서 사용하기 위해서는 나이와 교육 수준에 따라 세분화된 규준을 적용하여야 한다는 사실을 시사한다. 따라서 본 연구의 대단위 피검자들로부터 산출된 세분화된 K-MMSE 규준과 KDQ 규준이 치매의 조기 진단에 기여할 수 있으리라 기대한다.

4) 노인의 삶의 질 3: 사회복지

전반적인 사회적 지지 수준은 '그저 그렇다' 수준을 약간 상회하였다. 남성이 여성보다, 45~59세 집단이, 고학력일수록 그리고 건강 상태가 좋을수록, 전반적인 사회적 지지 수준이 높았으며, 서울과 춘천 지역 간의 차이는 없었다.

사회복지 서비스에 대한 인지도는 경로당, 교통수당, 노인대학 및 노인교실, 노인복지관, 철도 할인/지하철 무료이용의 순으로 높았다. 성, 연령, 학력, 건강 상태, 경제 상태 그리고 지역에 따라 서비스 인지도에 차이가 나타났다. 사회복지 서비스를 인지하고 있는 사람들 중에서 노인복지 서비스를 이용해 본 경험이 있는 사람의 비율이 경로우대제도에 해당하는 교통수당, 철도 할인/지하철 무료이용, 고궁/공원/능원/박물관 무료입장 그리고 여가 서비스인 경로당의 순으로 높았고, 가정봉사 서비스, 노인전문병원, 노인전문요양시설, 단기보호, 주간보호는 1%를 넘지 못하였다. 서비스 이용 경험률 역시 성, 연령, 학력, 건강 상태, 경제 상태, 지역에 따라 차이를 보였다.

약 94%가 혼자 쓰는 방을 가지고 있었으며, 남성이, 연령이 적을수록, 학력이 높아질수록 그리고 경제적으로 여유가 있을수록, 춘천에 거주하는 사람이 혼자 쓰는 방을 가지고 있는 비율이 높았다. 주거 환경 중 계단 오르기에 대해 불편함을 느끼는 정도가 가장 컸고, 현관 주위의 계단 턱, 문턱, 욕실이나 욕조 사용, 화장실 사용에 대해서는 70%가 불편함을 느끼지 않았다. 연령이 높을수록, 학력이 낮을수록, 경제적인 여유가 없을수록 불편함이 더 컸으며, 서울은 양극화 현상을 보였다.

노인 부양 책임감은 5점 만점에 평균 3.7점으로 '대체로 그렇다'의 수준에 가까웠다. 연령이 높아짐에 따라 부양 책임이 높아졌으나, 학력과 건강 상태에 따른 차이는 춘천에서만 나타났는데, 학력이 낮은 사람이, 건강하지 못한 사람이 그렇지 않은 집단에 비해 노인 부양 책임감이 높았다.

아들선호사상은 '노후를 위해 아들이 필요하다'에 대해 약 73%, '아들이 여럿이라면 장남이 모셔야 한다'에 대해 34%, '딸은 친정부모보다 시부모를 모셔야 한다'에 대해 73%가 동의하였다. 연령이 높아질수록, 학력이 낮을수록, 학력이 낮을수록 이러한 경향이 더 강하였다.

노후를 준비한 사람은 65세 이상에서 약 21%, 65세 미만에서 약 44%였으며, 남성이 여성보다, 학력의 수준이 증가할수록, 건강 상태가 좋을수록 그리고 주관적 경제 상태가 좋아질수록 노후 준비를 더 하고 있었다. 그러나 지역 간의 차이는 발견되지 않았다.

노후 생활비 준비는 본인 또는 자녀가 마련하여야 한다는 생각을 80% 이상이 하고 있었으며, 약 16%의 적지 않은 사람들이 노후 생활의 국가 책임을 강조하고 있었다. 본인과 자녀가 준비하여야 한다는 답은 춘천에 거주하는 사람이 서울에 거주하는 사람보다 많았고, 국가가 마련해야 한다는 것은 서울에 거주하는 사람이 춘천에 거주하는 사람보다 많았다.

노환으로 아플 경우 간병을 자녀에게 기대하는 사람이 약 54%, 국가에 대해서는 약 13%였다. 자녀와 국가가 책임져야 한다는 생각은 서울이 춘천보다, 남성보다 여성이 더 강하였다.

은퇴의 시기에 대해 65세 이상까지 일하고 싶다는 사람들이 70.9%에 달하였으며, 여성이 남성보다, 연령이 증가할수록, 학력이 낮을수록, 건강이 좋지 않을수록, 춘천보다는 서울에서 거주하는 사람들이 더 일하고 싶어 하였다.

노후의 경제적 준비를 위해 가장 크게 의존하고 있는 방법은 자녀에 의존하는 사람이 46%로 가장 많고, 저축 또는 개인연금, 국민연금, 공적 부조의 순이었다. '저축 또는 개인연금', 퇴직금, 국민연금, 이자 소득, 임대료에서는 남성이 여성보다, 공적 부조와 자녀 도움에서는 남성보다 여성에서 비율이 높았다.

종교성은 5점 만점에 평균 2.6점으로 대체적으로 낮은 수준을 보여 주었으며, 서울에 거주하는 사람이, 여성이, 연령이 높을수록, 서울이 춘천보다, 학력이 높을수록 더 높았다.

5) 노인의 삶의 질 4: 사회관계

노년기의 사회적 삶의 보여 주는 지표는 사회 활동/단체 참여, 사회적 유대(social tie)로서 주요한 타자(significant others)인 비동거 자녀, 형제/자매와의 접촉 빈도 그리고 사회적 지원의 교환(social support exchange) 등이 있다. 먼저 노년기의 삶의 질에 긍정적인 영향을 미치는 사회 활동의 참여 실태를 보면, 노인들이 종교단체/모임과 연고단체/모임을 중심으로 평균 1개 정도의 단체/모임에, 참여 횟수는 월 1회 또는 주 1회 정도로 참여하고 있다. 이는 노년기의 사회 활동 참여가 타인과의 관계 유지 또는 친교를 목적으로 제한적인 범위 내에서 소극적이고 형식적으로 이루어지고 있음을 보여 준다. 사회 활동 참여에서는 남녀 차이가 뚜렷한데 여성에게서 종교를 중심으로 하는 사회 활동이 두드러지게 나타난다. 주요한 타자로서 비동거 자녀, 형제/자매와 접촉 빈도는 사회적 유대를 유지하기 위해서는 대면 접촉의 경우 월 1회, 전화 연락의 경우 주 1회를 최소한의 접촉이라고 간주했을 때 대면 접촉의 경우 약 50%, 전화 연락의 경우 약 30%의 고령자들이 그들의 자녀들로부터 소외되고 있음을 발견할 수 있다. 형제/자매의 경우에는 자녀와의 접촉 빈도보다도 현저하게 낮아서 대면 접촉의 경우 약 85%, 전화 연락의 경우 약 80%의 고령자들이 아무런 접촉도 하지 않고 있다. 정서적 지원, 신체적 지원, 재정적 지원을 주고받는 것은 누구와, 어떤 도움인가에 따라서 뚜렷한 차이를 보이고 있다. 상대적으로 자녀에게서보다는 배우자로부터의 지원을 기대하거나 실제로 지원을 제공하는 정도가 더 높은 편이며, 정서적 지원과 신체적 지원에서는 상당히 활발하게 교환이 이루어지는 편이지만 재정적 지원에서는 교환의 정도가 떨어진다. 학력 수준, 주관적 경제력, 주관적 건강 상태는 자녀와 배우자와의 지원을 교환하는 데 영향을 미치는 중요한 요인이며, 성별에 따른 차이도 두드러지게 나타나고 있다. 즉, 여성은 정서적 지원과 신체적 지원을 활발하게 주고받는 반면 남성은 재정적 지원을 주고받는 정도가 상대적으로 높은 편이다. 이러한 결과는 성인 자녀의 노부모 보호, 부양이 더 이상 지속되기 어려우며, 노년기 삶의 질에 있어서 부부관계의 중요성이 증대하고 있음을 의미한다.

참고문헌

강명희. 1994. "한국 노인의 영양상태," 한국영양학회지 27(6): 616-635.

강수지. 1996. 실버시대의 실버사업. 서울: 동인사.

강연욱 · 나덕렬 · 김동현(심사중) K-MMSE의 노인규준 연구.

강연욱 · 나덕렬 · 한승혜. 1997. "치매환자를 대상으로 한 K-MMSE의 타당도 연구," 대한신경과학회지 15(2): 300-307.

강이규. 1995. "21世紀를 向한 高齡化社會의 韓國老人福祉 政策方向," 부산대학교 석사학위논문.

경기개발연구원. 1998. 유료노인주거시설 개발을 위한 기초조사 자료집.

경제기획원 조사통계국. 1997. 한국출산력조사.

고상백 · 장세진 · 강명근 · 차봉석 · 박종구. 1997. "직장인들의 건강수준 평가를 위한 측정 도구의 신뢰도와 타당도 분석," 예방의학회지 30(2): 251-266.

고승덕 · 조숙행. 1997. "노인의 삶의 질 향상을 위한 요인 추출,"『한국노년학』제17권 2호, 한국노년학회, pp.17-36.

고양곤. 1997. "재가노인복지사업: 이론과 실천. 재가노인복지사업의 개발과 서비스 방안," 한국 노인복지회 편저. 홍익재.

______. 1998. "노인주간 · 단기보호의 현황과 과제,"『노인복지연구』창간호. 한국노인복지학회.

______. 1999. "노인 자원봉사활동의 활성화 방안,"『노인복지연구』제6호. 한국노인복지학회.

고희정. 1995. "노인과 주거환경의 특성이 주거애착에 미치는 영향," 연세대학교 석사학위논문.

권순남. 1998. "포항 자원봉사센터 설립 유형상의 문제점과 개선," 제20회 볼런티어 21 세미나 자료집. 사단법인 볼런티어 21.

권해수. 1992. "사회운동과 공공정책의 역동적 관계연구," 서울대학교 박사학위논문.

김기남 · 현태선 · 이정원. 2000. "한국 노인의 영양부족위험 진단을 위한 간이조사표의 개발," 대한지역사회영양학회지 5(3): 475-483.

김대중. 1999. 세계노인의 해 기념 청와대 만찬 강연 초록.

김동배. 1996. "노인가족의 현황과 정책과제"－〈노인복지정책 대토론회〉. 서울: 신한국당 노인복지대책소위원회.

______. 1999.『노인 자원봉사활동을 통한 사회통합 프로그램 개발』. 집문당.

김동현 · 나덕렬 · 연병길 · 강연욱 · 민경복 · 이수현 · 이상숙 · 이미라 · 표옥정 · 박찬병 · 김선민 · 배상수. 1999. "도시지역 노인들의 치매유병률에 관한 단면조사연구," 예방의학회지, 33(3): 306-316.

김두섭(편).『변화하는 노인의 삶과 노인복지』. 한양대학교 출판부.

김명소 · 김혜원 · 차경호. 2001. "심리적 안녕감의 구성개념 분석: 한국 성인 남녀를 대상으로," 한국심리학회지: 사회 및 성격, Vol. 15, No. 2. 19-39.

김미경. 2000. "노인복지에 대한 가족사회학적 접근,"『한국 사회학』제34집.

김미숙. 1998. "고령화 사회의 사회보장정책,"『보건복지포럼』통권 23호. 한국보건사회연구원.

김미숙 · 김유경 · 김성희. 1998.『자원봉사센터의 현황과 효율적 운영방안』. 한국 보건사회 연구원.
김미혜. 2000. "고령자 취업적합직종 선정에 관한 연구," 한국노인문제연구소.
김범수 외. 2001.『자원봉사의 이해』. 학지사.
김성순. 1990.『고령화사회와 복지행정』. 서울: 홍익재.
김성이. 1996.『자원봉사활동 체계화 방안 硏究』. 서울: 한국사회복지협의회.
김수연. 1988. "노인의 종교참여도와 관련변이에 관한 연구,"『한국노년학』 제8호.
김수춘 외. 1995.『노인복지의 현황과 정책과제』. 서울: 한국보건사회연구원.
김애순. 2000.『은퇴와 노년기 일의 의미』. 한국노인문제연구소,
김연경 · 이혜옥 · 장 린 · 조여원. 2002. "65세 이상 노인에서 식습관, 영양소 섭취 및 질병 양상에 관한 연구," 대한지역사회영양학회지 7(4): 516-526.
김영호 외. 1996.『자원복지활동과 복지교육』. 학문사.
김익기 외. 1999.『한국 노인의 삶』. 미래인력연구센터.
김재용. 성주헌. 신영수. 2001.『우리나라 표준화사망률과 조기사망으로 인한 수명손실년수의 지역간-계층간 불평등』. 제53차 대한예방의학회 추계학술대회 연제집. 257.
김재원. 1998.『중 · 고령자의 직업안정을 위한 정책과제』. 한국노동연구원 정책자료.
김재인. 1986. "후기성인을 위한 사회 교육과 생활만족도 상관연구,"『한국노년학』 제6호.
김재인 · 허현란. 1999.『여성노인의 여가교육 프로그램』. 한국여성개발원.
김정후 · 한만주. 1998.『노인인력 활용정책과 프로그램』. 집문당.
김종승. 1995. "자원봉사안내센터의 현황과 과제,"『사회복지』 통권 제127호. 서울: 한국사회복지협의회.
김중대. 1998. "노인 자원봉사활동의 필요성과 과제,"『노인복지연구』 제2호. 한국노인복지학회.
김태성 · 성경륭. 1993.『복지국가론』. 나남.
나덕길. 1988. "수도권 노인의 여가선용과 복지시책에 관한 연구," 경희대학교 경영대학원 학위논문.
남기민. 1998. "노인의 여가활동 유형과 생활만족도,"『현대노인복지연구』. 청주대학교 출판부. pp.150-181.
남희용. 1998.『노인 주거복지 향상을 위한 연구: Measures for better elderly housing welfare』. 주택산업연구원.
노동부. 1998. 1999. 2000a.『노동통계연감』.
농협중앙회. 1993.『농촌사회의 노령화와 농협의 대응』.
대구경북개발연구원. 2001.『고령사회를 대비한 복지대책』.
대한노인회 서울특별시연합회. 1997. 대한노인회 봉사활동사례집.
대한노인회중앙회. 1995.『세계화 지방화를 위한 노인상』.
______. 1996.『삶의 질 향상을 위한 노인상』.
______. 1997.『21세기를 향한 자립자활 노인상』.
류기형 외. 1999.『자원봉사론』. 양서원.
리서치 앤 리서치. 1999. "노인문제에 대한 일반인/노인 조사보고서".
모선희. 2000. "여가 및 사회 활동,"『노인복지론』. 서울: 아시아미디어리서치.
문상식 · 남정자. 2001. "우리나라 65세 이상 노인의 건강수준: 여성노인의 질병상태. 와병수준. 활

동제한을 중심으로," 『한국노년학』 21(1): 15-30.

문호성 · 신승용 · 이연수 · 곽기우 · 이혜리 · 윤방부. 1993. "우리나라에서 노팅검 건강지수의 유용성에 관한 연구—번역 및 신뢰도. 타당도 검증," 『가정의학회지』 14(11): 699-708.

민재성, 1993. 『한국의 노령화 추이와 노인복지대책』. 한국개발연구원 연구보고서.

박경숙. 2000. "한국노인의 사회적 관계," 『한국사회학』 제34집.

______. 2001. "노년기 불평등의 미래," 『한국사회학』 제35집.

박경호. 1998. "가정봉사원 파견사업의 현황과 문제점," 6회 국회노인복지연구회 세미나 자료. 국회노인복지연구회.

박재간. 1986. 『한국효행실록』. 한국노인문제연구소.

______. 1989. "노인소득보장을 위한 장단기 대책," 『노인문제 종합방안 수립을 위한 분야별 연구』. 정무 제2장관실.

______. 1991. "노인과 지역사회," 『한국노년학』 제11권 1호. 한국노년학회.

______. 1997. "노년기 여가생활의 실태와 정책과제," 『노인복지정책연구』 8권. pp.7-51.

박재간 · 모선희 · 원영희. 1996. "노인생활실태 및 정책방향," 『노인복지정책연구』 제4호. 한국노인문제연구소.

박정은 외. 1994. 『초기여성노인의 사회참여 방안에 관한 연구』. 한국여성개발원.

박정희. 2001. 『서초구 자원봉사센터 운영 현황』. 내부자료. 서초구 자원봉사센터.

박태영. 1994. "노인복지시설의 현황과 발전 방향," 『석정실버』 겨울호. 서울: 석정.

배순생. 1992. "도시노인의 여가생활에 관한 연구—서울시 거주 노인을 중심으로," 한양대학교 석사학위논문.

백창현. 1991. "지역사회발전을 위한 노인의 역할," 『한국노년학』 제11호. 한국노년학회.

변용찬 외. 1997. 『치매관리 Mapping 개발 연구』. 서울: 한국보건사회연구원.

변재관. 1999. "노인인력 활용의 활성화 방안," 『노인복지연구』 제6호. 한국노인복지학회.

______. 2000. 『고령자 취업알선센터의 현황과 과제』. 한국노인문제연구소.

보건복지부. 1995. 『21세기를 대비하는 사회복지 종합 발전계획』.

______. 1999. 1998년도 국민건강영양조사 총괄보고서.

______. 1997. 『노인복지법』.

______. 1998. 『노인복지사업지침』. p.6.

______. 1998a. UN/ESCAP 회원국의 노령화 및 노인복지에 대한 보고서.

______. 1998b. 『1998년도 노인복지사업지침』.

______. 1999. 『1999년도 노인복지 국가보조사업 안내』.

______. 1999a. 『노인보건복지 중 · 장기 발전 계획』.

______. 2000. 『보건복지통계연보』.

______. 2001. 『2001년도 노인보건복지 국고보조사업 안내』. 과천: 보건복지부.

______. 2001a. 『노인보건복지 국고보조사업 안내』.

______. 2002. 자원봉사활동진흥법(안). 내부자료. 보건복지부.

삼성사회봉사단. 1996.『사회봉사단 하반기 워크샵』.

서미경 · 오경석 · 오영희. 1996. 『치매노인의 재가복지서비스 현황과 정책과제』. 서울: 한국보건사회연구원.
서미숙. 1998. “고령화 사회보장 정책,”『보건복지포럼』통권 제23호. 한국보건사회연구원.
서병숙. 1991.『노인연구』. 서울: 교문사.
서울시. 1994. 노인생활의식조사 결과.
______. 1997.『서울시 사회복지 기초수요조사 및 정책연구』.
______. 1999.『서울특별시 여성자원봉사활동센터운영(안)』. 내부자료. 서울특별시 부녀복지과.
서울시정개발연구원. 1995.『서울시 자원봉사자 활용 증진방안에 관한 연구』. 서울: 서울시정개발연구원.
서정윤. 2001.『자원봉사센터에서 추진해야 할 자원봉사 프로그램』. 미간행물.
______. 2002.『21세기 새로운 자원봉사의 이해』. 미간행물.
석재은. 2000.『노인의 소득실태 분석과 소득 보장체계 개선방안 연구』. 한국보건사회 연구원.
석정개발. 1994. “한국노인복지의 과제,”『석정실버 시니어라이프』94년 여름호.
선우덕. 2002. “장기요양보험 국가간의 제도비교 분석과 시사점,”『보건복지포럼』1: 71-83.
성주헌. 1997. “수명손실연수에 의한 한국인의 주요 건강문제,”『한국역학회지』19(2): 200-209.
손숙미 · 박양자 · 구재옥 · 모수미 · 윤혜영 · 송정자. 1996. “도시 저소득층 노인들의 영양 및 건강상태 조사와 급식이 노인들의 영양 및 건강 상태 개선에 미치는 영향,”『대한지역사회영양학회지』1(1): 79-88.
송근원 · 김태성. 1996.『사회복지 정책론』. 서울: 나남 출판.
신섭중. 1996. “자원봉사활동의 입법 및 정책과제,”「한국지역사회복지운동연구회 춘계 발표논문집」. 서울: 한국지역사회복지운동연구회.
신은주. 1995. “노인자원봉사인력의 활용방안에 관한 연구,” 부산대학교 석사학위논문.
신현준. 1995. “행동영역별 공간구분을 통한 우리나라 노인주거의 현황 조사 연구,” 연세대학교 석사학위논문
심인선. 2002.『노인계층 직업훈련의 과제: 정부지원 프로그램을 중심으로』. 한국직업능력개발원.
아산사회복지사업재단. 1985.『노인복지편람』.
안병영. 1994. “사회복지정책과 한국정치의 과제,” pp.829-831. 김운태 외『한국정치론』. 박영사.
유영미. 2000. “한국노인의 정치정향과 노인 유권자운동의 방향성에 관한 연구,” 이화여자대학교 석사논문.
윤미혜. 1995. “노인의 고독감과 자원봉사활동에 관한 연구,” 이화여자대학교 사회학과 석사학위논문.
윤영호. 1995. “노인의 자원봉사활동이 생활만족도에 미치는 영향,” 중앙대학교 석사학위논문.
윤종주. 1994. “노인과 사회참여: 그 현황과 전망,”『한국노년학』제14권 1호. 한국노년학회.
윤 진. 1980. “노년기의 성격 및 적응특성과 노인복지,”『사회복지』여름. pp.58-74.
______. 1994.『성인 · 노인심리학』. 중앙적성출판사.
은만기. 1997. “노인복지시설의 현황과 개선 방향,”『보건복지포럼』통권 제13호. 한국보건사회연구원.
이가옥 외. 1994.『노인생활실태 분석 및 정책과제』. 한국보건사회연구원.
이가옥 편. 1999.『노인복지의 현황과 과제』. 나남출판.

이가옥. 1994. “재가노인복지와 가정봉사원파견사업,”『한국노인복지40년사』. 서울: 한국노인복지시설협회. pp.670-689.
_____. 1995.『노인보호시설과 부양체계의 항구적 모델 개발』. 서울: 중앙적성출판사.
_____. 1995. “한국 노인자원봉사의 현황과 과제,”『자원봉사와 노인의 역할』. 서울: 성공회대학교.
_____. 1996. “우리나라 노인복지서비스정책의 현황과 과제,”「노인복지정책개발 토론회 자료집」. 대한노인회.
_____. 1997. “경로연금의 도입과 시행방안,”『경로연금의 도입과 시행방안』. 서울: 성공회대학교.
_____. 1997a.『재가노인복지사업: 이론과 실제』. 재가노인복지와 가정봉사원 파견사업. 한국노인복지회 편저. 홍익재.
_____. 2000.『선진각국의 고령자 고용정책』. 한국노인문제연구소.
이가옥 · 권선진 · 권중돈. 1992.『경로당 활성화 방안』. 한국보건사회연구원.
이광규. 1986. “동아시아 사회의 가족,”『현대사회와 가족』. 서울: 아산사회복지사업재단.
이권규. 1995. “한국노인의 자립에 대한 연구,” 성균관대학교 석사학위논문.
이근홍. 1996. “한국 재가노인의 사례관리 실천모형에 관한 연구,” 중앙대학교 대학원 박사학위논문.
이금룡. 1999. “노인 자원봉사 활성화에 관한 연구,” 밝은노후모임 창립1주년 학술세미나 자료.
이달곤. 1991.『지속적 발전을 위한 장기환경정책방향』. 21세기 위원회.
이미애. 1998.『재가노인복지서비스의 현황과 과제』. 주요선진국의 재가노인복지사업평가. 한국노인문제연구소.
이연숙 외. 1998. “한국 중년층의 노인주거 선호 특성에 관한 연구,”「한국노년학회 '98 한국노년학회 춘계학술대회 자료집」. pp.61-70.
이연숙. 1995.『노인복지시설을 위한 기초연구』. 현대건설주식회사 기술연구소.
이은주 · 이무송 · 이영수. 2002. “정읍지역 노인층에서 영양지표분포에 따른 사망률의 차이,”『노인병』 6(2): 121-129.
이인수. 1997.『노인주거와 실버산업』. 하우.
이 철. 1999.『한국의 노인노동: 노년남성의 경제 활동참가, 1955-1995』. 서울대학교 경제연구소.
_____. 1990. “정년퇴직노인들의 퍼스낼리티와 생활만족도의 관계에 관한 연구,” 고려대학교 석사학위논문.
이철희. 2000.『산업화 시기 미국 노인들의 경제적 지위』. 서울대학교 경제연구소.
이춘희. 2001.『산업화 시기 미국 노인들의 경제적 지위: 복지국가 형성에 대한 함의』. 서울대학교 경제연구소.
이혜원. 1995. “서울시 거택보호노인의 가정봉사원 서비스 이용에 영향을 미치는 요인,”『한국노년학』 제15권 2호. 한국노년학회. pp.140-156.
임승빈. 1999.『행정과 NGO간의 네트워크구축에 관한 연구』. 한국행정연구원.
_____. 1998.『재가노인복지서비스의 현황과 과제』. 우리나라 재가복지사업의 현황과 과제. 한국노인문제연구소.
_____. 1996.『현대사회와 노인문제』. 서울: 유풍출판사.
_____. 1996a. “노인복지시설의 사회화,”『'96 노인복지시설장연찬회 자료집』. 국립사회복지연수원.
_____. 1996b.『현대사회와 노인문제』. 서울: 유풍출판사.

______. 1997. "노인여가시설 운영 활성화 방안," 『제8회 노인복지학술대회 자료집』. 서울특별시.

______. 1997a. "지역사회복지관의 노인여가 프로그램," 『노인복지정책연구』 제5집. 한국노인문제연구소.

______. 1997b. "경로당 운영실태 조사," 「제8회 노인복지학술대회 자료집」. 서울특별시 한국 노인문제연구소.

______. 1998. "노원구 사회복지정책의 현황과 과제". 「노원포럼 자료집」. 노원포럼. 1998.

______. 1998a. 『재가노인복지서비스의 현황과 과제』. 『노인복지연구』 통권 1호. 한국노인복지학회.

______. 1999. "노인교실 실태 조사연구," 『노인복지연구』 제5호. 한국노인복지학회.

______. 2000. "새 천년의 화두: 고령화 사회," 『관훈클럽』 제56호. 한국기자협회

______. 2001. 『고령화 사회의 도전』. 서울: 나남출판

임춘식. 1993. "대전시 사회복지시설의 현황과 과제," 『사회과학』 제23집. 한남대학교

______. 1993. "대전시 자원봉사 활성화 방안," 「제1회 대전직할시 자원봉사대회. 국가발전과 자원봉사자 자료집」. 대전직할시 사회복지협의회.

장인협 · 최성재. 2001.『노인복지학』. 서울대학교 출판부.

전천예. 1995. "노인과 여가," 『한국 교회와 노인목회』.

______. 1997. "OECD국가의 노인소득보장정책과 그 시사점," 『한국노년학』 제17권 1호. 한국노년학회. pp.206-222.

정경희 외. 1998. 『전국 노인생활실태 및 복지욕구 조사』. 한국보건사회연구원.

정옥희. 1996. "노인자원봉사의 실태와 활성화방안에 관한 연구: 대한적십자사 노년봉사회를 중심으로," 『사회복지연구』 제1집. 경기: 평택대학교 사회복지연구소.

정원형 · 나정균 · 조경원 · 임건한 · 임일모 등. 1994. "농춘지역 노인들의 치매 유병률 및 관련요인에 관한 연구," 『대한신경과학회지』 12(4): 628-646.

제일기획. 「소비자 조사」. 2001.

조소영. 1998. 『노인시설 관리론』. 서울: 학문사

조휘일. 1995. 『사회복지의 선택』. 서울: 나남 출판.

조희숙 · 성주헌 · 최인정 · 이태진 · 김재용 · 송윤미 · 정은경 · 신해림 · 신영수. 2001. "한국형 질병분류체계에 의한 사망손실연수의 평가," 「제53차 대한예방의학회 추계학술대회 연제집」. pp.253-254.

주성수. 1999. 『시민사회와 제3섹터』. 한양대학교 출판부.

주은정 · 김인숙 · 서은아. 2000. "전주지역 노인의 철분영양상태," 『대한지역사회영양학회지』 5(3): 493-501.

주택산업연구원. 1998. 『노인 주거복지 향상을 위한 연구』. 주택산업연구원.

중앙고령자취업알선센터. 2000. 내부자료.

진영아. 1995. "노인층의 여가활동에 따른 생활만족도에 관한 연구," 세종대학교 석사학위논문.

차흥봉. 1997. "재가노인복지 사업의 정책 과제," 『사회정책 연구』. 사회정책연구소.

최병호. 2001. "한국에서의 장기요양보험 도입 전망과 과제," 「한국RAI연구회 창립2주년 기념 학술세미나 자료집」. pp.24-59.

최성재. 1992. “노인과 주택정책,” 「'92 전문가초청 노인복지 학술세미나 자료집」. 한국노년학회.
______. 1997. 『재가노인복지사업: 이론과 실제』. 재가노인복지의 정부시책. 한국노인복지학회 편저. 홍익재.
______. 2000. 『노인취업의 실태와 정책방향』. 한국노인문제연구소.
최순남. 1997. 『현대노인복지론』. 서울: 한신대학교 출판부.
최용준 · 윤석준 · 김창엽 · 신영수. 2001. “건강생활년을 이용한 우리나라 주요 암 질환의 질병부담 측정,” 『예방의학회지』 34(4): 372-378.
최진호. 2000. 『미국 노인주택 시장의 현황과 전망』. 한국건설산업연구원 *Working Paper* No. 28-3.
최해경. 1991. “심신 기능 손상노인을 돌보는 가족수발자 부담의 한국에서의 결정요인에 관한 연구,” 『한국사회복지학』 통권 제18호. 한국사회복지학회. pp.175-205.
통계청. 2000. 『한국의 사회지표』.
______. 2001. 『1999년 생명표』. 대전: 통계청.
한국갤럽조사연구소. 1990. 『한국노인의 생활과 의식구조』.
한국노년자원봉사회 · 한국자원봉사신문사. 1997. 『자원봉사자가 바로 여러분 곁에 있습니다』. 서울: 한국노년봉사회.
______. 2000. 노인취업의 현황과 과제. 한국노인문제연구소.
한국노인문제연구소. 1997. “노년기 여가생활의 실태와 정책과제,” 노인복지정책 연구.
한국노인복지시설협회. 2000. 내부자료.
한국보건사회연구원. 1995. 『21세기 노인문제와 복지대책 정책토론회 자료집』.
______. 1995a. 『노인생활실태 분석 및 정책과제』.
______. 1996. “'95 한국인의 건강과 의료 이용실태”.
______. 1998. “'97 치매관리 매팅개발연구”.
한정란. 1993. “노인교육 교육 과정 개발 실천연구,” 연세대학교 박사학위 청구 논문.
현대사회연구소. 1993. 『노령화사회와 노인복지 정책』.
현외성 외. 1998. 『한국노인복지학 강론』. 서울: 예풍출판사.
홍순명 · 최석영. 1996. 노인의 식생활 및 영양섭취상태에 관한 연구. 『한국식품영양과학회지』 25(6): 1055-1061.
황진수. 1989. 『노인복지문제 현대의 제문제 그 불교적 해답』. 밀알. pp.250-258.
______. 1994. “깨끗한 정치풍토 조성을 위한 노인의 역할 노인과 사회참여,” 제5회 노인복지세미나. 『한국노년학회』. 서울특별시. p.33.
______. 1996. “재가노인 복지사업의 제도와 전달체계,” 『한국노년학회지』 16(1).
______. 2000. “노인권익 운동,” 『노년학의 이해』. 서울: 대영문화사.
______. 2000a. 고령자 직업교육 및 직업훈련, 한국노인문제연구소. pp.17-37.
황진수 외. 2000. 『노년학의 이해』. 서울: 대영문화사.

Adkins, G., Martin, P., & Poon, L. W. 1996. “Personality traits and states as predictors of subjective well-being in centenarians, octogenarians, and sexagenarians,” *Psychology and Aging*, 11, 408-416.

Ainsworth, M. D. S., Blehar, M. C., Waters, E., Wall, S. 1978, *Patterns of Attachment: A Psychological Study of the Strange Situation.* Hillsdale, Nj: Erlbaum.

Andersen, R. & Newman, J. F. 1973. "Societal and Individual Predictors of Medical Care Utilization in the United States," *The Milbank Quarterly*, 51, 95-124.

______. 1995. "Revisiting the Behavioral Model and Access to Medical Care: Does It Matter?" *Journal of Health and Social Behavior*, 36, 1-10.

Andersen, R. 1968. *A Behavioral Model of Families' Use of Health Services.* Chicago: Center for Health Administration Studies, University of Chicago.

Andrews, G. R. 1998, Regional Workshop for the International Year of Older.

Arber, Sara, and Jay Ginn. 1991. "The Invisibility of Age: Gender and Class in Later Life," *Sociological Review*, 39. 260-91.

Atchley, R. 1971, "Retirement and Leisure Participation: Continuity or crisis?"

______. 1987. *Social Forces in Later Life.* Wadsworth Publishing Co. CA, U.S.A.

Baltes, P. B. & Baltes, M. M. 1991. *Psychological Perspectives of Successful Aging:The Model of Selective Optimization with Compensation.* New York: Cambridge University Press.

Baltes, P. B., & Mayer, K. V. 1999. *The Berlin Aging Study.* Cambridge, U. K.: Cambridge University Press.

Barnes, B. L. 1995. "Quality of Life Assessment Scale(QOLAS): A Psychological Perspective," *Indian Journal of Psychometry & Education*, Vol 26(1): 1-8.

Bass, D., & Noelker, L. 1987. "The Influence of Family Caregivers on Elder's Use of In-Home Services: An Expanded Conceptual Framework." *Journal of Health and Social Behavior*, 28, 184-196.

Bass, D., Looman, W., & Ehrlich, P. 1992. "Predicting the Volume of Health and Social Services: Integrating Cognitive Impairment into the Modified Andersen Framwork." *The Gerontologist*, 32, 33-43.

Beverly Enterprise. 1993. *Annual Reports on Care Facility Management.*

Biegel, D., Bass, D., Schulz, R., & Morycz, R. 1993. "Predictors of In-Home and Out-Of-Home Service Use by Family Caregivers of Alzheimer's Disease Patients. *Journal of Aging and Health*, 5, 419-438.

Brooks R. 1996, "EuroQol: The Current State of Play," *Health Policy*, 37: 53-72.

Butler, R. N. 1968. "Why Are Older Consumers so Susceptible," *Geriatrics*, 23(12): 83-88.

Butler, R. N., Lewis, M. I., & Sunderland, T. 1991. *Aging and Mental health: positive Psychological and Biomedical approaches.* 4th ed. NY: Maxwell Macmillan International Publishing Group.

Carp, F. M. & Carp, A., 1984, "A complementary/congruence model of well-being or mental health for the community elderly," Altman, I., Lawton, M. P. & Wohlwill(eds.), *Elderly people and the Environment*, N.Y.: Plenum Press. 279-336.

Chambre, Susan, 1993. "Volunteerism by Elders: Past Trends and Future Prospects," *in The*

Gerontologist, Vol.33, No.2.

Choi, Namkee G. 2001. "Relationship between Life Satisfaction and Postretirement Employment among Older Women," *International Journal of Aging & Human Development*, Vol.52, No.1. 45-70

Craik, F. I. M, & Byrd, M. 1982. "Aging and cognitive deficits: The role of attentional resources," In F. I. M. Craik & S. Trehub(Eds.), *Aging and Cognitive Processes.* New York: Plenum Press. 191-211.

Diener, E. 1994. "Assessing subjective well-being," *Social Indicators Research*, 31, 103-157.

Diener, E., & Seligman, M. E. P. 2002. "Very happy people," *Psychological Science*, 13, 81-84.

Diener, E., Emmons, R., Larson, R., & Griffin, S. 1985. "The Satisfaction with life scale," *Journal of Personality Assessment*, 47, 1105-1117.

Dunn, P. C., 1995. "Volunteer Management," in Edwards, Richard L. et al., *Encyclopedia of Social Work*, 19th ed., Vol. 3, Washington D. C.: NASW Press.

Eisinger, Peter. K. 1973. "The Condition of Protest Behavior in American Cities," *American Political Science Review*, 67(1), 11-28.

Encel, S & Nelson, P., 1996. *Volunteering and Oder People.* New South Wales: New South Wales consultative Commitee on Ageing.

Erickson, E. H. 1963. *Childhood and Society*(2nd ed.). New York: Norton.

Feeney, Brooke. C., & Collins, N. L. 2001. "Predictors of caregiving in adult intimate relations: An attachment theoretical perspective," *Journal of Personality and Social Psychology*, Vol. 80, No. 6, 972-994.

Fisher, L. R. & Schaffer, K. B., 1993. *Older Volunteers: A Guide to Research and Practice.* Newbury Park, CA: Sage Publications, Inc.

Fraudbusters 1991. "Con games that target the elderly," Consumers' Research, 30-32.

Friedman, M. 1992. "Confidence swindles of older consumers," *Journal of Consumer Affairs*, 26(1): 20-46.

Gaeth, G. J. & Heath, T. B. 1987. "Cognitive processing in misleading advertising in Young and older adults: Assessment and training," *Journal of Consumer Research*, 14(1): 43-54.

Gibson, Diaane. 1996. "Broken Down by Age and Gender: 'the Problem of Old Women' Redefined," *Gender & Society*, Vol.10 No.4. 433-448.

Given, C. W. & Given, B. 1989. "The Impact of Alzheimer's Disease on Family Caregivers," Final Report for Grant #1 R01 MH41766, National Institute of Mental Health.

Gonzaga, Gian C., Keltner, D., Londahl, E. A. & Smith, M. D. 2001. "Love and commitment problem in romantic relations and friendship," *Journal of Personality and Social Psychology*, Vol. 81, No. 2, 247-262.

Gwinner, K. P. & N. Stephens. 2001. "Testing the implied mediational role of cognitive age," *Psychology & Marketing*, 18(10): 1031-1048.

Hugh W. Mellor, 1985. *The Role of Voluntary Organizations in Social Welfare.* Croom Helm Ltd.

Iannuzzelli, Jena. England, Eileen M. 2000. *The Relationship between Activities of Daily Living and Life Satisfaction in the Elderly: Active Engagement as Compared to Passive Participation.*

John, D. R. & Cole, C. A. 1986. "Age differences in information processing: Understanding deficits in young and elderly consumers," *Journal of Consumer Research*, 13(3): 297-315.

Knowles, Malcolm S., 1982. "Motivation in Volunteerism: Synopsis of a Theory," in *Voluntary Action News*, Vol. 31, New York: Voluntary Action Center.

Kosloski, K. & Montgomery, R. 1994. "Investigating Patterns of Service Use by Families Providing Care for Dependent Elders," *Journal of Aging and Health*, 6, 17-37.

Levinson, D. J. 1986. "A Conception of adult development," *American Psychologists*, 41(1): 3-13.

Lord, K. R., & Chung K. K. 1995. "Inoculating consumers against deception: The influence of framing and executional style," *Journal of Consumer Policy*, 18(1): 1-23.

Lozano-Ascencio R, Frenk-Mora J, *Gonzalez-Block MA. Burden of disease in the aged. Mexico, 1994.* Salud Publica *Mex. 1996,* Nov-Dec; 38(6): 419-429.(Spanish)

McCurly, S. R. Lynch, 1996, *Volunteer Management: Mobilizing all the Resources in the Community, IL.*, Downers Grove: Heritage arts Publishing.

Mikulincer, M. 1998. "Attachment working models and the sense of trust: An exploration of interaction goals and affect regulation," *Journal of Personality and Social Psychology*, Vol. 74, No. 5, 1209-1224.

Mooney, M. 2000. "Consumer issues and the elderly," *Journal of Consumer Affairs*, 24(2): 235-244.

Moschis, G. P. 1994. "Consumer behavior in later Life: Multidisciplinary contributions and implications for research," *Journal of The Academy of Marketing Science,* 22(3): 195-204.

Omran A. R. 1971. "The Epidemiologic transition. A theory of the Epidemiology of population change," *Milbank Mem Fund Q.*, 49(4): 509-538.

Park J. Ko H. J., Park, Y. N., & Jung, C. H. 1994. "Dementia among the elderly in a rural Korean community," *British Journal of Psychiatry*, 164: 796-801.

Park, D. C., & Shaw, R. J. 1992. "Effect of environmental support on implicit and explicit memory in younger and older adults," *Psychology and Aging*, 7: 632-642.

Park, Jung-eun. 1990. "Basic Research for Welfare Aid for Elderly Women," *Women's Studies Forum.*

Riddick, Carol Cutler. Stewart, Debra Gonder. 1994. "An Examination of the Life Satisfaction and Importance of Leisure in the Lives of Older Female Retirees: A Comparison of Blacks to Whites," *Journal of Leisure Research*, Vol.26, No.1, 75-87.

Risseeuw, carla. 2000. "Aging: A Gendered Policy Concern in the South and the North," *Asian Journal of Women's Studies.* Vol. 6. No. 2.

Rosenman, L., Winocur, S. & Warburton, J., 1994. "The Retirement Intentions of Women and Men: Report to Participants," *Queensland: Department of Social Work and Social Policy,*

University of Queensland.

Ross, Catherine E.; Van Willigen, Marieke. 1997. "Education and the subjective quality of life," *Journal of Health & Social Behavior*, Vol 38(3): 275-297.

Ryff, C. D, & Keyes, C. L. M. 1995. "The structure of psychological well-being revisited," *Journal of Personality and Social Psychology*, 69: 719-727.

Ryff, C. 1989. "Happiness is everything, or is it? Explorations on the meaning of psychological well-being." *Journal of Personality and Social Psychology*, 57: 1069-1081.

Sainer, J. & Zander M. L., 1971. "Guidelines for Older Person Volunteers," in the *Gerontologist*, Vol. 11.

Salovey, P., Rothman, A. J., Detweiler, J. B., & Steward, W. T. 2000. "Emotional states and physical health," *American Psychologist*, 55: 110-121.

Salthouse, T. A. 1996. "The processing-speed theory of adult age differences in cognition," *Psychological Review*, 103: 403-428.

Shaver, P. R., & Hazan, C. 1987. "Romantic love conceptualized as an attachment process," *Journal of Personality and Social Psychology*, 52: 511-524.

______. 1988. "A biased overview of the study of love," *Journal of Social and Personal Relations*. 5: 473-501.

Sheldon, K. M., & Kasser, T. 2001. "Getting older, getting better? Personal strivings and psychological maturity across the life span," *Developmental Psychology*, 37, 491-501.

Sherman, E, Schiffman, L. G. & Mathur, A. 2001. "The influence of gender on the new aged elderly's consumption orientation," *Psychology & Marketing*, 18(10): 1073-1089.

Simpson, J. A. 1990. "Influence of attachment styles on romantic relationships," *Journal of Personality and Social Psychology*, Vol.59, No.5, 971-980.

Tackett, Richard A. 2001. "Correlates of life satisfaction after retirement," *The Sciences & Engineering*, Vol 62(3-B).

Tennstadt, S., Sullivan, L., McKinlay, J., & D'Agostino, R. 1990. "How Important Is Functional Status as a Predictor of Service Use by Older People?" *Journal of Aging and Health*, 7: 439-461.

Tinker, Anthea, 1992, *Elderly People in Modern Society*. London & New York: Longman Group UK Ltd.

Tinsley, Howard E. A. et al., 1985, "A system of Classifying Leisure activities in Terms of the Psychological Benefits of Participation Reported by Older Person," in *Journal of Gerontology*, Vol. 40(2).

UN. 2001. International Strategy for Action on Aging 2002(Draft).

Vaillant, G. E., & Mukamal, K. 2001. "Successful aging," *The American Journal of Psychiatry*, 158: 839-847.

Vitaliano, P. P., Russo, J., Young, H. M., Becker, J., & Maiuro, R. D. 1991. "The Screen for Caregiver Burden," *The Gerontologist*, 31: 76-83.

Woo, J. I., Lee, J. H., Yoo, K. Y., Kim, C. Y., Kim, Y. I. et al. 1998. "Prevalence estimation of dementia in a rural area of Korea," *Journal of American Geriatric Society*, 46: 983-987.

World Health Organization: Constitution of the World Health Organization, in *World Health Organization Handbook of Basic Documents*, 5th ed. Geneva, WHO, 1952, 3-20.

Yoon SJ. "Introduction to Korean Burden of Disease(KBoD) Study," A proceeding from International Seminar for Burden of Disease and Health System Performance. Seoul. 2002. 3.

한국 노인의 삶: 한림고령자패널 2003

초판발행: 2009년 10월 30일

지은이: 한림대학교 고령사회연구소
발행인: 고화숙
발행처: 도서출판 소화
등 록: 제13-412호
주 소: 서울시 영등포구 영등포동 94-97
전 화: 02) 2677-5890
팩 스: 02) 2636-6393
홈페이지: www.sowha.com

ISBN 978-89-8410-364-1 94330
ISBN 978-89-8410-363-4 (전2권)

값 15,000원